JN303271

日本企業の収益不全
収益性向上のための最適成長速度

Profit-Sacrificing Practices Among Japanese Businesses
The Optimal Speed of Growth to Achieve Greater Profitability

平井孝志

東京 白桃書房 神田

はじめに

「収益不全」の克服に向けて

　本書は，規模拡大を続けながら収益性の低下に喘ぐ日本企業が，どうすれば収益性を回復できるかについて考察をおこなったものである。その際の主な視点は成長の「速度」である。

　戦後，日本経済は躍進を続け，規模の拡大の道をひた走ってきた。実際，1960～2000年の40年間一部上場を果たしていた372社（製造業）の売上高合計額（実質）は，4.64倍にも拡大している（三品，2004）。

　しかしこの規模拡大の裏側で，日本企業は収益性の低下に苦しんでいる。前述の上場企業372社の営業利益額は，同じ40年間で1.85倍にしか増えておらず，売上高営業利益率は約11％から約3％へと大幅に低下してしまった（三品，2004）。最近では，業界のイノベーションをリードしている日本のエレクトロニクス産業においても，イノベーションを収益に結び付けられないまま長期的な収益性の低下に見舞われている（榊原・香山，2006）。

　企業成長が規模拡大だと単純に読み替えられ，長期にわたって過度な規模拡大と利益無き繁忙に日本企業が苦しんでいるとしたら，それは到底望ましい姿ではないだろう。収益性が多少低下しても，規模拡大がそれを補って余りあるのであれば，それをよしとする議論も成り立つ。しかし，日本企業においては，その規模拡大を収益額の増大へとつなげるメカニズムが欠落していた。それは「収益不全」とも表現できる。

　もし，規模拡大のあり方が，収益性の低下や向上に影響を与えているとしたら，収益性向上に適した最適な成長「速度」の存在を想定できる。たとえば，急激な成長戦略によって足腰が弱まり，品質問題で収益性悪化に見舞われた自動車メーカーが，最適な成長「速度」を意識して若干成長を抑えることによって収益性を改善できていたとしたなら，それについて考えてみることの意義は大きい。

そこで本書では，収益性向上に向けた望ましい成長パターン（最適な成長速度を含め）とは何かを解明していきたい。ここでは，収益不全の要因を，企業の個々の戦略，たとえば多角化戦略や製品市場戦略などの個別具体的な戦略に求めることはしない。また，個々の企業の組織能力や経営者そのものといった個別具体的な要素に求めることもしない。それよりも企業全体の数字，特に「成長のパターン」に焦点を当て，経営実務上の示唆を導くことを試みる。

そうすることの意味は，次のようなアナロジーで理解できるだろう。近年，メタボリック症候群が様々な病気の主たる要因になっていると言われている。最近の研究によると，余命を長く保つためにはやせ過ぎでもなく太り過ぎでもない，ちょっと小太り程度の体脂肪率維持が好ましいらしい。体脂肪率をコントロールするには，運動もあればダイエットもある。長期の努力も，短期の努力もある。どのような方法を用いるかに拘わらず，日々，体脂肪率を測定・コントロールしていくという姿勢がなければ，せっかくの努力も水泡と帰してしまう。これを経営に当てはめてみると，個々の戦略も大切だが，成長パターンを意識し，それをどう維持・コントロールしていくかも，個別戦略と同じくらい，あるいはそれ以上に大事だと考えられないだろうか。

市場の成熟化にともない，右肩上がりの規模拡大は望めなくなった。また，資本市場からの圧力の増加により，これまで以上に収益性の向上を求められるようになってきた。日本企業は，現在直面している収益性の低下という課題に，正面から取り組まざるを得ない状況にあると言える。

定量分析だけで何をどこまで解明できるか

成長のパターンにこだわり，そこから収益不全を脱するための経営実務上の示唆を得るため，本書では定量分析アプローチを用いる。個別企業の状況や歴史，M&Aや新規事業などの具体的打ち手について触れることはせず，あくまで規模拡大と収益性の増減の定量的な関係について分析を実施する。つまり本書は，定量分析のみで，何をどこまで解明できるか，といった試みであるとも言える。筆者の知る限りにおいては，日本企業における規模拡大

と収益性の関係を直接取り上げた研究は見当たらない。その点で，今回の試みは斬新である。

定量分析においては，次の二つを大きな特徴としてあげることができる。

まず一つ目は，企業を一つの観測点（質点）として捉えていることである。企業内部の因果関係すべてを把握することは困難である。たとえそれができたとしても，詳細に分析すればするほど特殊解に陥るというジレンマも存在する。長期間，かつ多くの日本企業に関する議論をおこなう場合，個別事情に立ち入らず，大量サンプルを統計的に取り扱い，可能な限りの一般的示唆を追求する演繹的アプローチが適切だと考えた。

これはちょうど物理学における素粒子の研究に似ている。クォークと呼ばれる素粒子は決して直接観測することはできない。しかし，クォークの理論から予測される物質の振る舞いを外から観測することで，その存在は間接的に証明されている。そして逆に，その理論によって物質のさらなる理解が深まっている。

これと同じように，ここでは企業の成長パターンを外から詳細に分析することによって，企業内部の動きを明らかにすることを試みるのである。そのためには論理の力を借りる必要がある。そこで，企業の長期的成長モデルを構築した。この論理モデルは，観測結果を解釈する手掛かりになると同時に，企業の内部の動きを理解するための論理となる。

二つ目の特徴としては，日本企業の収益不全という問題意識に基づき，収益性の増減という経営成果を厳密に定義し，測定することにある。これまでの多くの論文では，経営成果の優劣を，規模拡大や利益額の増加といった絶対値で評価しているものもあれば，収益性の向上といった効率で評価しているものもあった。あるいは，それらを明確に区分することなく，企業の経営成果の定義が曖昧なまま，議論を進めているケースも散見された。収益性の増減の観点から企業の経営成果を明確に定義しようとした場合，経営成果を以下の三つの要素に分解する必要がある。

① 規模の拡大
② 収益額の拡大
③ 収益性の増減（②÷①，①と②を繋ぐ効率性の指標）

日本企業の収益不全とは，①と②がおのずと相関するであろうという暗黙の了解のもと，①に焦点が当たり過ぎ，効率性の指標である③が悪化してしまったことに他ならない．本書では，③の優劣に注目し，「成長パターン」についての考察をおこなうのである．

本書の読み方，ならびに謝辞

　本書は，『大企業の長期的成長モデルに関する研究－売上成長と利益率向上に焦点を当てて－』という題名で，早稲田大学に提出された筆者の博士学位論文をベースにしている（上記論文により，2012年3月に学位を授与された）。刊行にあたっては，先行研究レビューの部分はある程度割愛し，文章も読みやすく修正した．ただし研究論文としての全体の流れは損なわれていない．それゆえ，研究者の方々には全編を通してお読みいただければと思う．

　また，第1章から第4章では，経営戦略論，特にポジショニング・スクールと，リソース・ベースド・ビュー領域における主要な研究成果を取り上げている．大学生・大学院生にとっては，経営戦略論の全体感を理解するうえでも，本書は大きく役立つはずである．

　実務家の方々には，本書で導かれた経営上の示唆が最も大きな意味を持つだろう．それゆえ，各章の終わりに付した「章のまとめ」と，最終章（第9章）をお読み頂き，興味を持たれたところを個別に振り返って頂くのがベストかもしれない．また，実務家の方々にとって参考になればと思い，幾つかの企業に関する記述を補論として追加した．

　筆者が，日本企業の収益不全に関して論文を仕上げ，このような形で刊行するまでには，多くの方々に大変お世話になった．まず，研究着手以前から最後まで様々な形でご指導を頂いた指導教官の山田英夫先生（早稲田大学）に深く感謝したい．また，相葉宏二先生（早稲田大学），小川進先生（神戸大学），冨田健司先生（同志社大学），木村達也先生（早稲田大学）には，分析の実施，示唆の抽出，ならびに論理構築の過程で，常に本質的な指摘と有益なアドバイスを頂いた．ここに深く感謝の意を表したい．

定量分析のデータの収集・整理においては野崎麗さん（ローランド・ベルガー（当時）），原稿・作表のためのフォーマット整理においては粕谷美輪さん（ローランド・ベルガー），諸々の通常業務との調整においては高野典代さん・南有佳さん（ローランド・ベルガー）に大変お世話になった。データの統計処理においては，MIT時代の同級生である織田恭司氏（JR東日本）にアドバイスを頂いた。補論の作成にあたっては，坪井桂子さん（ローランド・ベルガー）に大変お世話になった。本研究の実施期間中に山田英夫ゼミに所属していた大学院生の諸氏にも，様々な場面で多くの示唆を頂いた。また，本書の刊行に際しては，平千枝子さん（白桃書房）に最後まで辛抱強く編集作業に携わって頂いた。ここに記して深く感謝の意を表したい。

　最後に，本書は，両親淳一・孝子，妻由美子，長女綾香，長男孝樹の長年にわたる理解，支援なくしては完成させることのできないものであった。改めて，ここに記して感謝の意を表するとともに，本書を家族に捧げることをお許しいただきたい。

2012年9月

平井　孝志

目 次

はじめに　i

第1章　日本企業の「収益不全」と「成長志向のマネジメントスタイル」……… 1

- 第1節　日本企業の収益性の惨状　1
- 第2節　「収益不全」をもたらす「成長志向のマネジメントスタイル」　5
- 第3節　戦略がない日本企業　8
- 第4節　規模拡大・収益性課題に対するアプローチ　11

第2章　戦略論的視座（ポジショニング・スクール）における収益性の考え方 ……… 17

- 第1節　ポジショニング・スクールにおける収益性のドライバー　17
- 第2節　過度な規模拡大が引き起こす収益性の低下　21
- 第3節　業界のライフサイクルと事業立地の変更　26
- 第4節　収益性に対する業界要因のインパクト　28
- 第5節　ポジショニング・スクールにおける課題　32

第3章　資源論的視座（リソース・ベースド・ビュー）における収益性の考え方 ……… 35

- 第1節　リソース・ベースド・ビューにおける収益性のドライバー　35
- 第2節　鍵となる経営資源　40
- 第3節　不均衡発展とスラック資源　45
- 第4節　オーバー・エクステンション戦略　49
- 第5節　リソース・ベースド・ビューにおける課題　50

第4章 戦略論的視座と資源論的視座の動態的接合の試み ····· 55

- 第1節 各視座における動態的理論構築に向けた動き 55
- 第2節 求められる両視座の積極的な接合 61
- 第3節 四つの先行研究における接合の試み 63

第5章 企業成長の動態的モデルの構築 ····· 71

- 第1節 「経営成果も含めた枠組み」への拡張必要性 71
- 第2節 企業成長の動態的モデル 74
- 第3節 パラメーターの設定と因果の流れ 80
- 第4節 動態的モデルに基づく仮説の導出 83
- 第5節 最適な売上成長パターンの存在 89

第6章 141社の分析対象企業群 ····· 101

- 第1節 分析対象企業群と分析対象期間の設定 101
- 第2節 分析対象企業群141社の抽出 105
- 第3節 分析対象企業群における収益不全の実態 109

第7章 最適な売上成長パターンの探索 ····· 115

- 第1節 測定パラメーターの数学的定義 115
- 第2節 中程にピークを持つ効率的フロンティア 125
- 第3節 利益率向上に寄与する売上成長パターン 129
- 第4節 最適な売上成長速度・変動幅の定量化 135
- 第5節 業界ライフサイクルと利益率差別化の可能性 143

第8章 企業成長の周期と利益率格差の要因 ····· 149

- 第1節 売上高・売上高営業利益率の周期的振る舞い 149
- 第2節 売上高・売上高営業利益率の同期性 153
- 第3節 売上高営業利益率の増減における企業間差異の要因分析 157

第9章　本書の成果と今後の方向性 ………………………… 175

- 第1節　本書の貢献について　175
- 第2節　定量分析からの発見　176
- 第3節　経営実務に対する示唆　181
- 第4節　今後の研究の方向性　187

参考文献　191
付録　1. 分析対象企業群の基本データ　199
　　　2. 補　論　202
索　引　210

第1章

日本企業の「収益不全」と「成長志向のマネジメントスタイル」

 まず第1章では,本書の出発点として,これまでの日本企業の規模拡大と収益性の低下の状況,ならびに,日本企業を取り巻いていた事業環境について議論する。そして,「収益不全」を引き起こす「成長志向のマネジメントスタイル」が日本企業に根付いていたことを検証していく。また,この課題に対する論理的考察の手掛かりを得るため,経営戦略論を俯瞰し,分析の視座を抽出する。

第1節 日本企業の収益性の惨状

1. 先進国の中で最下位の収益性

 日本企業の収益性[1]は,他の先進諸国に比べ,過去,長期間にわたって低かった。このことは多くの研究者によって既に指摘されており,広く認知されている(加護野・野中・榊原・奥村,1983;辻,1994;三品,2004;井手,2005;野口,2005;中野,2008)。

 たとえば,1960〜70年代の主要産業(電子計算機,医薬品,自動車,事務機器,フィルム,軽電機等)における日米企業の比較では,ほとんどの産

---

1) 本書では,収益性という言葉は,ROE,ROI,ROSなどを包含した広い意味での経営効率をあらわす場合に用いることとし,利益率という言葉は,そのうちのどの指標であるかを明確に判別できる場合に用いる。

業において，日本企業の売上高営業利益率が約5～10％ポイント低いという結果が示されている（加護野ほか，1983）。比較的日本企業の収益性水準[2]が高かった70年代前半でも，製造業の収益性は米国の約半分程度であった。そして，80年代後半には米国企業の約3分の1程度であった（辻，1994；井手，2005）。

日米企業の比較に留まらず，他の諸外国に対しても日本企業の収益性は低い。先進10カ国（日本，米国，ドイツ，イギリス，フランス，イタリア，カナダ，スペイン，韓国，オーストラリア）における企業間比較では，2006年までの20年間，日本企業の株主資本利益率（ROE）と総資本利益率（ROA）はそれぞれ5.0％，2.3％であり，先進10カ国の中で最下位であった。また，先進諸国に比べ企業間の上下格差が小さく，日本企業全体が低い収益性に陥っていたこともわかっている（中野，2008）。

2. 収益性の長期的な低下傾向

日本企業にとってより本質的で重要な課題は，その低い収益性が継続的に低下傾向にあったことである。野口（2005）によると，収益性の低下傾向が顕著となり始めたのは，日本が安定成長時代（1975～80年）に移行し始めたころであった。野口は，日本企業の収益性の変遷を，1960年代からオイルショックまでの「高度成長期」，オイルショックから80年代末までの「金メッキ時代（the gilded age）」，90年代以降の「経済敗戦期」の三つに分けて議論している。

「高度成長期」は収益性が未だ比較的高かった時代である。その主たる理由は，欧米諸国に比して賃金水準が低かったこと，為替レートが1970年代初めまで1ドル＝360円という水準に固定されていたことにある。これらが輸出産業に対して優位に働いていた。収益性を支えたこの特徴は，60年代特有のものであり，現在の日本経済がこの高度成長期の状況に戻ることはほぼ不可能だろう。

次は「金メッキ時代」である。この時期に日本企業の収益性は大きく低下

---

[2] 辻（1994），井手（2005）では，株主資本比率（ROE），売上高営業利益率の双方を指標として取り上げている。

第1章 日本企業の「収益不全」と「成長志向のマネジメントスタイル」

し始めた。表面的には日本経済は活況を呈していたが，賃金水準が大きく上昇し，実質的には企業の収益性が大幅に低下した時期である。うわべだけの繁栄期であることから，野口はこの時期を「金メッキ時代」と呼称している。そして，三番目の「経済敗戦期」においても，継続的に収益性は低下していく。

野口（2005）は，収益性低下の主たる要因は賃金の上昇にあるとしながらも，賃金水準の格差がなくなった今でも欧米諸国に比べ収益性が低下し続けているのには，三つの理由があると指摘している。①拡散的な多角化をおこない，リスク回避を目指したビジネスモデルを追求したこと[3]，②系列など

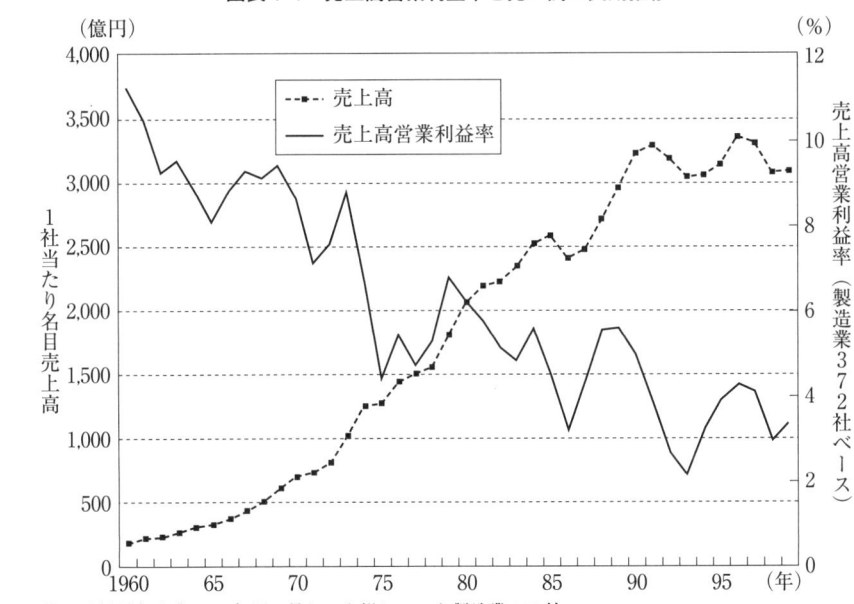

図表1-1　売上高営業利益率と売上高の長期推移

注：分析対象企業：40年間一貫して上場していた製造業372社
　　データソース：日本政策投資銀行設備投資研究所
　　計算方法　　：加重平均
出所：三品（2004）p.35

---

[3] 上野（1997）の近年の日本企業における多角化の研究では，非関連型の多角化をおこなった企業の売上高経常利益率が最も低かった。拡散的ビジネスモデルは，リスク回避を狙った結果，低収益性につながっており，収益性の観点からは決して望ましくないようである。

長期的な取引関係が固定されてきたことにより，経済条件が変化しても関係解消ができず，非効率が継続していること，③世界経済の構造変化，とりわけ工業化を果たした中国との競争激化である。

三品（2004）の定量分析によると，40年間，一貫して一部上場をしていた製造業372社の売上高拡大と売上高営業利益率低下は，明確な逆相関を示していた。売上高100億円の増加に対して，売上高営業利益率が0.19％低下する状況にあり，その単純相関係数は−0.894にも達している（図表1-1）。

3. 低収益性を許容してきた事業環境

このような日本企業の低収益性，ならびにその長期低下傾向の背景には，それを許容する事業環境も存在していた。その事業環境は大きく二つあげられる。

第一に，間接金融システムの成功である。戦後，資本蓄積の低い日本が経済規模の拡大を果たしていくためには，多額の資金供給が必要であった。その資金を確保するためには，大きな信用創造機能を持つ銀行を中心とした間接金融システムは理にかなっていた。国民の銀行預金という低利かつ硬直的な金融資産によって，企業は低い調達コストで資金を固定的・長期的に調達することができた。日銀を頂点とし，コントロールされた金融システムは，オープンな金融・資本市場における自由取引に比べ，収益性圧力が本質的に低かったのである（井手，2005；野口，2005）。

第二に，株式持合いによる長期的・総合的リレーションシップを重視する経営風土が定着していたことである。日本においては，短期的・財務的なリターンではなく，取引の安定性や人的つながりなど，総合的なリターンをビジネスパートナーとしてお互いに享受することが重視されていた（井手，2005；伊丹，2006）。日米欧における企業目的に関する調査でもその傾向は顕著にあらわれている。日本企業では，たった8％の管理職が，「企業の真の目的が利潤である」と答えたに過ぎず，顧客や従業員を含む，よりバランスのとれた目的が期待されていた（Hampden-Turner and Trompenaars, 1993）（図表1-2）。良いものを，安く，大量に輸出する。それによって高成長を実現し，雇用を創出する。そして，賃金上昇を通じて国民へ還元してい

図表 1-2　欧米諸国との企業目的の差異

質問項目
a) 会社の唯一本当の目的は利潤を得ることである
b) 会社は，利潤を得ることと並んで，従業員や顧客などのような利害関係者の福祉を高めるという目的を持っている

「利益が唯一の目的」と答えた管理職の割合

国名	%
日本	8
シンガポール	11
フランス	16
ドイツ	24
ベルギー	25
オランダ	26
スウェーデン	27
イタリア	28
イギリス	33
カナダ	34
オーストラリア	35
米国	40

注：約1万5000人の管理職（日本，米国，ドイツ，フランス，イギリス，オランダ，スウェーデン）にアンケート調査。
出所：Hampden-Turner and Trompenaars (1993), 邦訳　pp. 38-39 をもとに作成

く。このような規模拡大の道を日本の金融界・産業界全体で追求していたことが，低収益性を許容する環境を長きにわたって支えていたのである[4]。

第2節　「収益不全」をもたらす「成長志向のマネジメントスタイル」

こうした環境下，日本企業では，過度な規模拡大を志向する「成長志向のマネジメントスタイル」が根付くことになった。

1980年代の日米でのアンケート調査によると（加護野ほか，1983），米国

---

4) 本来であれば，退出すべき企業が，退出を免れ得たのではないか，ということこそが最も大きな課題かもしれない。

図表 1-3　経営目標の比較

経営目標	米国	日本
投資収益率***	2.43	1.24
株価の上昇***	1.14	0.02
市場占有率***	0.73	1.43
製品ポートフォリオの改善	0.50	0.68
生産・物流システムの合理化**	0.46	0.71
自己資本比率	0.38	0.59
新製品比率***	0.21	1.06
会社の社会的イメージの上昇**	0.05	0.20
作業条件の改善**	0.04	0.09

注：数字は順位スコア（首位3点，2位2点，3位1点，その他0点）
　　*5％水準で有意，**1％水準で有意　***0.1％水準で有意（両側t検定）
　　分析対象：東京証券取引所1部，2部上場企業1031社（日本），1979
　　　　　　　年度フォーチュン誌の鉱工業売上高ランキグ上位1000社
　　　　　　　（米国）
　　有効回答数：227社（米国），291社（日本）
　　実施時期：1980年
　　調査方法：郵便質問表調査
出所：加護野ほか（1983）p. 25

企業が投資収益率（ROI）を最も重視しているのに対し，日本企業は市場占有率という企業成長に関わる目標を最も重視し，成長に大きく関わる新製品比率も重視していた（図表1-3）。日本における企業の市場占有率の重視と，米国における利潤・1株当たり利益・投資収益の重視ほど，日米企業間に見られる際立った相違はおそらく他にはないと，Hampden-Turner and Trompenaars（1993）も述べている。

　近年，バブルの崩壊，本格的なグローバル化の進展，IT革命の進行，中国の台頭など，事業環境の質的な変化が進んできた。しかしながら，この過度な規模拡大を目指す「成長志向のマネジメントスタイル」は相変わらず残っている[5]。

　たとえば，2000年の三品（2002a）による事例研究でもその傾向がはっき

---

[5] 加藤・軽部（2009）では，売上高よりも，製品差別化や低コスト化の追求などが，各ビジネスユニットの戦略目標としてより重要であるという結果も出ているようである。ただ，質問自体は，「操業度を高めたり，固定費をまかなうために，売価を下げてでも売上を上げることが重要視されているか」という質問であったため，本来的に売上を重視しているか否かを明確に捉えているとは言い難い。

第1章 日本企業の「収益不全」と「成長志向のマネジメントスタイル」

図表1-4 事業経営責任者のビジョン・戦略と施策内容

質問：自事業に対していかなるビジョンと戦略を持っているか？

事業戦略指針	言及人数
海外展開による売上高の拡大	9
近隣侵攻による売上高の拡大	6
コスト力による占有率の拡大	5
技術優位による占有率の拡大	4
需要開拓による売上高の拡大	4
事業構築による新市場の開拓	4
販売優位による占有率の拡大	3
隙間特化による占有率の拡大	3

質問：就任以来どんな施策を実行してきたか？

事業戦略指針	言及人数
グローバル化	18
モノ造り強化	17
前任者の踏襲	14
商品力の強化	13
営業政策	10
風土改革	10
人材育成	10
分野内多角化	8
体制構築	8
支出抑制	8
事業整理	6
人事刷新	6
組織変更	6
資源増強	6
分野外多角化	4
業務管理	3
資金手当	3

注：分析対象：日本を代表する企業の1社（売上高2兆円強，従業員6万人超）の現役事業経営責任者30人
　　実施時期：2000年度第3四半期
　　調査方法：訪問聞き取り調査
出所：三品（2002a）pp. 14-15の表4，表5をもとに作成

りと読みとれる。三品は，ある日本を代表する企業グループの一翼を担う，売上高2兆円超の企業の事業経営責任者30人に聞き取り調査をおこなった。それによると，その事業経営責任者のあげた経営指針は，10年前や20年前とほぼ変わらず，未だに規模拡大を目指すものであった（図表1-4）。また，実際に実施している施策の内容も，海外拠点の整備など規模拡大を目指すものであった。

　確かに簡単に人を切れない日本企業にとって，規模拡大を目的とする経営スタイルは，雇用確保，年功序列の維持につながるというメリットもある。ただ問題は，この規模拡大を目指す「成長志向のマネジメントスタイル」が収益性を大きく犠牲にし，利益無き繁忙を生み出すほど偏ったものになったことであり，結果的にそれが日本企業の競争力を削いでいることにある。簡潔に表現すると，日本企業は「収益不全」に陥っているとも言えるのである。

第3節　戦略がない日本企業

このような状況に対して，多くの研究者が日本企業の経営戦略上の問題点を指摘している。以下，その代表的な指摘を三つ取り上げる。

1. 三品による戦略不全の論理

三品（2004）は，日本企業の過度な規模拡大と収益性低下の状況を指し，その根幹には「戦略不全」があると言っている。三品によれば，経営戦略の成功の鍵は製品の単なる「差別化」ではなく，「似て非なるもの」を作り出す「異質化」にある。この異質化によって，たとえ競争相手がいても宿敵にはならない状況を生み出すことが可能となるのである。そして，戦略と戦術を厳密に区別し，戦略を「異質化」の観点で捉えると，それを担えるのは経営者しかおらず，その経営者の持つ事業観，あるいはそこから生まれる大局的判断が重要になる。

多くの企業に見られる戦略不全は，短命社長から短命社長へのバケツリレー経営によって，過度な規模拡大と収益性低下に歯止めがかからなかったことにあると三品は主張している。

2. Porter による日本企業の競争戦略上の課題

ポジショニング・スクールの第一人者である Porter（1996）も，「日本企業にはほとんど戦略がない」と主張している。Porter によれば，日本企業のこれまでの成長は，海外のライバルが生産性で劣っている中，非常に高いオペレーション効率，すなわち生産性フロンティア[6]の最前線で操業することによって支えられていた。コストと品質で優れた製品を，巨大な国内市場とグローバル市場へ送り出すことによって成長が実現できていたのである。

しかし近年，海外のライバル企業は日本企業のベストプラクティスを学

---

[6] 何らかの特定の製品やサービスを提供している企業が，利用できる最善の技術や技能，経営手法，購入したインプットを使って，ある一定のコストで創造できる最大の価値を指す。つまり，生産性フロンティアとは，ある時点，ある産業内において存在するベスト・プラクティスの集合体となる。

び，日本企業との生産性の差を縮めてしまった。さらには IT の活用，SCMの効率化，アウトソーシングなどによって，日本のこれまで誇ってきた高い生産性を凌駕しつつある。こうして，日本企業の競争優位は大きく毀損してしまった。

本来，戦略の本質は，他社とは違う一連の業務活動による，独特の価値を持つ戦略ポジションの創造にある。それゆえ，「一部の例外企業を除き，オペレーション効率を競争優位としてきた多くの日本企業には戦略がない」と Porter は主張しているのである。

3. 日本企業の同質的行動

日本企業には，お互いを模倣するという同質的行動の特徴がある。この同質的行動は，カラーテレビ産業をはじめ，時計産業，電卓産業，化学産業，飲料産業など，多くの業界にまたがって存在している（新宅，1994；淺羽，2002）。この同質的行動が，日本企業の成長を実現する大きな原動力の一つになったのは事実である。それは，常にライバル企業に追いつかれるというプレッシャーを生み出し，その中で一歩でも他社に先んじようとする企業努力を引き出し，企業の能力を増強させる。たとえば，カラーテレビ産業では，日本企業の同質的行動によって，技術転換[7]とその後の技術進化が加速化し，標準的な製品デザイン，いわゆるドミナント・デザイン（dominant design）を確立することができた。結果，他国の競争相手を圧倒し，世界市場を席巻することになった（新宅，1994）。

しかし，このような日本企業の競争に対するアプローチは，競争企業間の違いをなくし，業界内で「あらゆるものをあらゆる顧客に」提供することにつながる。各社の戦略ポジションはあいまいになり，過当競争が生まれ，収益性の低下へとつながってしまう（Porter, 1996）。

この同質的行動は「成長志向のマネジメントスタイル」も助長する。同質的行動が同時的な投資につながり，過剰な生産能力を生み，それが熾烈な規模拡大の競争へと企業を駆り立ててしまうのである[8]（淺羽，2002）。

---

[7] 真空管からトランジスタ・IC への技術転換を指している。新宅によるカラーテレビ産業の事例研究は，1960〜80 年代にかけての事例による分析である。

4. 求められる新しいマネジメントスタイル

　低収益性を許容する事業環境の中，多くの日本企業は「成長志向のマネジメントスタイル」を定着させ，自社の戦略ポジションを明確化することなく，過度な規模拡大に走ってきた。その結果，規模拡大は達成したものの，利益無き繁忙という由々しき事態，「収益不全」に陥ってしまったと言えるのではないだろうか。

　一時は世界中から絶賛された日本的経営の特徴，「日本企業は短期的な株価の変動に振り回されない為に，長期的な戦略を描くことが可能である」ということが実は，「日本企業は株価の変動に影響されないため，利益無視の経営が可能であった」と読み替えができることに，今，我々は気づかされているのである（野口，2005）。しかしながら，これまで低収益性を許容してきた事業環境もいまや足元から大きく崩れつつある。それは五つの事業環境変化によって引き起こされている（井手，2005）。

① マクロ経済的要請の消失：事業規模の拡大によって，日本は世界第二位の経済大国[9]となった。1980年代には有効求人倍率が1を上回る水準に達するなど，雇用の拡大・安定化といった戦後の重要なマクロ経済的目標が達成されてしまった。

② 企業活動のグローバル化の進展：日本企業は，外国企業と同じ土俵で競争し，共通のルールの中で戦わざるを得なくなってきた。低収益性に基づく強い国際競争力の不公正さが問われ，日本特殊論は通用しなくなった。

③ 間接金融システムの破綻：日本は輸出大国となり，大規模な製造業の手元流動性が高まった。また，金融・資本市場の自由化・国際化や，株価上昇によるエクイティー・ファイナンス能力の向上によって，直

---

8) 1990年代の日米各国の高品位テレビ業界では，逆に日本勢が優位性を失う結果になっている。日本では，同質的行動により，NHKによって提唱されたミューズ式の「ハイビジョン」というアナログ技術に企業が一斉に飛びつき，多様な技術的可能性の追求がなされることはなかった。しかし米国では，それぞれの企業が異なる技術を追求することにより，多様な技術可能性が探索された。その探索の努力が，後に米国によって提唱される，より優れたデジタル技術に結実することとなる。この米国の動きによって，日本の産業全体が甚大なダメージを受けた。この事例は，同質的行動の存在が，容易な模倣を促し，イノベーション活動に対してマイナスの影響を及ぼす可能性があることを示している（淺羽，2002）。

9) 本研究をおこなっていた2007年時点。

接金融の道が大きく開け，金融機関の相対的な地位が低下した。
④ コーポレート・ガバナンス上の課題：上記に関連して，外国人投資家が増大し，「企業は誰のものか」という視点から資本利益率の低さが問題視され始めた。結果，株式の持ち合い解消も進み，企業間の「長期的・総合的リレーションシップ」の特徴が薄まった。そして，経営者は収益性の改善を重要な経営課題として掲げざるを得なくなった。
⑤ 足元の巨大市場である国内市場の急速な成熟化：労働人口の拡大のピークは過ぎ，減少過程に入った。収益を伴わない設備投資に支えられた労働装備率の持続的上昇は期待できず，収益拡大の鍵は資本生産性の上昇に移った。

このような事業環境の変化は，これまで以上に日本企業に変革を迫ってくる。日本企業は「成長志向のマネジメントスタイル」を大きく転換し，低収益性を抜け出し，新たな事業環境のもと新たな舵取りを求められていると言えるだろう。

第4節　規模拡大・収益性課題に対するアプローチ

1. 経営戦略論の分類学

本書は，収益不全を脱するための経営実務上の示唆を得ることを目的としている。その手段として，企業の個別の状況に触れることなく，定量分析に焦点をあてた検討をおこなう。定量分析の結果を解釈するためには，分析視座，論理モデルが必要となる。分析視座の抽出，論理モデルの構築に向け，まずは戦略論の分類について幾つかの研究をレビューしたい。ここではMintzberg, Ahlstrand, and Lampel（1998）と，小林（1999），河合（2004）の三つの研究を取り上げる。

① 戦略サファリ（Mintzberg *et al*., 1998）

戦略サファリでは，戦略形成の考え方を10のスクールに分類している（図表1-5）。この10のスクールは三つのグループに分類される。デザインからポジショニングまでの三つのスクールは第一のグループに属し，戦略が

図表1-5 戦略形成の10のスクール

1. デザイン・スクール ：コンセプト構想プロセスとしての戦略形成
2. プラニング・スクール ：形式的策定プロセスとしての戦略形成
3. ポジショニング・スクール ：分析プロセスとしての戦略形成
4. アントレプレナー・スクール ：ビジョン創造プロセスとしての戦略形成
5. コグニティブ・スクール ：認知プロセスとしての戦略形成
6. ラーニング・スクール ：創発的学習プロセスとしての戦略形成
7. パワー・スクール ：交渉プロセスとしての戦略形成
8. カルチャー・スクール ：集合的プロセスとしての戦略形成
9. エンバイランメント・スクール ：環境への反応プロセスとしての戦略形成
10. コンフィギュレーション・スクール ：変革プロセスとしての戦略形成

出所：Mintzberg *et al.* (1998)，邦訳 pp. 5-6 をもとに作成

どように形を成すのかというよりも，どのように形成されるべきかに焦点が当てられている。その後に続く4.～9.までのスクールは，それぞれ戦略形成のある特有な側面に焦点を当て，戦略がどう形成されるかについて記述的に示すに留まっている第二のグループとなる。最後のコンフィギュレーション・スクールは，第三のグループ（一つのスクールだけで形成される）であり，1.～9.のすべてのスクールを包括・統合し，戦略形成プロセスを変革プロセスとみなすグループとなる。

1980年代以降は，ポジショニング・スクールが戦略研究において規範的な位置を占めることとなり，近年はラーニング・スクール[10]ならびにコンフィギュレーション・スクールが主導的な役割を果たすようになってきたと述べている。

② **経営戦略の理論と応用（小林，1999）**

小林（1999）は，過去の膨大な戦略研究を紐解き，四つの次元，すなわち，1. 計画―実行，2. 計画的―非計画的，3. 静的―動的，4. 中身―プロセスを切り口として，大きく八つの戦略論の系譜が存在するとした。ここでは，Ansoffに代表されるプラニング・スクールとPorterに代表されるポジ

---

10) Mintzberg et al. (1998) において，リソース・ベースド・ビューは，ラーニング・スクールとカルチャー・スクールの二つに切り離されて分類されている。経営資源に関する議論そのものは，組織の能力に直結し，カルチャーとして根付かせることの重要性からカルチャー・スクールへ。そして，リソース・ベースド・ビューの中のダイナミック・ケイパビリティーに関する動態的アプローチは，それ自体が学習のプロセスであるとし，ラーニング・スクールへと分類されている。

図表1-6　八つの戦略論の系譜

1. 公式プラニング・システム・アプローチ：戦略意図に基づき，戦略の中身を計画的に策定
①戦略計画アプローチ　　　　　　　　　：戦略を公式かつ計画的なシステムとみなす
②構造主義的アプローチ　　　　　　　　：焦点市場における戦略的地位の選択に着目
2. インクリメンタル・アプローチ：戦略をインクレメンタルなプロセスの結果としてみる
3. 歴史的アプローチ　　　　　　：歴史の長期的スパンの中における戦略変化のパターンに着目
4. 経営資源アプローチ　　　　　：戦略を保有および獲得経営資源の視点から説明
5. 人間行動アプローチ　　　　　：組織における人間行動の視点から戦略を説明
①戦略意図アプローチ　　　　　：経営者チームの意思の集約の結果としての戦略
②社会認識的アプローチ　　　　：戦略家の認識プロセスから戦略を説明
③政治的アプローチ　　　　　　：戦略を組織内政治，パワーの発揮プロセスとして説明
6. コンティンジェンシー・アプローチ：戦略をそのコンテクストとの整合性という観点から説明
7. ドメイン設定・アプローチ　　：戦略ドメインの定義を出発点とする考え方
8. 戦略アライアンス・アプローチ：戦略ネットワークの形成という観点から戦略を説明

出所：小林（1999）pp. 18-19をもとに作成

　ショニング・スクールは，公式プラニング・システム・アプローチの二つのサブシステムとして分類されている（それぞれ，戦略計画アプローチ，構造主義的アプローチと呼称されている）（図表1-6）。

　そして，かつてない大きな変換点に差し掛かっている日本企業の戦略策定においては，自らの意思とそれを実現する能力の明確化が重要であり，それが競争相手に対する差別化ポイントにつながると考え，リソース・ベースド・ビューを大きく取り上げている。

　③　ダイナミック戦略論（河合，2004）

　これまでの規範的戦略論は，四つのスクール，1. デザイン・スクール，2. プラニング・スクール，3. ポジショニング・スクール，4. リソース・ベースド・ビューに分類できるとした。

　河合（2004）は，これら四つのスクールの理論の内容を紹介したうえで，それぞれのスクールにおける戦略形成の主体，戦略形成と実行のプロセス，戦略と組織の関係など，各スクールの前提条件を明らかにしようとしている。

　また，これらのスクールがダイナミック戦略論（需要不確実性下でも適応可能な戦略論であること）に足りうるか否かの検討をおこなっている。その観点からは，3. のポジショニング・スクールと，4. のリソース・ベースド・

ビューが部分的にその要件を満たすとしながらも，四つのスクールいずれもが，基本的にはスタティックな理論，あるいはダイナミックな理論の要件を十分に満たしていないものであるとし，需要不確実性下でも適用可能なダイナミック戦略論構築の必要性を説いている。

2. 分析のための視座：戦略論的視座と資源論的視座

「収益不全」について議論するためには，①変化する事業環境において，規模拡大と収益性の増減に関する検討をおこない，②長い時間軸の中での資源の蓄積や活用といった，企業の内と外との間に横たわる動態的なメカニズムをあきらかにする必要性がある。そういった観点から三つの戦略論の分類に関する先行研究を踏まえると，定量分析の分析視座として，ポジショニング・スクールとリソース・ベースド・ビューを選択するのが妥当だと考えられる。特に，どの分類においても，企業がどのような業界に身を置き，その中でどのような市場地位を占めることができるか，といった観点で戦略を議論するポジショニング・スクールは常に「規範的」なものであったし，また，不確実性が増す昨今の事業環境においては，企業独自の能力に競争優位の源泉を求めるリソース・ベースド・ビューという考え方も重要性を増しつつあった。こういったことからも，ポジショニング・スクールとリソース・ベースド・ビューという二つの視座を分析に活用し，分析結果の解釈のための論理モデル構築に役立てることの妥当性は窺える。

戦略研究の歴史を紐解けば，この二つのスクールの考え方が実際どのように企業の収益性に影響を及ぼしているか，といった定量的な研究も数多く存在している（Schmalensee, 1985；Rumelt, 1987；Hansen and Wernerfelt, 1989；Rumelt, 1991；McGahan and Porter, 1997）。これらの研究結果も，定量分析結果を解釈するうえで役に立つはずである。

また近年では，この二つの考え方はお互いに「補完的」であるという認識も形成されつつある（Mahoney and Pandian, 1992；森本，2004；淺羽，2004）。さらには，それらを動態的に接合する理論の構築も試行されている。

以下，ポジショニング・スクールを戦略論的視座，リソース・ベースド・ビューを資源論的視座と呼称し，第2章，第3章で，規模拡大と収益性の増

第1章　日本企業の「収益不全」と「成長志向のマネジメントスタイル」

減の観点からそれぞれの先行研究のレビューをおこない，その基本的な考え方をおさえておきたい。そして第4章では，この二つの視座の接合を試みている動態論的な研究動向をレビューする。

本章のまとめ

　本章では，長期にわたる日本企業の規模拡大と収益性低下の状況，つまり日本企業の「収益不全」の実態についてレビューした。そこで明らかになったのは以下の三つであった。第一に，日本企業の収益性は他の先進諸国に比べ長期間にわたって低かった。第二に，その低い収益性が継続的な低下傾向にあった。第三に，これまでの事業環境は，日本企業の規模拡大を促し，低収益性を許容するものであったことである。

　そのような中，収益性の犠牲のうえに，過度な規模拡大を目指してしまう「成長志向のマネジメントスタイル」が日本企業には根付いていた。この状況に対し，研究者達は，「日本企業は戦略不全だ」，あるいは「日本企業には競争戦略がない」といった不名誉な表現を与えていた。

　一方，日本企業を取り巻く事業環境は大きく変化しつつあった。規模拡大を後押ししたマクロ的な経済目標は達成され，企業活動のグローバル化が進展した。間接金融システムは破綻し，収益性を犠牲にした戦略は成立しなくなった。今後，日本企業が競争優位を発揮していくうえでは，これまでのマネジメントスタイルから脱却する必要があるのである。

　本書の主題は，収益性向上のための経営実務上の示唆を得ることにある。そのために，規模拡大と収益性増減の関係を定量的に詳細に分析する。分析結果を適切に解釈するにあたっては，どうしても論理の力を借りざるを得ない。そこで，ポジショニング・スクールとリソース・ベースト・ビューの考え方を活用することにした。

第2章
戦略論的視座（ポジショニング・スクール）における収益性の考え方

　第2章では，企業の規模拡大と収益性の観点から，戦略論的視座として，ポジショニング・スクールの先行研究レビューをおこなう。それを通じて，業界要因や規模拡大が収益性にどのような影響を与えるかについて明らかにする。また，ポジショニング・スクールの課題についても議論をおこなう。

第1節　ポジショニング・スクールにおける収益性のドライバー

1．ポジショニング・スクールの概要
　ポジショニング・スクールの起源は産業組織論にある。産業組織論においては，業界構造（structure）が，企業の経営活動（conduct）に影響を与え，それが企業の経営成果（performance）に影響を与えるという立場（これを構造・行動・成果〔SCP〕パラダイムという）をとる。そして，消費者の利潤を最大化するためには，業界の構造を競争的にすることが重要であるという主張をおこなっている（Bain, 1968）。

　産業組織論の構造・行動・成果パラダイムを逆手にとって，企業の戦略論に援用し，競争戦略の考え方を一新したのがPorter（1980）である。産業組織論においては，競争は社会的に見て望ましいものであるのに対し，企業経営においては，競争は回避すべきものとなる。産業組織論とポジショニン

図表 2-1　五つの競争要因

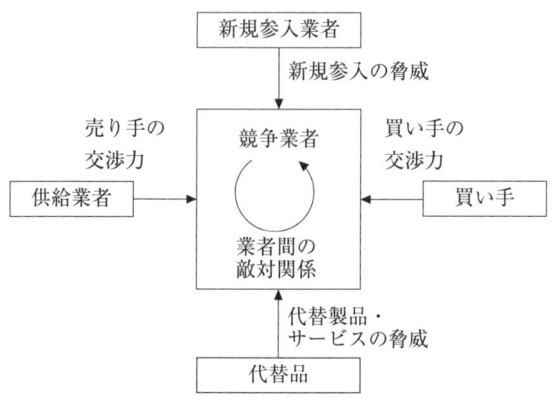

```
                    ┌──────────────┐
                    │  新規参入業者  │
                    └──────┬───────┘
                       新規参入の脅威
                           ↓
  売り手の              ┌───────┐           買い手の
  交渉力                │競争業者│            交渉力
  ┌──────┐   →         │  ◯   │    ←    ┌──────┐
  │供給業者│             │業者間の│          │ 買い手 │
  └──────┘              │敵対関係│          └──────┘
                        └───┬───┘
                       代替製品・
                       サービスの脅威
                           ↑
                        ┌──────┐
                        │ 代替品 │
                        └──────┘
```

出所：Porter（1980）p.4

グ・スクールは，ちょうどコインの裏表の関係にあるのである（新宅・淺羽，2001）。

　Porter（1980）は，業界の競争状況を決める要因を，供給業者，買い手，代替品，新規参入業者，競争業者の五つに分類し，これらの五つの要因が業界の長期的な投資収益率を決定するというファイブ・フォーシーズ・モデル（five forces model）を提唱した（図表2-1）。企業の経営成果は，この五つの要因によって規定される業界自身の魅力度と，そこでの企業の基本戦略[1]に大きく影響を受けることになる。

　このように Porter の提唱するこの考え方は，一貫して企業の経営成果が，企業の所属する業界の構造や，その中での市場地位といった外部要因によって大きく影響を受けるという立場をとっている。それが，「ポジショニング・スクール」と呼称される由縁である。

2. 業界要因と戦略ポジション

　Porter（2001）は，企業が業界の平均的な競争企業を上回る経営成果を実

---

[1] 基本戦略は，コスト・リーダーシップ戦略，差別化戦略，集中戦略の三つに分類される。これら基本戦略の選択によって，企業は，競争環境に対処し，他企業の攻撃から防衛可能な地位を構築する（Porter, 1985）。

現するためには，競争優位を有する戦略ポジション（strategic position）の構築が必要であると説いている。

戦略ポジションとは，①製品種類（ある業界の製品やサービスの一部だけを提供すること），②顧客ニーズ（特定顧客グループのニーズのほとんど，または全部を対象とすること），③顧客アクセス（さまざまな方法でアクセスできる顧客をセグメンテーションすること）の三つ，あるいはこれらの三つのなんらかの組み合わせを基盤とし，明確な目的にあわせて成果を狙った，一連の業務活動であるとしている。

このような戦略ポジションは，他のポジションとのトレード・オフ，つまり，やるべきでないことを選択しなければ永続できない。なぜなら，異なった戦略ポジションを企業内に内包することは，異なった製品構成や設備，従業員の異なった行動や熟練，異なる経営システムを必要とするので，自社内に混乱を生むことになってしまうからである。さらには，顧客に対するイメージや評判に一貫性がなくなり，信頼性の喪失や顧客の混乱を招くことにもつながりかねない。

ポジショニング・スクールにおいては，企業の収益性を議論する際に，①ある業界の平均的な競争企業の収益性を決定づける業界要因，②その業界の平均的な企業を上回る経営成果を実現するための戦略ポジション，を考慮することが必要になるのである。

3. 収益性を向上させる規模拡大

Ghemawat（1986）は，企業の競争優位が競争相手に対していかに持続できるかという観点から，持続的競争優位（sustainable advantage）をもたらすためのドライバーについての議論をおこなった。それによって，Porterらによる戦略ポジション構築の議論はさらに深まることになる。Ghemawatによると，そのドライバーは以下の三つの項目に分類でき，それらの項目はそれぞれ三つの要素に分解される（Ghemawat, 1986）。

① 規模の優位性（benefit of size）
    ― 規模の経済（scale economy）
    ― 経験効果（experience effect）

—範囲の経済（scope economy）
②　資源・顧客へのアクセス優位性（superior access to resource/ customer）
　　　—ノウハウ（know how）：累積的R&D投資による情報へのアクセス，人的資源など
　　　—原材料（input）：紙会社のパルプへの垂直統合，著名レコード会社のアーティストを惹きつける力など
　　　—市場（market）：評判，スイッチングコスト，契約など
③　競合他社の選択肢に対する制限（restriction on competitors' option）
　　　—公共政策（public policy）：特許，独占禁止法（小さいビール会社が地ビール会社を買収して規模拡大）など
　　　—制約（defense）：過去の投資が現在の行動を制約することなど
　　　—反応の遅れ（response lag）：R&D，非価格的な競争手段，優れた組織など

　Ghemawatの議論では，本書の主たる論点である規模拡大が，持続的な競争優位をもたらし，それが経営成果に結びつくことを明確に示している（①の項目）。

　規模拡大を含む競争地位や業界構造などの外部環境要因が，経営成果をどのように決定付けるかを明らかにしようとした実証研究も存在する。その代表的な実証研究はPIMS（業績に結びつく戦略要素の解明）であろう（Buzzell and Gale, 1987）。そこでは，業界構造・競争地位が戦略および戦術に影響を与え，それが業績にどう影響を与えるかという競争戦略パラダイムが示されている（図表2-2）。

　この研究の主たる発見事実は，優れた相対品質が価格プレミアムと事業成長（市場シェア，市場拡張）をもたらすこと，そして，それが業績向上に寄与し，結果的に市場シェアと収益性の間の正の相関を生むことなどである[2]。GhemawatやPIMSの研究に見るように，規模の優位性は，明確に収

---

2) 優れた相対品質が価格プレミアムと事業成長をもたらす主たる理由としては，強い顧客ロイヤリティー，反復購買の増加，価格競争によって傷つくことが少ないこと，市場シェアに影響を与えずに相対的に高い価格の設定が可能であること，低いマーケティング費用，市場シェアの改善といった点があげられている。

図表 2-2　PIMS の競争戦略パラダイム

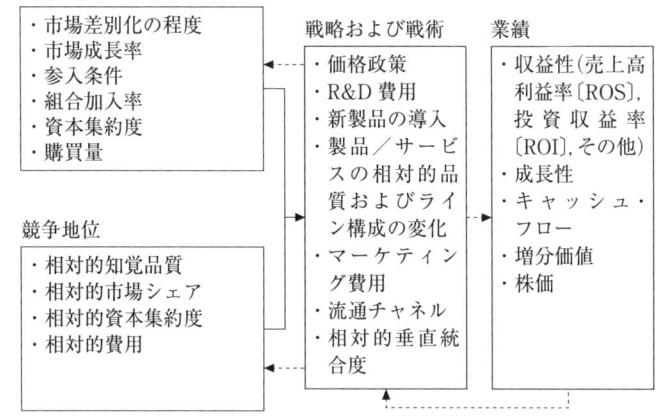

市場構造
・市場差別化の程度
・市場成長率
・参入条件
・組合加入率
・資本集約度
・購買量

戦略および戦術
・価格政策
・R&D 費用
・新製品の導入
・製品／サービスの相対的品質およびライン構成の変化
・マーケティング費用
・流通チャネル
・相対的垂直統合度

業績
・収益性(売上高利益率〔ROS〕,投資収益率〔ROI〕,その他)
・成長性
・キャッシュ・フロー
・増分価値
・株価

競争地位
・相対的知覚品質
・相対的市場シェア
・相対的資本集約度
・相対的費用

出所：Buzzell and Gale (1987) p.28

益性にプラスの影響を与える重要な要素となる。

第2節　過度な規模拡大が引き起こす収益性の低下

1．経営者の規模拡大に対する強い欲求

　規模拡大は収益性向上に寄与する。しかし，過度な規模拡大は収益性を毀損する可能性も孕んでいる。そして，この過度な規模拡大に陥る要因は経営者の中にも存在している。

　大企業，あるいは歴史ある企業においては，規模拡大のインセンティブが株主価値を上げるインセンティブよりも強くなる，というインセンティブ仮説[3]を Mueller (1972) は提示した。それは，株主に強く支配されない経営

　　一方，市場シェアと収益性の間に強い正の相関がある主な理由としては，規模の経済性，顧客によるリスク回避の行動，市場支配力，市場シェアが経営の質などを反映している可能性（良質のマネジャーの存在），リーダーの地位に留まることのほうがリーダーにチャレンジするよりも容易であるといった一般的基本要因があげられている。

3）三品（2004）は経営者のインセンティブではなく，経営者能力のほうが重要であるとの論理を展開している。ただし，いずれの場合でも，企業が過度な規模拡大を目指してしまう可能性につながることに相違はない。

者が，自らの社会的な地位の向上や権勢の拡大のために規模拡大を目標においてしまうという仮説である。Mueller は幾つか先行研究[4]をレビューすることによって，以下のような論理を展開した。

① 企業の立上げ初期においては，その企業の持つイノベーティブなアイデアが利益ポテンシャルを開発（exploit）することを株主が望み，利益のほとんどが再投資に回される。

② 企業が成功し大きくなり始めると，資本調達コストが下がり，株主のコントロールが低下する。そして，経営者は株主価値最大化のポリシーから逸れはじめる。

③ 企業が大きくなった後は，経営者は十分な富（wealth position）を得て，その主要な目的が，ステータスやパワーなど非金銭的報酬（non-pecuniary reward）に移る。そして，それに直結するであろう会社規模の維持・拡大に大きく関心が移ってしまう。

④ 結果，規模拡大を最大化する経営スタイルが定着し，株主の利益（welfare）を最大化するために必要な投資額よりも多くの投資をする傾向が生まれる。そして，より小さな配当性向，より速い成長速度，企業のマーケットバリューを低下させる傾向が生れてしまう。

このように成熟段階を迎えた大企業においては，規模拡大のインセンティブが特に強くなる。米国における研究でも，このような指摘がなされていることを考えると，日本における規模拡大のインセンティブの強さは推して知るべしであろう。

2. なぜ過度な規模拡大が収益性低下を招くのか

Porter（1996）は，経営者の規模拡大の欲求の行き過ぎにより，健全な戦略そのものが崩れてしまう可能性を最も深刻な問題であると指摘している。安易な成長を目指してしまうことによる戦略の崩れが，収益性低下を引き起

---

4) 配当（dividend）と内部留保（retained earning）を用いて，株価の回帰分析をおこなった Friend and Puckett（1964）の分析結果によると，化学，食品，鉄鋼などの大企業の多い成熟した産業においては，株価と内部留保の相関より，株価と配当との相関係数が高く，株主はより多く配当をする企業を好んでいたとを示している。一方，成長産業である電機（electronics）と規制産業である電力（electric utility）においてはその逆の傾向が見られた。

こしてしまう要因は大きく三つある。

　一つ目は，既存事業における安易な規模拡大の追求が，収益性の低い顧客の取り込みや，好ましくない条件での資源の確保・購入など，マイナス要因をもたらしてしまう可能性である[5]。

　二つ目は，新規事業における拡大という観点において，企業が成長ベクトル[6]に沿って新たな市場や製品（分野）に進出する際，①構成事業の注意深い選択をおこなっていない，②低収益事業を進んで放棄する意思が明確でない，③利益志向で適切な資源配分・調整のできる管理機構が存在しない，といった理由によって収益性の低下が生じてしまう点である（Rumelt, 1974）。

　三つ目は，上記③に通じるところがあるが，大規模組織における経営管理上のロスである。たとえば事業領域の拡大に向けてバリューチェーン上の垂直統合を進めた場合，技術移転の難しさやマネジメント上の難しさなどが増大してしまう。その結果，収益性が低下する可能性が生じてしまう。

　吉原・佐久間・伊丹・加護野（1981）は，日本企業の多角化の研究において，過度な規模拡大が，収益性にマイナスの影響を与えていた可能性を暗に示している。吉原ほかは，多角化の程度が大きくなるほど企業の成長性は大きくなるが，収益性は凸な形になるとの仮説を示し（図表2-3），その仮説を実証した[7]（図表2-4）。

　多角化戦略の類型という変数を介してつながっている成長性と収益性の関係を読み解くと，成長性と収益性トレードオフの関係は図表2-5のように捉え直すことができる[8]。図表2-4の結果を図表2-5の形に描き直してみ

---

[5] この可能性を考慮すると，経営資源の量と質を有するリーダー企業は，シェアの取り過ぎにより，逆に企業のトータルコストを増大させ，収益性を低下させることのないように気をつけるべきだとの議論が成り立つ。つまり，収益性の低下を引き起こさないような最適市場シェアが存在しうるのである（嶋口，1986）。
[6] Ansoff（1965）は，市場と製品の二軸，そして既存と新規で四象限で整理し，多角化のための戦略的意思決定モデルを提示した。
[7] 図表2-4は，多角化戦略のタイプ以外の要因，たとえば産業成長性，企業規模，市場集中度などを除き，戦略タイプによる経営成果へのネットの影響を見たものとなっている。垂直型（V）を起点とするダミー回帰であるので，各戦略タイプの回帰係数はV戦略との格差で示されている。
[8] 2009年度組織学会年次大会における沼上の報告においても同様な解釈がなされている（沼上，2009）。凸（2次微分係数が負）か否かに関する厳密な議論は困難であるが，どこか中央あたりに極大値を持つといった程度の厳密さで図表2-5のような形が想定されうる。本書においても，凸という言葉は，厳密に2次微分係数が負であるといった意味で用いるのではなく，ど

図表 2-3　多角化と成長性／収益性

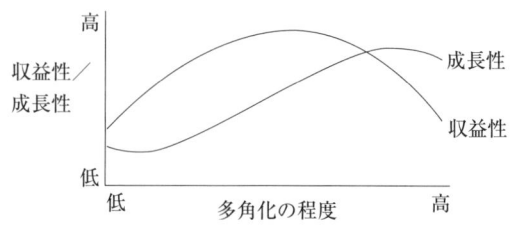

収益性／成長性

高

成長性

収益性

低

低　　多角化の程度　　高

出所：吉原ほか（1981）p.131, 136 をもとに作成

図表 2-4　多角化の戦略タイプと売上成長率／投下資本利益率

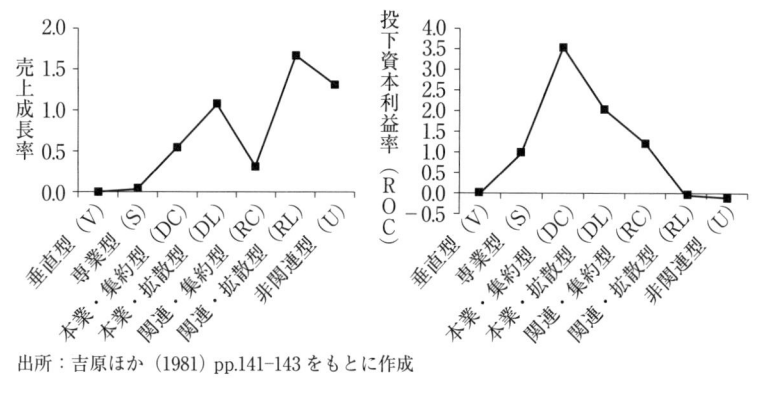

売上成長率

2.0
1.5
1.0
0.5
0.0

垂直型（V）　専業型（S）　本業・集約型（DC）　本業・拡散型（DL）　関連・集約型（RC）　関連・拡散型（RL）　非関連型（U）

投下資本利益率（ROC）

4.0
3.5
3.0
2.5
2.0
1.5
1.0
0.5
0.0
−0.5

垂直型（V）　専業型（S）　本業・集約型（DC）　本業・拡散型（DL）　関連・集約型（RC）　関連・拡散型（RL）　非関連型（U）

出所：吉原ほか（1981）pp.141-143 をもとに作成

図表 2-5　想定されうる成長性と収益性の関係

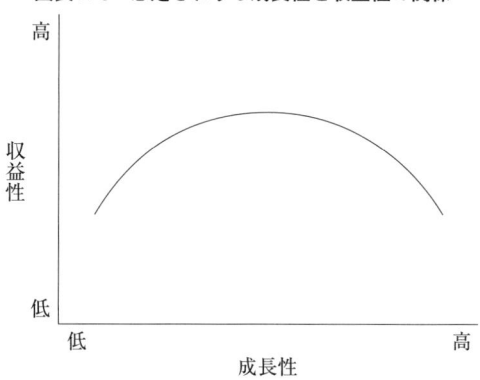

収益性

高

低

低　　成長性　　高

出所：筆者作成

こか中央あたりに極大値を持つという程度の厳密さで用いるものとする。

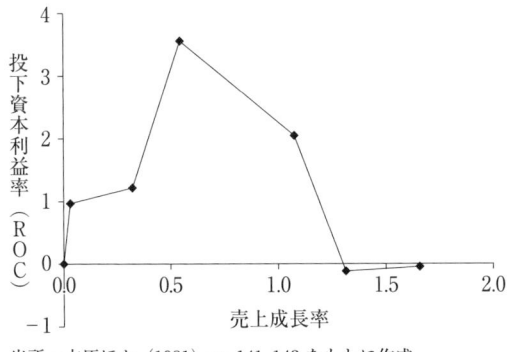

図表 2-6　売上成長率と投下資本利益率

出所：吉原ほか（1981）pp. 141-143 をもとに作成

ると，図表 2-6 のようになる。ある程度の規模拡大は，収益性に対してプラスとなるが，あまりに過度な規模拡大は収益性にマイナスの影響を与える可能性があることがわかる。これは，望ましい経営成果をもたらす最適な成長の速度の存在可能性を示していると考えられる[9]。

3. 日本企業における規模の不経済

特に日本企業は規模拡大を収益性の向上に結び付けられていない。たとえば，日米企業の企業経営力に関する研究（伊丹，1982）は，経営システム上の課題[10]（優れた経営資源の蓄積もなく，急速な規模拡大をおこなった際の経営システムの不具合）が，規模の不経済を発生させる主たる原因になると指摘し，日本企業ではその傾向が強いことを示している。企業の成長速度が米国に比べ速かった日本では，規模弾力性（β）[11]（規模拡大が収益性にどの程度プラスに働くかの指標）がはるかに小さかったのである（図表 2-7）。

---

9) 厳密には，本書では規模拡大と収益性の増減の間に凸な関係があること，つまり，収益性の維持・向上に向けた最適な成長速度が存在するのではないかという仮説を持っている。図表 2-5 のような収益性の値そのものとは少し意味合いが違うことは申し述べておく。
10) 日本企業の企業経営力に関する研究（伊丹，1982）では，規模拡大が経営成果に影響を与える基本的要因を，①技術，②経営資源，③市場規模と企業規模の相対比率，④経営システムの四つに整理しており，なかでも④が最も大きな規模の不経済の要因になるとしている。
11) 規模弾力性（β）とは，規模（この場合は売上高）が 1％伸びた場合，他の経営指標がどのくらいの率で変わるのかといった指標。図表 2-7 は 1950〜70 年代にかけての日米の電機産業に属する企業の分析である。

図表 2-7　日米企業における規模弾力性（β）の比較

	売上高営業利益率		ROI	
	日本企業	米国企業	日本企業	米国企業
平均	0.082	0.393	0.107	0.268
標準偏差	0.272	0.562	0.234	0.330
企業数（社）	74	72	74	62

出所：伊丹（1982）p. 98 をもとに作成

第3節　業界のライフサイクルと事業立地の変更

1．業界のライフサイクルと収益性

　本書では，日本企業の長期間にわたる収益性の低下を問題意識としている。長期間という観点からは，その企業が属する業界のライフサイクルも一つの論点となりうる。PIMS（Buzzell and Gale, 1987）では，業界のライフサイクルの段階と企業の収益性の関係が示されていた（対象は米国企業）。ライフサイクルの早い段階においては，企業の収益性は高く，導入期から成長期，さらに成熟期から衰退期になるにつれて収益性が低下していた（図表2-8）。

　業界の成長期では，高い粗利率，生産性の向上，販売価格・原材料費・賃金のインフレ率が低いことなどが利益率を高める主な圧力として存在し，それが高いマーケティング費用，成長のための投資といった利益率を低下させる圧力に勝っている。しかし，ライフサイクルの段階を経過するにつれて，競争の焦点が価格に移り，徐々に利益率が低下してしまうのである。

　一般的に，米国企業は1株当たりの収益性を重視し，不採算事業からの退出のスピードも早いと言われている。一方，日本には低収益性を許容する事業環境が存在し，弱い企業の退出があまり進んでいないと考えられる。日本

図表 2-8　業界のライフサイクルと市場の成長率・企業の収益性（%）

	成長期	成長成熟期	安定成熟期	衰退成熟期	衰退期
平均の実質市場成長率	10.5	12.3	0.3	-10.5	-1.7
平均の売上高利益率	10.1	9.4	9.1	8.7	7.2

出所：Buzzell and Gale（1987）p. 201, 206 をもとに作成

図表 2-9　業界のライフサイクルと売上高営業利益率（％）：日本の大企業 16 社 128 ビジネスユニット

	成長期	成熟前期	成熟後期	衰退期
売上高営業利益率	5.63	6.41	4.16	1.56

注：成長期：10％以上の実質成長率，成熟前期：2〜10％，成熟後期：ほぼ横ばい，衰退期：マイナス成長で回復の見込みなし。
出所：加藤・軽部（2009）p. 7 をもとに作成

企業は米国企業に比べ，業界ライフサイクルに沿ってさらに低い収益性の状況に陥っていることも想像に難くない。実際，加藤・軽部（2009）の日本企業 16 社 128 ビジネスユニットを対象とした調査結果では，そのような結果が得られている（図表 2-9）。

2. 事業立地の変更と収益性

この業界のライフサイクルのダイナミズムに関連して，三品（2007）は，超長期で企業が利益成長を遂げるか否かは，Porter の言う業界内のポジショニングよりさらに上位概念となる事業立地[12]の選定の成否が重要になると主張している。

三品（2007）は，金融・保険業界を除く日本の上場企業 1013 社の，1960 年以降 40 年間の業績データを用い，企業の利益成長について議論を展開している。分析においては，利益成長を三つの尺度（最高益更新率：利益成長の持続力，利益水準倍率：利益成長の跳躍力，最下限利益率：リスクを測る尺度）で定義し，戦略不全企業（202 社）と対照群（利益成長を達成した企業群：122 社）を抽出，その成否の要因を明確にしようと試みている。そして，企業が超長期で利益成長を遂げるか否かは，選択した事業立地の成否に依存するという結論を導き出している。

戦略不全企業の経営成果低迷の理由は，不毛な立地から動けなかったことや，転地に失敗したことにあった。転地に失敗した企業の多くは，旧立地の

---

[12] 事業立地には，「誰に何を売るか」が重要な判断軸になると三品は主張している。その変更には 10 年を超える長さの時間が必要となる。実際の事業立地の分類にあたっては，日本経済新聞社による業種分類などを参考に，企業の主業における競合関係を考慮しつつできる限り幅広く定義している（三品，2007）。

崩壊が現実のものとなり始めてから手近な転地先を求めているが，これこそが問題であると三品は分析している。「手近」という特性は参入障壁の低さと同義である。そこに先行の利を発揮する余地がないとなれば，競争が激しくなるのは当然のことである。シナジーを追求することを求めたくなる気持ちはよく分かるものの，それは独りよがりの発想に過ぎず，利益成長を望むべくもないと主張しているのである。

第2節から本節まで議論してきたことを踏まえると，長期的に収益性を維持・向上させるためには，外部に対し独自の戦略ポジションを生み出す競争優位を構築し，規模の不経済を生じないよう，過度な成長はおこなわないほうが良さそうである。同時に企業は，業界のライフサイクルへの対応や事業立地の変更など，質の異なる事業環境への対応をおこなっていかざるを得ないことになる。

第4節　収益性に対する業界要因のインパクト

実際，業界要因の収益性に対する影響はどの程度なのだろうか。幾つかの代表的な実証研究を確認しておきたい。それらの実証研究では，個別事業レベルの利益率の分散を被説明変数とし，その利益率の分散の大きさが業界間の利益率の分散によるものなのか（業界効果），それとも，その個別事業の属している企業の違いからくるものなのか（企業効果），あるいは，それぞれの個別事業間の影響によるものなのか（事業効果），といったことを検証している[13]。

1. Schmalensee（1985）

Schmalensee（1985）では，米国のFTCデータの261の製造業のうち242の業界，456社1775の事業単位（FTC line of business at 4-digit level）における1975年度の総資産利益率（ROA）を用いて，マーケットシェア効

---

[13] 各研究において，それぞれの効果の括り方には若干の相違が見られるが，概ねこの三つの要素の重要性は変わらない。

果(事業効果と企業効果の双方を包含)と業界効果の利益率に対する影響を分析している。結果は,各事業の利益率の分散の19.6%を業界効果が説明するのに対し,マーケットシェア効果は存在こそすれ小さく(0.6%),企業要因はほぼ存在しないという結論であった。

しかしながら,本実証研究の結果は,データが単年度(1975)であるために,ビジネスサイクルに起因するマクロ経済要因(当時の深刻な不景気やオイルショック等)と業界効果を区別できないといった点や,事業単位固有の影響要因をマーケットシェア効果のみであらわそうとしている点に課題が存在する。

また,利益率の分散の80%程度を説明することができていない。市場シェアと収益性には強い正の相関が存在することを示したPIMSの研究なども踏まえると,マーケットシェア効果(事業効果と企業効果)が必要以上に小さくあらわれている可能性については認識しておくべきである。

2. Rumelt (1987)

Rumeltは,米国企業1292社の20年間にわたる投下資本利益率(ROC)の分析をおこなった。そして,同一産業内の企業の利益率のバラツキが,産業間の利益率のバラツキよりも約3~5倍大きいことをデータで示した(図表2-10)。そして,企業の利益率差異の決定要因としては,産業構造という外的要因よりも,経営資源という企業個別の特殊要因の方が大きな影響力を持つと主張している。

Rumeltは,企業個別の特殊要因として,リカルド的レント(ricardian rents)と企業家レント(entrepreneurial rents)の二つをあげている。そ

図表2-10 米国1292社における投下資本利益率の分散分析の結果

	業界の定義	
	3-digit	4-digit
業界効果による分散	3.9	4.7
業界内企業効果による分散	19.2	17.6

出所:Rumelt(1987)p.141

の中でも、企業家精神が企業の固有性を生み、それによって創造・発見されたスキルや強みが生み出す企業家レントが重要であるとしている[14]。

3. Hansen and Wernerfelt (1989)

Hansen and Wernerfelt (1989) は、企業の利益率を決定するのが外的市場要因（業界効果）か、組織的要因（企業効果）なのかについて検討した。*Fortune1000* から60社を抽出し、300の事業単位において、5年間の総資産利益率に関する定量分析をおこなったのである。

外的市場要因については、産業組織論的な経済モデルとして、業界の収益性、相対市場シェア、企業規模を説明変数として用いている。また、組織的要因に関しては、組織的モデルとしての組織風土を説明変数として取り上げている。ただし、組織風土は操作化が難しいため、SOO (survey of organization) の公表データの中から二つの要素、①従業員の認識としての労働環境や、福利厚生に対する企業の姿勢、②従業員の認識としての組織内目標達成への圧力を取り上げ、そのデータを利用している。

Hansen and Wernerfelt の実証結果によると、経済モデルの自由度修正済み R^2 は0.141、組織的モデルでは0.356、混合モデルでは0.457であった。このことから、組織的モデルと経済モデルの双方が有意であるが、組織的モデルは経済モデルより高い説明力を持つこと、そして、この二つのモデルはほぼ直交していたことから、相互に代替的ではなく補完関係にあると結論づけている。

4. Rumelt (1991)

Rumelt は、米国企業の事業単位の1974〜77年の4年間の総資産利益率のデータを用いた分析をおこなっている。対象は製造業であり、二つのデータセット (sample A, sample B) を使用している。sample A は、Schmalensee (1985) と同じサンプルであり、期間を拡張したうえで不完全

---

[14] Grant (1991) のように、事業戦略による収益は、独占的レント（マーケット・パワーのリターン）との対比の中で、リカルド的レント（リソース利用により得られる利得マイナスコスト）が重要だとする主張も存在する。

図表2-11　業界・企業・事業効果と総資産利益率の分散構成比率（％）

分散の構成比率	sample A	sample B
業界・年度効果	7.84	5.38
業界効果	8.32	4.03
企業効果	0.8	1.64
事業効果	46.37	44.17
エラー	36.87	44.79

出所：Rumelt (1991) p. 178 をもとに作成

なデータを除き，242の業界にまたがる457社，1774事業を対象としている。また，sample Bは，Schmalensee (1985) が対象としなかった小規模事業単位を含めたサンプル，242の業種，463社，2810事業となっている。

分析結果としては，Schmalensee (1985) と同じく企業効果はさほど重要ではなかったものの，事業効果は大きく，業界効果を超えるという結果を得ている（図表2-11）。

5．McGahan and Porter (1997)

McGahan and Porter (1997) は，これまでの実証研究の多くが製造業に偏ったものであったこと，また，分析対象期間が単年度から数年程度の短期間であったことが問題であると指摘した。そして，業界を製造業から全てのセクター（金融を除く）に広げ，かつ，分析対象期間を1981～94年の14年間に拡張し，業界のライフサイクルの幾つかのフェーズを捉える工夫をおこなった。収益性の指標としては総資産利益率を用いている。

結果は，業界効果が18.68％，企業効果が4.33％，事業効果が31.71％，年度効果が2.39％となった。全体としては，Hansen and Wernerfelt (1989) の結果と同様，事業効果が業界効果の2倍程度の説明力を持つ結果であったが，業界効果はRumelt (1991) の結果より大きく，Schmalensee (1985) と同レベルの説明力となった。

業界別に見ると，業界効果が大きな影響を及ぼしている業界も散見された。たとえば，卸・小売業では業界効果が40％以上，農業・鉱業は39.5％，運輸29.4％といった具合である。一方，製造業における業界効果は10.8％と

低かった。これまでの実証研究の対象が製造業であったことが，業界効果が小さくでてしまった要因の一つではないかと指摘している。

　以上，五つの実証研究をまとめると，業界効果による影響度は一定程度存在するものの，各研究におけるバラツキが大きく，また，企業効果は小さく，事業効果が比較的大きかった。

　しかしながら，業界・企業・事業単位の要因は複雑に相互に関連しているので，実際にはそう簡単な話ではない。業界効果がさほど大きく現れない理由の一つとしては，業界内での戦略グループ（strategic group）の存在をあげることができる。戦略グループとは，規模以外の特徴，たとえば，垂直統合の程度，製品ラインナップの幅，展開地域の幅などの特質によって区分される，業界内企業の異なる集団である（Porter, 1980）。戦略グループ間には移動障壁[15]が存在し，結果，戦略グループの間の収益性のバラツキが事業効果として現れている可能性も指摘されているのである（Caves and Porter, 1977）。

第5節　ポジショニング・スクールにおける課題

　ポジショニング・スクールによる競争戦略へのアプローチについては，幾つかの課題が指摘されている。それらの課題は，本書の主題である日本企業の収益不全を議論するにあたって大きな意味を持つ。

　まず，ポジショニング・スクールにおける検討の多くは，基本的に安定的な環境を前提にした静態的な理論であり，不確実な環境下，あるいは変化の激しい環境下での戦略を議論しにくいといった点があげられる。たとえば，Grant（1991）は，1980年代にドミナントな考え方であった産業組織論に基づく構造主義的アプローチ自体が静態的な接近法であったと批判している。

---

[15] 移動障壁を高める構造的な次元には，①過剰設備（excess capacity），②製品差別化（product differentiation），③コスト構造（cost structure），④垂直統合（vertical integration）などがあり，参入障壁を生む要因と同質である。

次に，分析が外部環境側に大きく偏っており，戦略を考察する際の焦点が非常に狭いという点があげられる。Mintzberg *et al.*（1998）は，ポジショニング・スクールの競争戦略論に対する貢献を認めつつも，次の四つの点で批判を展開している。

① 焦点が狭いこと：経済的・定量的分析が主で，それ以外の質的な，社会的・政治的要素がほとんど考慮されておらず非現実的である。
② 狭い状況しかあつかえないこと：伝統的なビッグ・ビジネスへと焦点が偏っており，比較的安定した状況下における形式的分析に注目が集まっている。
③ プロセス概念の欠如：分析し，計算せよということに焦点があたり，新しい洞察をもたらしうる新しい経験を軽視する結果になっている。またそれが実行者のやる気を阻害する可能性を孕んでいる。
④ 戦略概念の狭さ：戦略が，ユニークなパースペクティブとしてではなく，包括的なポジションとしてのみ見られている。

これらの指摘に対して，ポジショニング・スクールの第一人者であるPorter自身も静態的なアプローチの限界を認め，企業の現時点における戦略ポジションを生み出した本当の原因を探るための動態的な戦略理論構築の必要性を認めている（Porter, 1991）。これに関しては，第4章で取り上げる。

本章のまとめ

本章では，戦略論的視座として，経営戦略論の二大学派の一つ，ポジショニング・スクールを取り上げ，規模拡大と収益性の観点からレビューをおこなった。

ポジショニング・スクールにおいては，経営成果がその企業の属する業界の業界構造といった外部要因によって大きく影響を受けるとともに，企業の一連の業務活動に裏打ちされた戦略ポジションに大きく影響を受けることが主張されていた。ポジショニング・スクールは一貫して，企業の属する業界構造や業界内市場地位が，経営成果を決定するという立場をとっていた。

規模拡大という観点からは，規模の優位性が企業の収益性に大きくプラスの影響を与えるドライバーであることが明確となった。その主たる要因としては，規

模の経済,経験曲線,範囲の経済の三つがあった。また,PIMSの研究は,優れた製品の相対品質に基づく事業成長（市場シェア,市場拡張）が,収益性の向上に寄与することを実証的に示していた。

　しかしながら,過度な規模拡大が収益性低下の要因につながる可能性も指摘されていた。その主たる要因は,既存事業における非効率な資源・顧客の取り込み,収益性の低い新規事業への事業拡大,事業の取捨選択の放棄,また,それらを管理する経営管理システムの不在などであった。そして,収益性を犠牲にした過度な規模拡大は,主に経営者の成長に対する欲求によってもたらされる可能性が大きかった。

　また,長期間にわたる企業の経営成果について議論をおこなう場合には,業界のライフサイクルも考慮せざるを得ない。業界のライフサイクルの後半になると企業の収益性は低下する。企業は,収益性に対する正や負の影響を及ぼす事業環境の質的変化にも対応していかざるをえず,利益成長を果たすためには「誰に何を売るか」という事業立地を巧く変更していくことも重要になるようであった。

　一方,ポジショニング・スクールは静態的な理論であり,不確実な環境下での戦略を議論しにくいという点や,戦略を考察する際の焦点が非常に狭いという課題も指摘されていた。また,幾つかの実証研究では,企業の収益性が,外部環境要因よりも企業固有の特性に大きく影響を受けている可能性も示されていた。よって第3章では,リソース・ベースド・ビューを資源論的視座として取り上げ,企業固有の経営資源・能力の観点から先行研究のレビューをおこなっていく。

第3章

資源論的視座（リソース・ベースド・ビュー）における収益性の考え方

　第3章では，資源論的視座として，リソース・ベースド・ビューの先行研究レビューをおこない，経営資源・能力と企業の収益性に関する考察をおこなう。ここでは，企業成長の不均衡な発展形態，見えざる資産，既存事業に使用されない経営資源という概念（スラック資源），自らの資源・能力を部分的に少し超えた戦略（オーバー・エクステンション戦略）についても議論する。

第1節　リソース・ベースド・ビューにおける収益性のドライバー

1．黎明期のリソース・ベースド・ビュー

　リソース・ベースド・ビューでは，企業の経営成果の差異を業界構造ではなく，企業固有の経営資源に求める議論が展開されてきた。この考え方の形成においては，これまでの伝統的な経済理論に対する批判があった。

　Penrose（1959）は，伝統的なミクロ経済理論の市場メカニズムでは企業の管理組織内部でおこなわれる経済活動を説明できないと考え，企業を「経営資源の集合体」，その「管理組織体」として捉えた先駆的研究者である。Penroseは，経営資源の管理・運営のメカニズムを考慮しなければ企業の成長を議論できないと主張した。

Demsetz（1973）は，産業組織論に対する批判から議論を展開した。産業組織論が企業の集中度を低下させ競争を促進すべきであるとの主張に対して，独占禁止法など政府による安易な規制に対する注意を喚起し，企業の有する特殊な資源や能力を考慮することの重要性を示した。

　また，Rumelt（1984）は，経済理論の枠組みによる経営戦略理論に対する一定の貢献を認めつつも，経営者の企業家精神の重要性を訴えた。経済理論では主に収益（profit）の最大化（maximization）を取り扱ってはいるものの，収益性（profitability）の追求は明確に取り上げていない。しかしながら実際は，経営者の企業家精神（entrepreneurship）を通じて，企業が収益性の追求をおこなっていると主張した。

　このような伝統的な経済理論に対する批判をきっかけとして，経営資源に基づく戦略理論を構築しようとする流れが徐々に形成されていった。そのような流れの中，リソース・ベースド・ビューという言葉を最初に使ったのはWernerfelt（1984）であった。

　Wernerfeltは，Porter（1980）の参入障壁（entry barrier）の類似の概念として，企業内部における資源ポジション障壁（resource position barrier）という概念[1]を導入した。この資源ポジション障壁が，潜在的な新規参入企業に対してのみならず既存の競争企業に対しても，競争優位（competitive advantage）と収益性の差異を生み出すという論理を展開したのである。そこでは，成長シェアマトリックス（growth-share matrix）の類似の概念として，資源プロダクトマトリックス（resource-product matrix）が導入され，企業を製品ポートフォリオではなく，資源ポートフォリオという視点から眺めることによって，成長戦略のあり方を捉え直すべきだとの主張がなされている。Wernerfeltの議論は，かなり粗い概念定義と論理構成ではあるものの，経営資源が企業の競争優位の源泉になるという理論的な議論を通じて，近年のリソース・ベースド・ビューの研究に先鞭をつけた（藤田，2007）。

---

[1] 既に経営資源を保有する先発者がいる場合，資源ポジション障壁の存在は，後発者が参入する際に費用・売上拡大における不利益をもたらす。

2. 蓄積されるべき経営資源とダイナミック・ケイパビリティー：発展期

　その後，多くの研究者によってリソース・ベースド・ビューの研究は深められていく。そして，初期の Barney（1986；1989）と Dierickx and Cool（1989a；1989b）の論争を通じて，経営成果の差異を生む経営資源は，時間をかけて企業内に累積的に蓄積されていくべきものであるという認識が強まった。

　Barney（1986）は，戦略遂行において必要な資源を獲得する「戦略要素市場（strategic factor market）」を想定し，平均以上のリターンをもたらすためには不完全競争的な戦略要素市場を作り出し，企業内部に特異な資産・スキル・能力を取り込むことが重要であると考えた。通常，戦略研究においては製品市場における競争の観察に焦点があてられることが多いが，経営資源に関する競争にも焦点をあてるべきだ，と主張したのである[2]。

　この議論に対し，Dierickx and Cool（1989a）は戦略を経営資源側から見るということには同意しつつも，Barney の言う不完全（imperfect）な戦略要素市場の概念が不十分（incomplete）であると指摘した[3]。彼らは，競争優位をもたらす経営資源はクリティカル／戦略的な資産ストック（critical or strategic asset stock）であり，それらは取引不可能（nontradeable），模倣不可能（nonimitable）かつ代替不可能（nonsubstitutable）なものであるべきだと考えたのである。それゆえ，資産ストックは比較的短時間で調整可能なフロー（flow）として捉えることはできず，時間経過の中で累積的に蓄積されるものと捉えるべきであり，収益性は企業特有の経営資源のストックのレベルで決まると主張した。

　このような Barney と Dierickx and Cool の議論は，企業の経営資源の生

---

2) もし，戦略要素市場が完全競争的であれば，企業は平均以上のリターンを獲得することはできず，戦略要素市場が不完全競争的であれば，戦略遂行に必要な資源を獲得した企業が平均以上のリターンを獲得できる。この戦略要素市場の不完全性は，主に，ある戦略の将来価値を，個々の企業がそれぞれに異なる評価をすることによって生じる。それゆえ，単に外部情報や入手可能な概念的フレームワークを用いる外部競争環境の分析だけでは，平均を上回るリターンを期待することはできないということ。
3) 戦略要素市場ですべての資源の売買がおこなわれることは不可能であることを，特に指摘している。売買が難しい資源としては，企業の評判，顧客ロイヤリティーなどがあげられている。

み出す競争優位がいかにして持続性を持ちうるかという議論の重要性に光をあてることとなった。そして，リソース・ベースド・ビューの研究の流れは，模倣困難性や代替困難性など，競争優位の持続性を生み出す要件の明確化の作業へとつながっていくことになる。

その後，リソース・ベースド・ビューにおける議論は，組織がどのように新しい知識（knowledge）を獲得していくかといった学習に関する議論（Kogut and Zander, 1992）へと発展した。そして，環境変化に対して内的・外的な企業のコンピテンシーを統合・構築していく能力，いわゆるダイナミック・ケイパビリティ（dynamic capability）の議論へと帰着してくことになる（Teece, Pisano, and Shuen, 1997 ; Helfat, Finkelstein, Mitchell, Peteraf, Singh, Teece, and Winter, 2007）。

3. 異質性のある経営資源が生み出す競争優位

経営資源が，経営成果，特に収益性に対して効果を生み出すために満たすべき要件はどのようなものだろうか。Barney（1991）は，企業の競争優位を生み出す経営資源の特性について，それまでの諸研究を統合する形で包括的な議論をおこない，競争優位と持続的競争優位（sustained competitive advantage）という概念を明確に分離したうえで，それぞれが満たすべき要件についての整理をおこなった。

まず競争優位に関しては，同時期に競争相手（既存・潜在）が実行不可能な価値創造型戦略を実行できることが競争優位になると定義し，企業が他社に対して異質性（hetelogeneity）のある経営資源を有していることで，それがはじめて達成可能になると主張している。

競争優位の源となる異質性をもたらす経営資源の特徴は大きく二つある。一つ目は，インプットにおける希少性である。つまり事前的に希少な資源（rare resource）を保有し得たか否かである。たとえば，ウォルマートの在庫や製品発注管理における POS システムは，K マートが保有，あるいは活用することができなかった希少性のあるものであった。

二つ目は，保有する経営資源が価値を生み出せるか否かである（valuable resource）[4]。たとえば，ソニーの超小型エレクトロニクス製品をデザイン・

製造・販売することに関する膨大な経験という資源は,ポータブル・カセットプレーヤー,ポータブル CD プレーヤー,ポータブル・テレビ,8 ミリビデオなど,数多くの市場機会の開拓に大きく役立った(Barney, 2002)。

4. 競争優位を持続的競争優位へと変える隔離メカニズム

このような異質性のある経営資源によって構築される競争優位も,他社に模倣されてしまえばその優位は失われてしまう。企業が継続的に収益性を維持・向上していくためには,他社による経営資源の模倣可能性(imitability)と代替可能性(substitutability)を低減させる必要がある。つまり,異質性に加え,競争相手(既存・潜在)がそう簡単に模倣・代替することができないという移動困難性(immobility)を構築することが大事になる(Barney, 1991)。Rumelt(1984)は,模倣や代替から異質性を守るメカニズムを隔離メカニズム(isolating mechanism)と呼んでいる[5]。

Barney(1991)は最終的に,持続的競争優位を維持するための経営資源の特質は,①価値のある資源,②希少な資源,③完全模倣が不可能な資源(imperfectly imitable resources),④代替可能性の四つに整理できるとし,経営資源に基づく戦略論の枠組みを提示した。最初の二つが競争優位における異質性に関連する要素であり,残り二つがその競争優位を持続的競争優位へと変える移動困難性[6]に関する要素となる(図表3-1)。

---

[4] 価値があるか否かの判断をおこなうという点において,Barney はポジショニング・スクールとリソース・ベースド・ビューが相互補完的になると指摘している。つまり,どの企業特性・経営資源が脅威を低減したり,あるいは逆に,新たな機会を開拓したりすることにつながるのかを判断する際には,外部環境の視点が必要になると言うのである。

[5] 隔離メカニズムの構築のためには,次の九つの要素が重要であると主張している。それらは,①情報の集積(information impactedness),②対応の遅れ(response lag),③規模の経済性への依存(economy of scale),④学習の積み重ね(producer learning),⑤買い手のスイッチング・コストの存在(buyer switching cost),⑥企業の名声(reputation),⑦コミュニケーション効果(communication good effect),⑧買い手の評価コスト(buyer evaluation cost),⑨広告とチャネルの繁雑さ(advertising & channel crowding),の九つである。

[6] 移動困難性(immobility)は,模倣可能性(imitability)と代替可能性(substitutability)双方を包含する概念である。後に Barney は,模倣と代替の困難さを統合したうえで,それらを模倣困難性と呼称し,新たに組織(organization)の項目を追加したうえで,持続的競争優位を構築する要件として,VRIO のフレームワークを提唱した(Barney, 2002)。

図表3-1　資源の異質性，移動困難性，価値，希少性，模倣困難性，代替性，ならびに持続的競争優位の関係

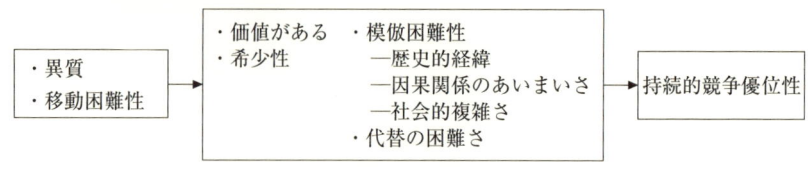

```
┌─────────┐    ┌──────────────────────────┐
│ ・異質   │    │ ・価値がある  ・模倣困難性      │    ┌──────────┐
│ ・移動困難性│──▶│ ・希少性      —歴史的経緯     │──▶│持続的競争優位性│
└─────────┘    │              —因果関係のあいまいさ│    └──────────┘
               │              —社会的複雑さ      │
               │ ・代替の困難さ                  │
               └──────────────────────────┘
```

出所：Barney (1991) p. 112

第2節　鍵となる経営資源

1.「見えざる資産」の重要性

当初リソース・ベースド・ビューでは，持続的競争優位をもたらす経営資源は何かという観点のもと，経営資源の概念の細分化・階層化という方向で研究が進められていった。

たとえば，リソース・ベースド・ビューの代表的研究者は，経営資源を図表3-2のように分類[7]している（Penrose, 1959；Wernerfelt, 1984；Chatterjee and Wernerfelt, 1991；Barney, 1991；Grant, 1991）。その中では，持続的競争優位の構築や経営成果を生み出すための経営資源は，様々な資源カテゴリーに広範に関連していることや，情報的資源とも呼べる「見えざる資産（invisible assets）」が特に重要な役割を果たすであろうといった点が多くの論者に共通していた（吉原ほか，1981；Hall, 1992；1993；伊丹，2003[8]；伊丹・軽部，2004）。

見えざる資産とは，技術開発力，熟練やノウハウ，特許，ブランド，顧客の信頼，顧客情報の蓄積，組織風土など，目に見えない資源である。個々に

---

7) Wernerfelt (1984) における分類は，直接的・間接的に資源ポジションを構築し，他企業がより模倣しにくい状況を生み出すための重要な経営資源として例示したものである。Chatterjee and Wernerfelt (1991) の分類は，既存事業の余剰資源である生産的資源の活用によって，企業が多角化をおこなう際の資源タイプとしての分類である。なお文脈から資産と資源はほぼ同義であると考えられる。

8) 伊丹はこれまで，『経営戦略の論理』（日本経済新聞社，1980），『新・経営戦略の論理』（日本経済新聞社，1984）ならびに，『経営戦略の論理（第3版）』（日本経済新聞社，2003）の一連の著書を著しているが，今後の引用に関しては，最新の2003を基本的には記載することとする。

第3章 資源論的視座（リソース・ベースド・ビュー）における収益性の考え方

図表3-2　経営資源の分類

Penrose (1959)	物的資源 (工場, 設備, 土地および天然資源, 原料, 半製品, 屑および副産物, 在庫)			人的資源 (未熟練労働者, 熟練労働者, 業務・財務・法律・技術・経営のスタッフ)		
Wernerfelt (1984)	生産能力 (machine capability)	生産の経験 (production experience)		技術的な優位性 (technological leads)	顧客ロイヤリティー (customer loyalty)	
Chatterjee and Wernerfelt (1991)	物理的資産 (physical assets)		無形資産 (intangible assets)		財務資産 (financial resources)	
Barney (1991)	物理的資源 (physical capital resources)		人的資源 (human capital resources)		組織的資源 (organizational capital resources)	
Grant (1991)	物理的資源 (physical resources)	人的資源 (human resources)	財務的資源 (financial resources)	組織的資源 (organizational resources)	技術的資源 (technological resources)	名声 (reputation)

出所：筆者作成

あげた項目は一見，雑多なものに映るかもしれないが，その根幹には「情報」という特徴が存在している。見えざる資産[9]とは情報的資源であり，情報の流れのフレームワークに沿って理解することができる。その情報の流れは環境情報，企業情報，内部情報処理特性の三つである（図表3-3）[10]（伊丹，2003）。

情報的資源は，このような多岐にわたる情報の流れによって形成される経営資源であるがゆえに，他の経営資源に比べ異質性が高く，持続的競争優位の源泉になる可能性が高い。その主たる特徴は以下の四つに整理できる。

---

9) 伊丹は，無形資産（intangible assets）という表現が，会計的な概念と混同される可能性があるため，あえて「見えざる資産」と呼称している。ただし，その意味するところは情報的経営資源であり，経営資源の中で特に競争優位を生むために重要なものとしていることから，資産という表現を採用しつつも資源（resources）との違いはないと考えられる。
10) 伊丹・軽部（2004）では，これに環境内における情報の流れ（D）を追加し，フレームワークを拡張している。その（D）の中には，顧客，競争相手，取引業者，社会・政府，自然などの要素が含まれる。図表3-3には破線にて（D）の流れを記載している。

図表 3-3　情報の流れのフレームワーク

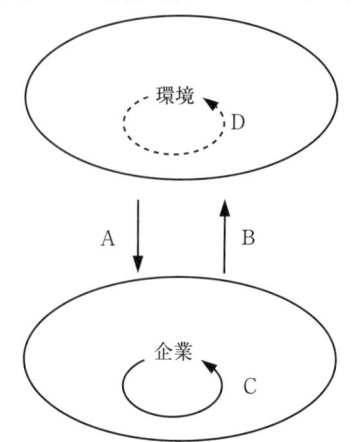

注：A＝環境情報：環境に関する情報の企業内の蓄積量およびその取り入れチャネルの容量
　　例）技術・生産ノウハウ，顧客情報の蓄積，技術導入のルート，市場情報の獲得ルート
　　B＝企業情報：企業に関する情報の環境における蓄積量およびその供給チャネルの容量
　　例）ブランド，企業の信用，企業のイメージ，流通・下請けへの影響力，広告のノウハウ
　　C＝内部情報処理特性：企業内部での情報処理のパターンや特徴
　　例）組織風土，現場のモラル，経営管理能力
　　D＝市場内情報処理特性：市場の中における情報蓄積や流れ
　　例）顧客間の情報交換，学会発表，オープンソースのソフト
出所：伊丹（2003）pp. 256-257，伊丹・軽部（2004）pp. 167-170 をもとに作成

① 企業の特異性の源泉

　ある意味，ヒト，モノ，カネは，どの企業でも入手可能であると言える。ただ，情報的資源は，これらの要素を組み合わせ，そこから市場環境，技術環境の要請に応えるべく，適切な機能やサービスを引き出す「プロセス」という側面を持っている。それゆえ，情報的資源が企業の真の個性とも言える企業特異性を与えるものになる[11]（吉原ほか，1981）。

② 市場での取引・調達可能性の低さ

　情報的資源は，企業が自前で作っていかざるを得ず，また，この資源は自ら使わない限り価値を生み出すことはない。つまり，固定的であり移動困難

---

[11] 経営者のスキルも，この企業特異性を生む情報的資源に大きな影響を与えているということができる。なぜなら経営者のスキルは，無形（intangible）であり，明確な設計図を持たず（no clear blueprint），編纂が難しく（difficult to codify），実行の中で学ぶもの（learning by doing）であるからである（Castanias and Helfat, 1991）。

性が高い（吉原ほか，1981）。

③　形づくるのに多くの時間を要する

たとえばHall（1992）は，イギリスのCEOを対象としたナショナルサーベイ[12]の結果を用いてこれを示している。Hallによると，事業の成功にとって鍵となる無形資産（intangible resource）は，企業の名声（company reputation），製品の評判（product reputation），従業員のノウハウ（employee know-how）であり，これら重要な無形資産は，他の無形資産に比べても創造に時間がかかるものであった（企業の名声：10.8年，製品の評判：6.0年，従業員のノウハウ：4.6年）。情報的資源は，他社が模倣しようとしても一朝一夕にはいかないものなのである。

④　使いべりせず，同時多重利用が可能

情報的資源はいったん強固なものをつくると，それは使いべりせず，逆に使い回しや転用ができるという性格を持つ。ブランド・イメージ，技術，ノウハウ等はその典型例である。たとえば，シャープが，電卓用の液晶技術を他のディスプレーやビューカムに使っても，電卓での液晶技術がマイナスの影響を受けるわけではない。ディスプレー事業やビューカム事業は，電卓事業での液晶技術にただ乗りしているのである。ただ乗りしているがゆえに，ディスプレー事業だけのために新たに技術蓄積を始める企業より，はるかに安価にそれを入手することができる（伊丹，2003）。

情報的資源は，このような四つの特徴を持つので，異質性が高く，移動困難な経営資源となりうる。一方，その構築には非常に多くの時間を要することになるのである。

2. 明確に区分されるべき「資源」と「能力」

ただし，経営資源はそこにあるだけでは価値を生まない。そこからどのような価値を引き出せるかが重要となる。よって本来的には，資源（resource）と能力（capability）という二つの概念は明確に分けられるべきである。

リソース・ベースド・ビューの先駆的研究者ともいえるPenroseも，こ

---

[12] イギリスの主要産業の従業員100人以上の企業において，ランダムにピックアップされた847のCEOから95の有効回答を得た結果である。

の二つの概念を明確に分けて議論すべきであると早くから指摘していた。Penroseは，企業を生産資源（productive resource）の集合体として定義する一方で，明確に資源と用役（service）[13]を分けている。そして，用役こそが企業の特異性の源だと主張した。

　資源とは，企業によってコントロールできる，あるいは保有されている利用可能な要素（factor）のストックであり，生産プロセスに用いられるインプットである。そして能力とは，資源の組合せによってタスクや活動をもたらすキャパシティーであり，本質的には相互に関連しあう有形・無形の組織プロセスである（Grant, 1991；Hall, 1992；1993；Amit and Schoemaker, 1993）。

　このように資源と能力を明確に分けると，何に対してどんな価値を生み出しうるのかといった外部環境に関する議論も含まざるを得なくなる。つまり，能力を規定する際には，経営資源の異質性のみならず，業界属性との関連性を議論する必要性が生じ，ポジショニング・スクールとリソース・ベースド・ビューが相互に不可分となる（Amit and Schoemaker, 1993）。Amit and Schoemakerは，そういった観点から，企業レベルでの戦略資産（SA：strategic assets）と，市場の求める戦略市場要因（SIF：strategic industry factor）という概念を導入した。

　① 戦略資産（SA）：企業に競争優位をもたらす，取引したり真似することが難しい資源と能力のセット
　② 戦略市場要因（SIF）：その業界において，経済レントを生み出すために必要となる資源・能力上の要件

　つまり，戦略資産の異質性だけではなく，戦略資産と戦略市場要因との重なり度合いが，企業のレント創出力にとっては重要になるのである。

---

[13] この用役（service）という概念は，資源の組合せによって企業の特異性や競争力を生むものであるという観点から，その後の文献で使用する能力（capability）とほぼ同義と捉えている。今後，Penroseを引用する際には，用役という表記を使用することにするが，能力と同義で用いている。

第3節　不均衡発展とスラック資源

1. 資源・能力の減価と，成長に向けた再編集

　競争優位の源泉となるこれらの資源・能力そのものも実は持続的ではない。Wernerfelt（1984）が示したように，製品と資源がコインの表裏一体であるという主張に基づくと，製品ライフサイクルの概念に呼応して能力ライフサイクル（CLC：capability life cycle）[14]の考え方が自然に導かれる。つまり，資源・能力にも，①創造期（founding stage），②成長期（development stage），③成熟期（maturity stage）といった段階が存在することになる。それに伴って企業における経営資源・能力の価値も変化する（Helfat and Peteraf, 2003）。特に企業にとって大きな脅威は，これまで価値を生み出してきた資源・能力が毀損，すなわち減価してしまうことである[15]。

　資源・能力の減価の要因は，大きく内的要因と外的要因の二つに分けることができる（Helfat and Peteraf, 2003）。内的な要因としては，事業運営上の必要性に基づき形作られた経営上の意思決定の仕組みが，組織の肥大化・硬直化などに伴って非効率なものとなることである（Daft, 2001）。

　外的な要因としては，顧客ニーズ・競争環境，科学技術，政府のポリシーなどの変化によって，これまで価値を生み出してきた資源・能力が意味を失ってしまうことである。たとえば，Hamel and Prahalad（1994）は，1970～80年代の日本の自動車メーカーの高品質というコア・コンピタンス（core competence）[16]が，欧米の自動車メーカーの追い上げによって90年代にはコア・コンピタンスではなくなってしまった例をあげ，かつてはコア・コンピタンスであったものが当たり前のものになってしまう可能性を指摘し

---

[14] リソース・ベースド・ビューにおける資源から能力へと概念拡張を踏まえ，Helfat and Peteraf（2003）では，能力ライフサイクルといったような，より能力に焦点を当てた議論を実施している。

[15] Grant（1991）は，資源の減価（depreciation）や競合による模倣によって競争優位が失われること，それによって収益性が低下するリスクについて言及している。そして，資源の減価は，①耐久性（durability），②透明性（transparency），③移転可能性（transferability），④模倣可能性（replicability）の四つの要因に影響を受けるとしている。

[16] コア・コンピタンスとは，「顧客に対して他社には真似のできない，自社ならではの価値を提供する，企業の中核的な力」のことである（Hamel and Prahalad, 1994）。

ている。

　さらには，これまで価値を創出していた資源・能力が事業環境の変化によって無力化するのに留まらず，事業に対し負の影響を及ぼす場合もある。たとえば，かつて日本の家電メーカーが全国に展開していた系列小売店網は，競争力維持のうえで貴重な資源・能力であったが，直販や大手家電量販店の台頭によって逆に戦略転換上の足かせになってしまった（伊丹・軽部，2004）。

　この資源・能力の減価という考え方は，「見えざる資産」，すなわち情報的資源にも当てはまる。たとえば，米国の防衛産業に属する企業は，米国国防省と共同して，所定の入札手続きに基づく特別の受注ノウハウ，長期にわたる開発サイクル，独自の会計処理，安全保障面の遵守といった情報的資源を蓄積してきた。しかし，冷戦の終結と米国国防省の調達需要の激減により，それらの価値は大きく減価してしまった（Hamel and Prahalad, 1994）。他にも，顧客ニーズや競争環境の変化によるブランド価値の劣化など，情報的資源も減価しうるのである。

　逆にこれまで，事業では役に立つとは思えないもの，一見すると価値がないと思えるような資源・能力でも，事業領域を再定義したり，変更すれば，価値創出につながることがある（Helfat and Peteraf, 2003）[17]。たとえば，キヤノンは，自社の事業領域とは関連のない電子技術者を集めて開発した製品で失敗した際，それら電子技術者を解雇せず，複写機や電卓といった当初の目論見とは異なる分野への転用をおこない成功につなげていった（和田・青井・矢作・嶋口，1989）。

　内的要因・外的要因によって，自社の持続的競争優位の源泉となる資源・能力が減価するリスクに企業はさらされている。資源・能力を常に結合（bundle），非結合（unbundle），再結合（rebundle）し，価値創出に向けた経営努力をおこなうことを，企業は常に求められているのであろう。

---

[17] Helfat and Peteraf（2003）は，資源・能力が枝分かれ（branching）や変質（transformation）する可能性を指摘。その際，①retirement，②retrenchment，③replication，④renewal，⑤redeployment，⑥recombination の六つのパスがあることを示している。既存の環境下では役に立たないと考えられる能力でも④，⑤，⑥を通じ，異なる事業において，再び意味のある能力を発揮することがあるとしている。

2. スラック資源と成長への誘引

　資源・能力が減価する可能性を持つ一方で，余剰の資源・能力は，企業成長には必要であり，かつ，成長に向けた内部誘引の要因にもなる（Penrose, 1959）。企業内部に存在する余剰な資源に関して，最初に議論がなされたのは組織論においてであった。その余剰な資源は，組織運営上必要なものであり，組織スラック（organizational slack）[18]と呼ばれ，その概念が Cyert and March（1963）によって定義された。本書では，組織の安定化・適応能力をもたらす組織スラックを超え，企業成長に必要となる余剰な経営資源（ヒト・モノ・カネ・情報など）を「スラック資源」と定義する。

　余剰な経営資源が，企業活動において必然的に生じてしまうことは，古くから指摘されてきた。その主たる理由には，①経営資源を離散的な単位でしか購入・蓄積できない，②経験により知識が進歩し，常に同じ資源からより多くの能力を生み出したり，他の資源との無数の組合せによって，資源の効果的利用の範囲が無数に広がってしまう，③資源の活用，能力発揮の際に，新たな資源・能力が創出される「学習」によって，資源・能力を完全に不可分なく利用することは不可能である，といったことである（Penrose, 1959）。

　浅羽（1990）は事例研究を通して，新日鉄におけるエレクトロニクス事業への進出が，財務資源と情報資源のスラック化と，そこからの創発的動きによって達成された過程を分析し，企業成長におけるスラック資源の重要性を示している。ただし，ヒト・モノなどのスラック資源の存在は，短期的には収益性の低下要因にもなりうる。それゆえ，既存資源の活用と新しい経営資源の創出の絶妙なバランスは，企業成長と収益性を考える際には重要になってくる，と浅羽は主張している[19]。必要以上にこのような余剰な経営資源が企業内に存在してしまうことは，「しのびよる非効率（creeping inefficiency）」

---

[18] 組織スラックは，企業が保有する総資源と，企業体を維持するために必要なペイメント（payment）の差として定義される。ペイメントとは，企業家が従業員の貢献に対して支払う対価であり，賃金，関心，愛情などが含まれる。そして，この組織スラックの存在は，企業活動における外部事業環境の変化に対する調整弁となり，組織に安定化と適応化の能力をもたらす。

[19] 財務的な観点に限られるが，財務スラックの創出が短期の効率性にはマイナスであり，長期的な適応性にはプラスに働くという実証研究も存在する（坂野，1989）。

(吉原, 1967)になりかねないのである。

スラックという概念はもともと組織論において導入された概念ではあるが, 未使用資源の活用が企業成長に大きな影響を及ぼすということ, ならびにその存在自体が収益性に大きな影響を及ぼすことを踏まえると, 規模拡大と収益性の増減を議論する際には避けて通れない概念となる。

3. 不均衡発展のダイナミズム

スラック資源に基づく企業成長の論理を想定すると, Penrose (1959) や伊丹 (2003) も指摘するように, 企業成長のパターンは均衡的発展ではなく, 時間的な変動を伴うジグザグ型の不均衡発展として現れることになる。

Penrose の考える企業成長のプロセスは, 調和の取れた均衡的発展ではなく, 事業活動を通じて得た知識や経験をもとに新たな成長機会を主観的に認識・発見していく, 能動的かつ主体的なものであった。それは時間的な因果プロセスを重視した不均衡発展の理論となる。この不均衡発展のプロセスは, 一方で不均衡を解消しつつ, 他方で新たな不均衡を創出するという両義的なプロセスとして捉えることが必要となる (伊丹・軽部, 2004)。

また, 経営者が企業成長を実現していくための能力は, 事業活動を通じて蓄積される知識・経験に立脚する。そのような知識・経験は, ①管理機構を通じて資源を編成するために必要となる知識・経験と, ②資源そのものに関する知識・経験の二つに依存する。これら性質の異なる二つの知識や経験は, 必ずしも互いに調歩的に進展するわけではない。ある時は資源編成に関する知識・経験が不足し, またある時は, 資源自体に関する知識・経験の不足が企業成長の制約となる場合もある。当然のことながらこのようなダイナミズムも, 企業の不均衡発展につながっていくことになる (軽部, 2003)。

ただし, このようなジグザグ型の成長のダイナミズムは, 必ずしも内部的要因によってのみ誘発されるわけではない。たとえば, 顧客のクレームから新しい製品の開発がおこなわれ, それが企業成長につながったり, 高機能化競争を引き起こす同質的行動の結果, 資源の利用が駆り立てられる現象が生じるなど, 外部競争圧力から不均衡発展のきっかけが生れる場合もある[20]

---
20) 伊丹・軽部 (2004) は, 企業内外を問わず発生する競争圧力が資源蓄積・利用のきっかけにな

(伊丹・軽部，2004)。

第4節　オーバー・エクステンション戦略

　伊丹 (2003) は，企業が，時には資源が足らず，時には資源があまり，時には組織が緊張の極に達し，時にはゆるむなど，揺れ動きながらジグザグに走っていく中にこそ企業成長のバネがあると主張している。つまり，不均衡発展の本質的な意味合いは，現有の資源・能力とそれによって達成可能なゴールとの間に常に存在する差異が，成長に向けた誘引となることにある。そこで伊丹は，自らの資源・能力を部分的に少し超えた目標によって意図的に不均衡を生み出し，欠けている見えざる資産の獲得やスラック資源の有効活用によって，目標達成しようとすることに意味がある考え，そういった戦略をオーバー・エクステンション戦略と称し，推奨している。

　オーバー・エクステンション戦略が有効な理由は二つある。一つは組織内部における創造的緊張である。不均衡から生じるアンバランスが，欠けている資源・能力を補おうとする努力を組織内に生じさせ，それが成長へとつながるのである。もう一つは実地学習効果である。つまり，事業活動のための日常的業務プロセスの中で，少し背伸びした努力が学習を促進させるというものである。伊丹 (2003) は，オーバー・エクステンション戦略を支える要件には次の五つがあると言っている。

① オーバー・エクステンションによって獲得された見えざる資産を蓄積していくためのきめ細かな手配りがおこなわれること。

② 「欠けている見えざる資産」によって生まれる競争上の弱みを補完できるようなプロテクションを持っておくこと。

③ 苦しい競争に耐えながらも敗退せずに粘ること。

④ 財務的体力。つまり，本業が好調な内に新しい分野へのオーバー・エ

るとし，そのきっかけを大きく次の二つに分類している。「誘発＝資源蓄積・利用行為が，別の新たな資源蓄積・利用行為の刺激や誘因となる」，「駆動＝ある資源蓄積・利用行為が従来以前に促進され，駆り立てられるという現象」である。

クステンションを試みること。
⑤ トップの強力なリーダーシップ。オーバー・エクステンション戦略は常識的にみれば危険な戦略であり，ボトムアップではなかなか出てこないものである。それゆえ，望ましい方向に組織を納得させ引っ張っていくためのリーダーシップが必要となる。

オーバー・エクステンション戦略は企業の慣性をやぶり，ダイナミック・シナジー[21]を生み出していく。それゆえ，企業成長にとって意味が大きいと言うのである。

第5節　リソース・ベースド・ビューにおける課題

これまで議論してきたように，リソース・ベースド・ビューは，企業の持続的競争優位や独自性を説明するうえで企業の内部に着目する必要性を明確にした点において，経営戦略論に対する大きな貢献があったといえる（伊丹・軽部，2004）。その一方で，幾つかの課題も存在している。以下，主要な三つの課題を指摘しておく。

第一に，本質的に捉えにくい要素を理論の中核に据えようとしており，明確な構造を持つ理論にはなっていない点である（岡田，2001）。たとえば，企業に持続的競争優位をもたらす重要な要素に関しては，資源，能力，卓越能力（distinctive competence），コア・コンピタンス，スキル，など様々な表現・概念が混在している。これらをいかに整理し，定量化し，実証分析をおこなっていくかという方法論上の課題は未だ解決されているとは言い難い（小林，1999）。リソース・ベースド・ビューが新たな戦略理論になりつつあることは認めつつも，今後，この理論の貢献は，何を代理変数とし，いかに操作可能にできるかに大きく依存している（Connor, 1991）。

第二に，資源がなければ何もできないという「宿命論・循環論」に陥りや

---

[21] ダイナミック・シナジーとは，現在の戦略から生み出される見えざる資産を，将来の戦略において活用することによって得られるシナジー効果のことを指しており，伊丹（1984）にて定義されている。

すい点である（小林, 1999）。これまでリソース・ベースド・ビューの多くの文献は，なぜ固有の能力が生まれるかについてほとんど語ってこなかった（Levinthal and Myatt, 1994）。本来的には，優位性の源泉を単に資源の保有に帰するような安直な判断は禁物で，なぜそのような資源ポジションを得るに至ったかの因果に関する分析が必要となる。また，企業固有の資源・能力と経営成果との因果関係が必ずしも明確ではないため，循環論法的（circular reasoning）な議論がしばしば展開されるという難しさも，リソース・ベースド・ビューには内在している（Porter, 1991 ; 軽部, 2001）。

　第三には，動態的な視点が理論発展の段階で希薄化してしまったことである。伊丹（2003）の不均衡発展やオーバー・エクステンション戦略のように，一部では企業成長の動態的なダイナミズムに関する研究が散見されるものの，これまでの多くの研究は資源・能力の細分化・階層化という方向で強力に推し進められてきた。結果，本来このアプローチが，優位性や独自性を持ちうる時間展開的な学習，知識創出を通じた資源展開・能力構築過程の検討は，むしろ後退してしまったのである（Black and Boal, 1994 ; 軽部, 2001）。

　よって，リソース・ベースド・ビューが今後検討していかなければならない課題は，企業内部の資源・能力の分類や役割に大きく偏重した議論ではないだろう。おそらく，市場・競争環境などの外部事業環境と，企業内部の資源・能力との相互依存関係を考慮に入れつつ，企業の資源・能力展開に関する意思決定や企業行動を説明する試みが必要となる。

　つまり，歴史的な資源蓄積のあり方が企業の環境認識を通じてどのような意思決定や行動につながり，さらに，それがどのような経営成果や外部環境を創出していくかといったパス［資源・能力→意思決定・行動→成果・環境］に留まらず，直面する経営成果や外部環境の相違が，どのような意思決定や行動につながり，それがどのような資源投入・蓄積行動を実現していくのかといったパス［成果・環境→意思決定・行動→資源・能力］の理解も重要となるだろう（軽部, 2001）。

本章のまとめ

　ポジショニング・スクールが一貫して，企業の属する業界の構造やその中での市場地位によって，企業の経営成果が決まるという立場をとっているのに対し，リソース・ベースド・ビューでは，企業が経営資源の集合体であるという見方を示し，経営成果の差異を企業固有の経営資源に求める議論を展開していた。

　長期間にわたる経営成果を生み出す経営資源が満たすべき要件は，経営資源の異質性であり，移動困難性であった。そのような経営資源を構築するうえでは，Rumeltの言う隔離メカニズムが本質的に重要となる。また，このような経営資源は，時間をかけ企業内に蓄積されるべきであるとの見方が大勢を占めた。

　これまでリソース・ベースド・ビューの研究は，経営資源の概念の細分化・階層化という方向で強力に推し進められてきた。そして，持続的競争優位を生み出すことを可能とする経営資源は，ヒト・モノ・カネ・情報といった領域に非常に広範囲にわたることが確認された。中でも特に，競争優位の構築をおこなう際に留意すべきポイントは以下のような点であった。

① 情報的資産とも呼べる「見えざる資産」が持続的競争優位にとって重要であること。
② 資源と能力の概念の明確な分離が重要であること。
③ 競争優位をもたらす資源・能力そのものも減価する可能性があること。

　本来リソース・ベースド・ビューが経営戦略論において優位性を持ちうるのは，企業の学習・知識創造を通じた資源展開・能力構築過程を検討できるという動態的な視点であった。Penrose（1959）や伊丹（2003）は，早くから企業成長のダイナミズムは均衡的発展ではなく，ジグザグ型の不均衡発展であるとし，既存事業に使用されていない資源・能力の重要性を指摘していた。その未使用という意味において，スラック資源という概念が企業成長を議論するうえでは重要となる。そして，資源・能力と企業成長の関連においては，自らの資源・能力を部分的に少し超えた戦略をとることが望ましいという，オーバー・エクステンション戦略の有効性も見えてきた。

　ただ，リソース・ベースド・ビューの大きな課題は，資源・能力というそもそも本質的に捉えにくい要素を理論の中核に添えようとしていることにある。そして，価値のある資源，能力を規定するためには，どうしても外部環境の視点も併用する必要がある。

　そこで次章第4章においては，リソース・ベースド・ビューならびにポジショ

ニング・スクールそれぞれにおける動態的理論構築に向けた動きについてより詳細にレビューするとともに，それらの接合を試みている先行研究を幾つか紹介する。

第4章
戦略論的視座と資源論的視座の動態的接合の試み

　第4章では，ポジショニング・スクール（戦略論的視座）とリソース・ベースド・ビュー（資源論的視座），それぞれの分析視座における動態的理論構築の近年の動向を捉え，この二つの分析視座の接合を試みる幾つかの研究についてレビューをおこなう。

第1節　各視座における動態的理論構築に向けた動き

1. ポジショニング・スクールにおけるダイナミック・セオリー

　ポジショニング・スクールの第一人者であるPorterは，"Towards a Dynamic Theory of Strategy"の中で，それまでの彼の業績を総括しつつ動態的な理論構築に向けた研究の必要性を示した（Porter, 1991）。

　Porterはその論文の中で，ある時期に優れた経営成果をあげた企業の競争優位が，どのように築かれたかについての研究は未発展であると述べている。そして，その解明に向けた近年の三つのアプローチ，すなわち，ゲーム理論，不確実性下でのコミットメント・モデル[1]，リソース・ベースド・ビューは，そのいずれもが競争上の成功の本当の起源（true origins of competitive success）の解明のためには不十分であると主張している。

---

1) シナリオ・プランニングや，後戻りできない非常に重要なコミットメントが，企業の戦略的方向性を大きく決めてしまうといった議論を指す。

ゲーム理論は，経営の実態に比べて取り扱える変数が少なく，かつ同時的に扱えない欠点を有している。また，不確実性下でのコミットメント・モデルは，不確実ではあるものの，比較的安定的な環境を前提としたモデルとなっている。リソース・ベースド・ビューは，企業の成功が，成功をもたらす異質で価値のある資源を有していたからだという循環論を生んでしまう。

　Porter によれば，動態的理論構築における最も大きなチャレンジは，その時間軸の長さの中で長い因果の連鎖（chain of causality）をどう読み解くかにある。因果の連鎖の出発点を理解するためには，企業をめぐる初期条件や，それらがどう経営者の選択へ影響したかという「局所的（local）」な分析が重要となる。そのためには，Porter が国の競争優位を議論する中で提示した国の優位の決定要因であるダイヤモンド・フレーム（図表4-1）が有効となると言う（Porter, 1990）。

　たとえば Porter は，ウォルマートが中小都市に進出し，独特な物流システムを作りあげ成功したのは，事前の競争優位があったからではなく，経営者により良いアイデアがあったこと，そして，それを実現する局所的な条件が揃っていたからに他ならないと，ダイヤモンド・フレームを用いて分析している。

　Porter は，企業が成功に至る因果の連鎖を，個別企業（事業）の成功の

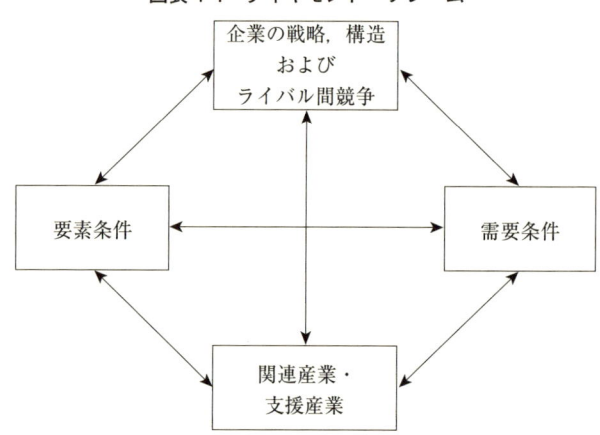

図表4-1　ダイヤモンド・フレーム

```
          企業の戦略，構造
               および
          ライバル間競争
                ↕
     要素条件 ←→ 需要条件
                ↕
          関連産業・
          支援産業
```

出所：Porter（1990），邦訳　p. 106

決定要因(the determinants of success in distinct business)として図表4-2のようにまとめている。

アクティビティー(activity)とは、バリューチェーンとバリューシステムに沿って整理できる社内の活動である。有効なアクティビティーは、社内にスキルや智恵といった形で資源を築き、企業の外側にも契約のような有形資産やブランドイメージ、関係やネットワークのような無形資産を築くこと

図表4-2 個別企業の成功の決定要因

クロスセクショナルな論理(cross-sectional)

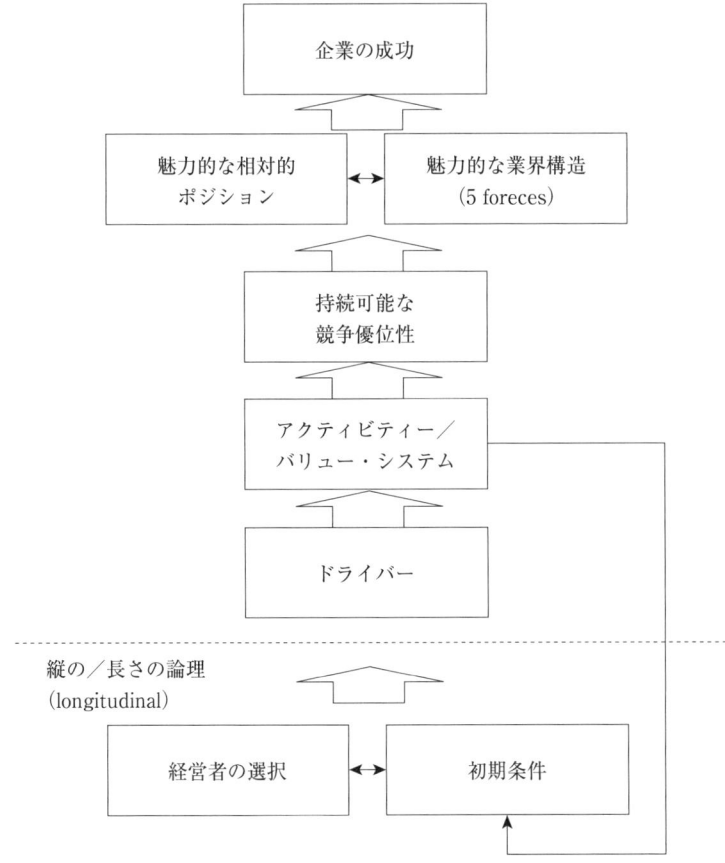

```
                    ┌──────────┐
                    │ 企業の成功 │
                    └──────────┘
                         ↑
         ┌──────────────┬──────────────┐
         │ 魅力的な相対的 │←→│ 魅力的な業界構造 │
         │   ポジション   │  │   (5 foreces)   │
         └──────────────┘  └──────────────┘
                         ↑
                 ┌──────────────┐
                 │  持続可能な   │
                 │  競争優位性   │
                 └──────────────┘
                         ↑
                 ┌──────────────┐
                 │ アクティビティー／│
                 │ バリュー・システム │
                 └──────────────┘
                         ↑
                 ┌──────────────┐
                 │   ドライバー   │
                 └──────────────┘
```

縦の／長さの論理
(longitudinal)

```
         ┌──────────────┐    ┌──────────────┐
         │ 経営者の選択  │←→│   初期条件    │
         └──────────────┘    └──────────────┘
```

出所:Porter(1991) p.100をもとに作成

になる。

　ドライバー (driver) は，アクティビティーの推進要因として位置づけられる。なぜ他の企業よりも低コスト，あるいは，高い付加価値をもたらすアクティビティーができるのかを理解する構造的な決定要因である。ドライバーとしては，規模，ラーニングの蓄積，アクティビティーのリンケージなどがあげられる。

　リソース・ベースド・ビューにおける経営資源は，ここでいうアクティビティーと強く関連していると Porter は主張している。つまり，経営資源はこの因果の連鎖の「途中」に位置づけられると言うのである[2]。

2. リソース・ベースド・ビューにおけるダイナミック・ケイパビリティー

　一方，近年リソース・ベースド・ビューの研究者の間でも，資源・能力の創造に関する動態的な視点が見過されてきたという反省のもと，動態的な側面からの研究が進展しつつある。

　たとえば Kogut and Zander（1992）は，新しい知識（knowledge）がどのように学習されるかに焦点を当て，動態的（dynamic view）な議論の必要性を示した。Kogut and Zander は，内外の学習[3]の結果として得られる能力を結合された能力（combinative capability）と定義し，この結合された能力がイノベーションという新しい学習をもたらし，新たな知識を創造し，企業の成長機会を生み，企業成長を促進するとした。そして，企業成長は知識の複写速度に依存すると考えたのである。

　また Black and Boal（1994）は，暗黙裡に動態的な視点の重要性が VRIO フレームワーク（Barney, 2002）では認められているものの，資源がどのように組み合わされ，構成され，持続的競争優位を生みだすのか，といった動

---

2) 企業の成功を持続させる条件は六つあり，それらは，①自社独特の競争ポジション，②戦略にあわせた業務活動，③競争相手とは明確に異なるトレード・オフと選択，④競争優位の源泉としての業務活動間のフィット，⑤永続性の源泉は一部の業務活動ではなく，業務活動システム全体，⑥業務効率化（当然の前提として）である（Porter, 1996）。この六つの条件のうち，②，③，④，⑤，⑥は，企業内部の業務活動に大きく関連した項目となっている。

3) たとえば，内的学習の例としては，再組織化，アクシデント，実験。外的学習の例としては，買収，JV，新たな人材の獲得などがあげられている。

態的な視点が明確に扱われていないと指摘し,経営資源の相互関連性に着目する戦略的システム資源(strategic system resource)[4]という概念を導入した。そこでは複数の経営資源間の動態的な関係が重要となる。

その後,Teece et al. (1997) によって,企業による富の創造と獲得の方法を分析するための包括的,かつ動態的なフレームワークとして,ダイナミック・ケイパビリティー(dynamic capability)が提示された。

ダイナミック・ケイパビリティーは,外的な環境変化に適応して内的・外的な企業のコンピタンスを統合,構築,そして再構築する企業の能力と定義できる。ダイナミック・ケイパビリティーは以下のような流れとなる。まず,企業自体の進化,外部環境との共進化の道筋(path)が,企業の現在の資源ポジション(asset position)を決める。その資源ポジションが,今度は企業の組織プロセス(organizational and managerial process)を決める。そして最終的には,組織プロセスに企業の持続的競争優位の源が内在するようになる。

① 道筋
  ― Path dependency:特に収穫逓増が働く場合には重要となる。
  ― Technological opportunity:企業にとっての技術機会は均等ではない。企業が持つ外部との関係の中で技術機会がどう捉えられるかは企業ごとに異なってしまう。
② 資源ポジション[5]
  ― Technological assets:技術的資産の保護と活用が鍵となる。
  ― Complementary assets:技術的イノベーションを,新製品や新サービスとして成功させるために必要となる補完的な資産(たとえば営業機能など)。

---

4) Black and Boal (1994) は,企業が保有するものを資産(assets)とし,この要素の複合体を資源(resource)としたうえで,その関係について議論をおこなっている。そして,複雑に様々な要素が絡み合って構成され,その境界が不明確で,取引がしにくく,社会的な活動の中で作られる戦略的システム資源(strategic system resource)が,持続的競争優位の確立のためには重要であるとしている。

5) Teece, Pisano, and Shuen (2000) においては,① reputational assets,② structural assets,③ institutional assets,④ market assets,⑤ organizational boundary の五つを削除の上,代わりに locational assets を追加している。

— Financial assets：短期的にはキャッシュ・ポジション，長期的にはキャッシュフローが重要となる。

— Reputational assets：顧客や供給業者，競合からの評判。

— Structural assets：公式・非公式の組織構造，ならびに外部との関係。

— Institutional assets：規制等，国家的風土，教育水準なども含まれる。

— Market assets：プロダクト・マーケット・ポジションは重要ではあるが，あまりにもこれのみが強調されすぎたと指摘。また技術革新が急速に進む場合には，この Market assets は非常にもろい（fragile）ものであり，静的側面が強いといった課題も指摘されている。

— Organizational boundary：垂直・水平統合の度合い。

③ 組織プロセス

— Coordination/integration：整合していればしているほど真似されにくいものとなる。

— Learning：より良く，より早く，タスクを遂行するプロセス獲得のために必須となるもの。

— Reconfiguration and transformation：急激な環境変化に対応していくプロセス。

リソース・ベースド・ビューの動態的理論構築の動きの中でも，意識的にポジショニング・スクールの考え方が取り込まれている。つまり，業界における企業のポジションを，資源ポジションの一つであるマーケット・アセットとして位置づけることが可能だとしているのである。

第2節　求められる両視座の積極的な接合

1. ポジショニング・スクールとリソース・ベースド・ビューの相互補完性

やがて，ポジショニング・スクールならびにリソース・ベースド・ビュー，それぞれにおける動態的理論構築の動きの中で，双方の考え方の相互補完関係がどう整理されるべきかについてより一層明確に意識されるようになってきた[6]。

この補完性は，それぞれの視座における利益の創出・維持メカニズムにも現れている。Rumelt（1984）のいうレント創出のための隔離メカニズムは，産業組織論でいうSCPのコンセプトを利用したものであり，ポジショニング・スクールにおける参入障壁，移動障壁と類似的，かつ補完的になっている（図表4-3）（Mahoney and Pandian, 1992；小林，1999）。

淺羽（2004）は，この相互補完の不可避性が，双方の視座における議論の中に内在することを明確に指摘している。まず，ポジショニング・スクールの研究者は，「なぜ」その企業が自社の戦略ポジションを構築することができたかについてはあまり説明しない。それに対して，リソース・ベースド・

図表4-3　ポジショニング・スクールとリソース・ベースド・ビューの共通点

産業レベル	⇔	参入障壁（entry barrier）
戦略グループレベル	⇔	移動障壁（mobility barrier）
企業レベル	⇔	隔離メカニズム（isolating mechanism）

出所：小林（1999）p. 96をもとに作成

---

[6] 実は，この相互補完性は古くから指摘されてきたことでもある。そもそもリソース・ベースド・ビューの出発点は，ポジショニング・スクールに対する問題提起から出発した側面があった。たとえば，リソース・ベースド・ビューという言葉を最初に使用したWernerfelt（1984）も，企業内の資源配分のために新たに導入した資源プロダクトマトリックス（resource-product matrix）というフレームワークを，成長シェアマトリックスの従兄弟（a close cousin of the growth-share matrix）と表現している。そして，リソース・ベースド・ビューが企業の競争戦略を議論するうえでの残り半分の側面を捉えていると述べ，その補完性を示唆している。

図表 4-4　ポジショニング・スクールとリソース・ベースド・ビューの補完関係

ポジショニング・スクール

どうしてその地位が確立できるのか？

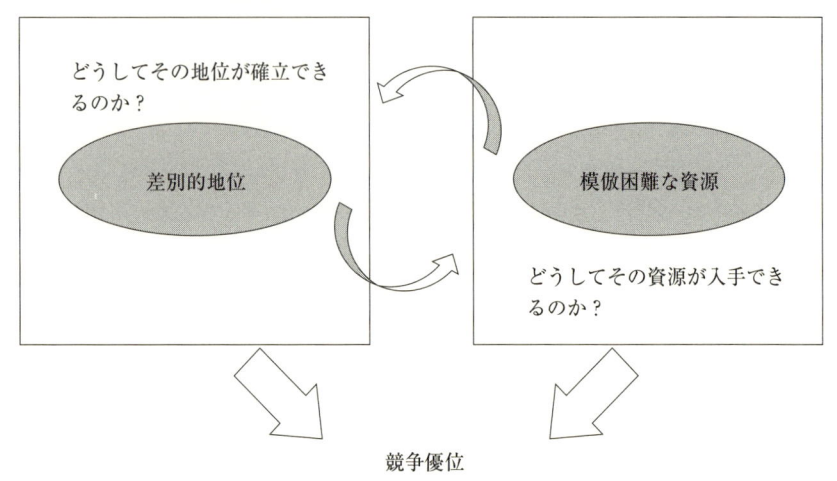

差別的地位

リソース・ベースド・ビュー

模倣困難な資源

どうしてその資源が入手できるのか？

競争優位

出所：淺羽（2004）p. 207

ビューの研究者は，そのポジショニングが可能になった背景には，その企業が優れた資源・能力を有していたからだと主張する。

　一方，リソース・ベースド・ビューの研究者は，ある企業の資源・能力が最初どのように入手され，「なぜ」それが価値を発揮できるのかについて説明しない。ポジショニング・スクールの立場からすると，それを明らかにするためには，市場構造についてポジショニング・スクールで展開される議論が必要になるというのである。つまり，競争優位をもたらす経営資源の必要条件である「価値があること」の判断は，どうしても外部環境との関係に頼らざるを得ないのである。このように，ポジショニング・スクールとリソース・ベースド・ビューはそもそも相互補完的なのである（図表 4-4）。

2. 動態的側面から生じる両視座接合の必然性

　最近では，両視座が補完的であるといったレベルに留まることなく，双方の考え方を積極的に接合していくことが重要だという認識が形成されつつある（Amit and Schoemaker, 1993；岡田，2001；Saloner, Shepard, and Pondolny, 2001；森本，2004）。外部環境も企業も，時間とともに必ず変化

する。その変化に応じて，差別的地位や模倣困難な資源も変化していくため，企業の競争優位を議論するうえでは両視座の積極的な接合が必然となるのである。

前述したように，伊丹・軽部（2004）は，日本の家電メーカーの事例をあげてその必然性を説明している。かつての家電メーカーにとって，全国に展開する系列小売店網は貴重な営業資産であった。しかし，大手量販店の台頭によって，むしろそれが戦略上の足かせとなってしまった。希少な資源がある時点での競争優位の源になっていたとしても，長期的には顧客の嗜好の変化や，技術革新といった外部環境の変化によって，その資源の経済的・技術的価値は変化してしまう。

このように特定の希少な資産を保有することは，必ずしも長期的な競争地位を保証することにはならない。つまり，一時期価値を生み出した資源は，長期的に競争優位をもたらす「自動機械」ではなく，競争優位を持続するためには環境変化にあわせて企業自身が動態的に変化し，資源・能力を変えていかなければならない。時間軸に沿った動態的な動きの中では，企業の内と外は，同列で議論されるべきなのである。以下，個別企業と業界構造の相互作用に基づく動態的な理論構築研究・事例研究を四つレビューする。

第3節　四つの先行研究における接合の試み

1．和田ほか（1989）による環境と戦略のフィットネス

和田ほか（1989）は，企業が収益をあげ，成長を果たしていくうえでは，環境—経営資源—戦略の一貫性，つまり，環境と戦略のフィットネスが重要であるとした。環境変化や経営資源の相対的地位の変化に伴い，対象市場領域の変更と，企業戦略の変更・実施を交互に繰り返すことが重要となる。そして，味の素，資生堂，キヤノン，ミノルタといった日本を代表する企業の事例を取り上げ，それら企業の成長のダイナミズムを読み解き，企業成長の動態的モデルを提示した。

動態的モデルの構成要素としては，累積資産，経営資源，資源化プロセ

ス，資産化プロセスをあげ，それらを次のように定義している[7]。
① 累積資産：企業の存続・成長にとって価値ある量的・質的な蓄積財であり，それ以前の事業活動を通じて累積された価値アウトプットの総量。
② 経営資源：対象市場を特定したとき，その対象市場に向けて配分・準備された量的・質的な投入予定財。ストックとしての累積資産から対象市場に向けて意味づけられ，フロー化されるべく準備された財。
③ 資源化プロセス：累積資産を対象市場に合わせて配分し，取り揃え，投入準備していく過程。
④ 資産化プロセス：企業活動を通じ，より高次のアウトプット資産を獲得し，企業全体の累積資産に集計・確定していく過程。

そして企業は，長期的なミッション・成長ベクトル（長期目標）に沿って，外部環境を確認し，対象市場を選定する。そして，対象市場に向けて累積資産を資源化し（資源化プロセス），経営資源を投入していく。その後，適切な資源の組合せと戦略導入・実施により，新たな資産を生み出し（資産化プロセス），資産のさらなる累積を通じて企業成長を遂げていくことになる（図表4-5）。

---

[7] 和田ほか（1989）は，Penrose（1959）に言及し，「経営資源を，企業が所有する資産自体と区別し，資産がもたらす『用役』『効用』が発揮されてはじめて『資源』とみなす考え方が，ペンローズなどによって早くから提唱されていた」と記述していることから，和田ほかのいう資産は，本書における資源と解釈することが可能である。同様に，和田ほかのいう経営資源は，Penroseのいう用役，あるいはGrant（1991），Amit and Schoemaker（1993）など，多くの研究者が定義する能力と同義であると解釈することができる。本書では，これまでどおり資源・能力という表現を用いる。

Penrose（1959）	資源（resource） ⇒ 用役（service）
和田ほか（1989），Black and Boal（1994）	累積資産 ⇒ 経営資源
Grant（1991），Amit and Schoemaker（1993），本書	資源（resource） ⇒ 能力（capacity）

出所：筆者作成

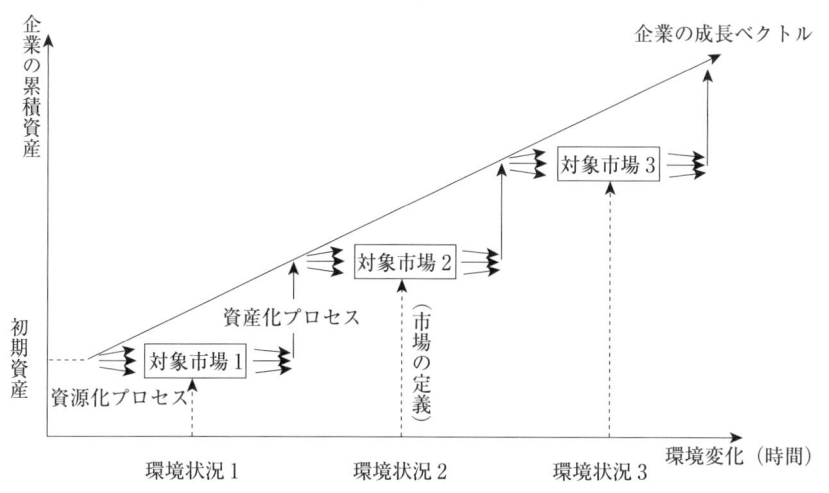

図表 4-5　企業成長の動態モデル

出所：和田ほか（1989）p.10 をもとに作成

2. 井上（2006）によるダイナミック P-VAR 分析

　井上（2006）は，外部環境と，そこでの企業地位との関係であるP（position）と，VAR［価値（value）⇔活動（activity）⇔資源（resource）］といった概念を用いて，ポジショニング・スクールとリソース・ベースド・ビューの二つの視座を接合し，一気通貫の分析枠組みとして，P-VAR を提示した。

　そして VAR の中に，価値創造を通じた収益原理である「収益エンジン」と開発投資を通じた資源蓄積の仕組みである「成長エンジン」の相互循環サイクルを組み込み，P-VAR を動態的なモデルへと発展させた（図表 4-6）。

　成長エンジンとは，カネ（金銭）からカネではない経営資源（技術を含む情報，モノ，権利など）を生み出す様々な活動のことであり，収益をあげるための「仕込み」活動すべてを指す。逆に収益エンジンとは，カネではない経営資源をカネ（金銭）へと変換する活動システムを指す。これには売上を伸ばすための活動はもちろんのこと，原材料調達などコストを削減するための活動も含まれる。

　事業の継続的成長を達成するための仕組みづくりにおいては，資産から収

図表 4-6　循環構造を埋め込んだ P-VAR 分析

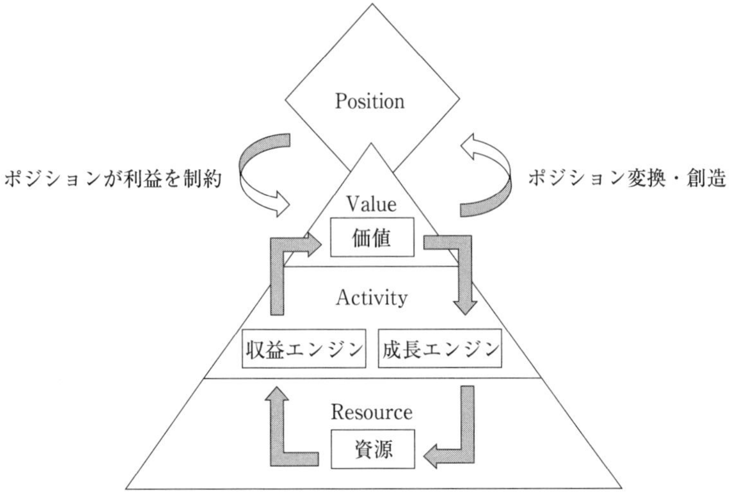

ポジションが利益を制約　　　　　　　　　　　　　　ポジション変換・創造

（Position／Value 価値／Activity 収益エンジン・成長エンジン／Resource 資源）

出所：井上（2006）p.50

益をあげる仕組みだけではなく，それを再投資して，資産化するという相互循環型の仕組みを築かなければならない。少ないインプットからより大きなアウトプットを引き出し，「技術→カネ→技術→カネ→……」の変換を繰り返しつつ，収益と資源の蓄積レベルを維持・拡大させていくことが必要となる。

3. 軽部（2001）による HPC 産業の事例研究

　軽部（2001）は，異なる性能進化を遂げた日米の HPC（high performance computer）産業の事例研究を通じ，日米の企業・産業進化の相違が，個別企業レベルの「資源蓄積・利用のダイナミクス」の検討のみでは十分説明できず，個別企業レベルの「資源蓄積・利用のダイナミクス」と産業レベルの「競争環境のダイナミクス」の双方を視野に入れて初めて説明可能となることを実証した[8]。概要は以下のとおりである。

---

[8] 企業と産業の共進化の経営観を明確に提示し，個別企業と業界の相互関連性に関する実証研究をおこなった事例としては，他に Levinthal and Myatt（1994）の米国の投資信託業務における研究があげられる。

初期のHPC産業においては，日米ともに専用ベクトル型CPUのHPCが支配的であった。しかしながら，米国HPC産業では，PC・サーバ事業を営む企業が，PC・サーバ事業で培われた汎用スカラ型CPUの蓄積技術を用いてHPC産業に新規参入してきた。その結果，専用ベクトル型CPU中心の既存企業は，価格性能比に優れた汎用スカラ型CPUの並列化へ向けた資源投入を進めざるを得ず，米国HPC産業全体が汎用スカラ型CPUの並列化による性能進化を追求することとなった。そして，価格競争が激化，既存企業の売上高営業利益率を大きく低下させることになってしまった。

　一方，日本のHPC産業では，米国のような新規参入企業が存在せず，むしろ汎用スカラ型CPUとの差別化を意図して，専用ベクトル型CPUの並列化へ資源投入がおこなわれた。結果，専用ベクトル型CPUの並列化による性能進化が支配的になり，急速な価格低下を免れることができた。

　日米ともに，当初は専用ベクトル型CPUを投入していたにもかかわらず，その後，米国においては，汎用スカラ型CPUの並列化による性能進化が，そして，日本では専用ベクトル型CPUによる性能進化が進んでいくという異なる産業進化が起こったのである。

　日米HPC産業で起こったことの差異は，個別企業レベルの「資源蓄積・利用のダイナミクス」と，産業レベルの「競争環境のダイナミクス」の双方

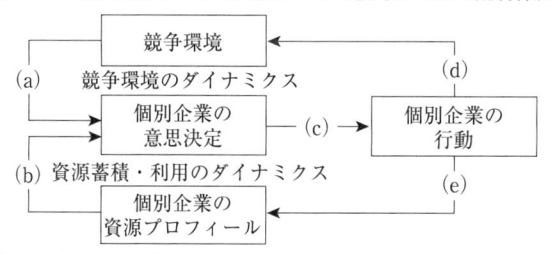

図表4-7　個別企業レベルと産業レベルを視野に入れた説明枠組み

注：(a) 競争環境が企業の意思決定を規定
　　(b) 資源プロフィールが企業の意思決定を規定
　　(c) 企業の意思決定が企業行動を規定
　　(d) 企業行動が競争環境を規定
　　(e) 企業行動が資源プロフィールを規定

出所：軽部（2001）p. 98

を視野に入れて初めて説明可能となる。軽部（2001）は，この動態的な現象の説明枠組みを図表4-7のように整理している。

4. 中村・岡田・澤田（2006）の医療用薬品業界における事例研究

中村ほか（2006）は，業界構造変化と内部経営資源の蓄積・活用との相互作用（図表4-8）を分析する動態的モデルとして，新たなビジネスモデルの模索・確立を通じた，企業の利益水準―利益分散を二軸とするフレームワークを提示した（図表4-9）。

利益水準―利益分散のフレームワークでは，業界における利益率がどのように推移していくかを次のように説明している。

図表4-8 外部環境変化と内部経営資源蓄積・活用の相互作用

外部環境の変化が，新しいビジネスモデルの模索を促し，それに適合する内部経営資源の蓄積・活用がおこなわれる

新たなビジネスモデルに適合する新たな内部経営資源の蓄積・活用が，業界構造を変化させる

出所：中村ほか（2006）p. 64

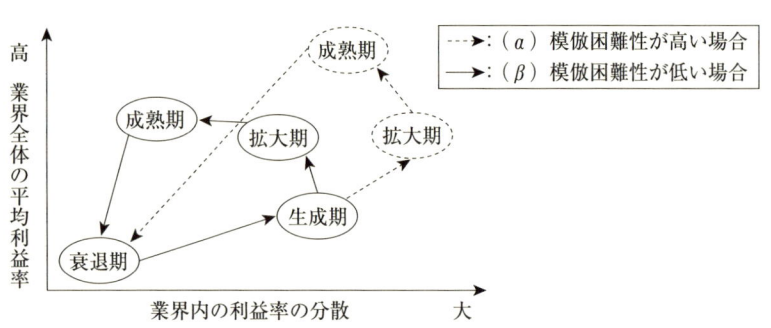

図表4-9 既存業界内で新たなビジネスモデルを模索するケース

- ▶（α）模倣困難性が高い場合
- ▶（β）模倣困難性が低い場合

縦軸：業界全体の平均利益率（高）
横軸：業界内の利益率の分散（大）

出所：中村ほか（2006）p. 66

まず既存のビジネスモデルが陳腐化する衰退期においては，企業による新たなビジネスモデルの探索が始まる。そこでの少数の成功企業が高い利益率を達成し始める（生成期）。その後，成功企業の成長と，新しいビジネスモデルの競合他社への普及により，拡大期を迎えることになる。模倣困難性が高い場合（α）は，少数の成功企業のみが成長し，シェア拡大を続け寡占化が進む。模倣困難性が低い場合（β）は，模倣者も先行者と同じ利益率を享受することができ，利益率分散は小さくなる。この場合（βの場合），ポジショニング・スクールでいう「魅力的な業界」が出現したということができる。そして，いずれの場合（α，β）も同質化等の進展により，やがては成熟期から衰退期へと移行していくことになる。

中村ほか（2006）は，日本およびグローバルな医療用医薬品業界について実証分析をおこない，この利益水準—分散フレームワークを使えば，個別企業レベルの経営成果に対する説明力が高まることを示した。

本章のまとめ

第4章では，まずポジショニング・スクール（戦略論的視座）とリソース・ベースド・ビュー（資源論的視座）双方の視座における動態的な理論構築の動きについて，代表的な先行研究のレビューをおこなった。

ポジショニング・スクールにおいては，この視座の第一人者といえる Porter の "Towards a Dynamic Theory of Strategy" を取り上げ，優れた経営成果をあげる企業の競争優位がどのように築かれるのか，といった動態的なプロセスについてレビューした。企業の持つ競争優位の理解のためには，企業の出発点にまで遡り，初期条件やその時点での経営者のアイデア・選択，そして，その後の因果の連鎖の分析が重要であった。

また，リソース・ベースド・ビューにおいては，資源・能力の創出や学習による蓄積・配分など，動態的な議論の全体像を提示した一つの終着点とも言える Teece *et al.*（1997）のダイナミック・ケイパビリティーを取り上げた。

ダイナミック・ケイパビリティーとは，外的な環境変化に適応し，内的・外的な企業のコンピタンスを統合，構築，そして再構築する企業の能力であった。このダイナミック・ケイパビリティーのフレームワークは，企業による富の創造と

獲得方法を分析するための動態的なフレームワークになるとTeece et al. は主張した。そこでは，進化の道筋→資源ポジション→組織プロセスの流れによって，持続的競争優位の源が企業の中に埋め込まれていくという論理が示されていた。

　特筆すべきは，双方の視座における動態的理論の構築の中で，それぞれの視座が他の視座を包含する形で，両者接合の可能性が示されていることであった。たとえば，ポジショニング・スクールでは，因果の連鎖の中のアクティビティーとして，リソース・ベースド・ビューのいう資源・能力が位置づけられていた。一方，リソース・ベースド・ビューでは，ポジショニング・スクールのいう戦略ポジションが，資源ポジションの中のマーケット・アセットとして位置づけられていた。

　ただ，どちらの視座がどちらの視座を取り込むか，という議論はさほど重要ではないだろう。より本質的には，競争優位を築く戦略ポジションを得るためには，それを可能にする資源・能力が必要であること，そして，価値を生み出す資源・能力を定義するためには，外部環境との関係を考慮する必要があること，といったように，両視座が相互に強く関連していることである。

　また本章では，両視座の動態的な接合の試みとして四つの先行研究を紹介した。そこからは三つの示唆を抽出することができる。第一に，両視座の接合によって長期的な産業進化や，企業の競争優位構築のプロセスについての説明力が高まること。第二に，企業成長は，戦略ポジション→資源・能力，資源・能力→戦略ポジションを交互に繰り返す循環サイクルになること。第三に，この動態的な動き，あるいは業界ライフサイクルのようなダイナミズムが，企業の経営成果に大きな影響を与えることであった。

第5章 企業成長の動態的モデルの構築

　第5章では，第2章から第4章までの先行研究のレビューを踏まえ，戦略論的視座と資源論的視座での議論を活用しつつ定量分析に向けた企業成長の動態的モデルの構築をおこなう。また，この論理モデルに基づき，収益性の向上を実現する最適な成長パターンとはどのようなものかについて考察をおこなう。

第1節　「経営成果も含めた枠組み」への拡張必要性

1．先行研究における枠組み［資源・能力⇔戦略ポジション］

　前章では，戦略論的視座と資源論的視座の接合の試みに関する主要な先行研究のレビューをおこなった。それら先行研究において提示された論理モデルの概要は以下のとおりであった。

① 和田ほか（1989）：累積資産（本書における資源）は，対象市場が特定された時，経営資源（本書における能力）へと転換される。この経営資源は企業の戦略と不可分に結びついており，その戦略が外部環境と企業の能力とのフィットネスを作り出すことにより，企業は成長と存続を果たす。

② 軽部（2001）：個別企業の行動を通じて，競争優位の構築や資源プロフィールの変化，それによって引き起こされる競争環境自体の変化と

いった，企業行動をベースとする資源・能力⇔戦略ポジションの相互規定関係の議論がおこなわれた。

③ 井上（2006）：収益エンジンと成長エンジンの相互循環サイクルを組み込んだP-VARの枠組みが提示された。R（resource）が資源，A（activity）が能力にあたり，そのA（activity）がV（value）を創造し，それが企業の戦略ポジションP（position）を築く。

④ 中村ほか（2006）：環境変化に伴うビジネスモデルの模索・構築が，内部経営資源の蓄積・活用の促進と外部環境変化への適応を生み出す。

これらの先行研究の結果は，多少の視点の違いはあるものの，資源・能力と戦略ポジションの相互作用の枠組み［資源・能力⇔戦略ポジション］に整理することができる（図表5-1）。しかしながら，これらの先行研究における枠組みには，一つの大きな課題が存在する。それは，この枠組みでは，資源・能力／戦略ポジションと経営成果との関係が議論できないという点である。

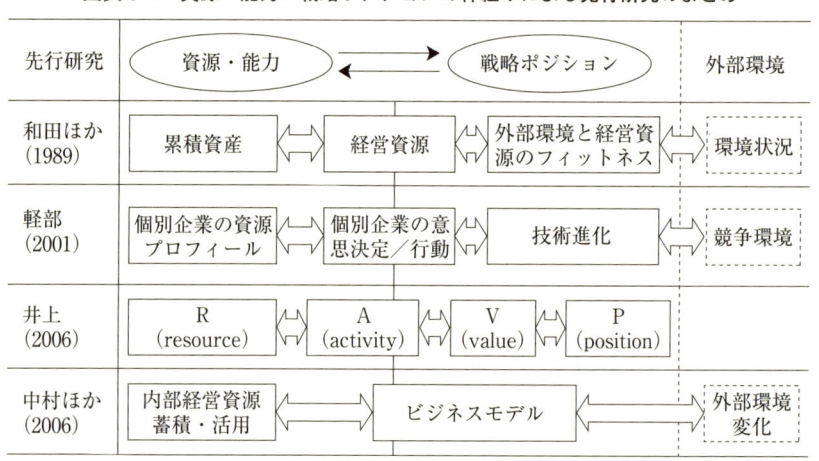

図表5-1　資源・能力⇔戦略ポジションの枠組みによる先行研究のまとめ

先行研究	資源・能力			戦略ポジション	外部環境
和田ほか（1989）	累積資産	経営資源		外部環境と経営資源のフィットネス	環境状況
軽部（2001）	個別企業の資源プロフィール	個別企業の意思決定／行動		技術進化	競争環境
井上（2006）	R（resource）	A（activity）	V（value）	P（position）	
中村ほか（2006）	内部経営資源蓄積・活用	ビジネスモデル			外部環境変化

出所：筆者作成

2. 拡張された新しい枠組み［資源・能力⇔戦略ポジション⇔経営成果］

　第1章で見てきたように，日本企業には，規模拡大に主眼が置かれた「成長志向のマネジメントスタイル」が定着していた。経営者の目は，企業の規模拡大という経営成果に大きく向いていた。そう考えると，規模拡大を達成できたか否かは，その後の意思決定にも大きく影響を及ぼすだろう。つまり実際の経営においては，経営成果の状況が，資源・能力の獲得や戦略ポジションの構築にも大きく影響を与え，その後の戦略とは切っても切り離せない要素になると考えられる。

　たとえば，想定どおりの規模拡大が達成できなかった企業は，新しいビジネスモデルの探索に注力するかもしれない。そして，スラック資源の創出・活用の道を模索することも考えられる。逆に，成功裡に規模拡大を達成した企業は，その成功体験ゆえに環境変化を軽視し，さらなる規模拡大に邁進してしまうかもしれない。

　こう考えると，本来あるべき動態的モデルは，［資源・能力⇔戦略ポジション］の枠組みに留まることなく，資源・能力→戦略ポジション→経営成果，経営成果→戦略ポジション→資源・能力の双方の流れを含む，［資源・能力⇔戦略ポジション⇔経営成果］という枠組みに拡張されるべきだろう（図表5-2）。

　先ほどの主要な先行研究においては，多数の事例研究がおこなわれていた。しかし，依拠する枠組みの制約から，資源・能力⇔戦略ポジションがどのような経営成果につながり，逆に，その経営成果が資源・能力⇔戦略ポジションにどう影響を与えたかについては，ほとんど分析されていない。軽部（2001）は，Cary Research社の経営成果である売上高営業利益率の経時的変化について一部触れているものの，その経営成果がCary Research社の意思決定にどう影響を与えたかについては十分な議論をおこなっていない。また，中村ほか（2006）は，業界ライフサイクルに沿った業界内企業の利益率水準と分散について触れているものの，個別企業における経営成果と，ビジネスモデルとの関係については深く踏み込んではいない。

　論理モデルの枠組みを経営成果も含めた形で拡張することによってはじめ

図表 5-2　経営成果も含め拡張されるべき枠組み

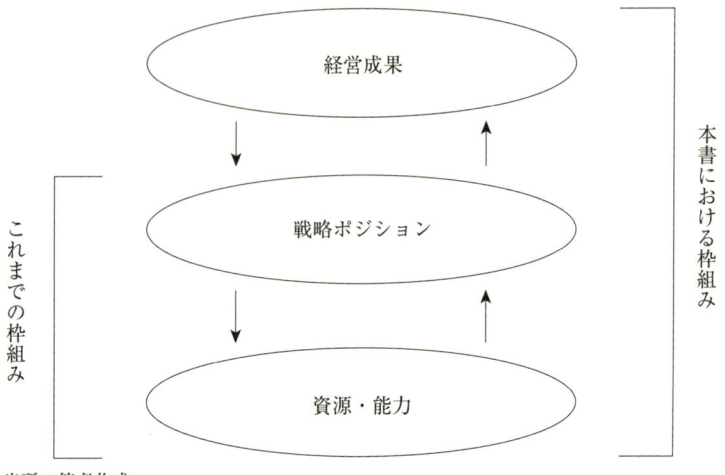

```
        経営成果
          ↕
       戦略ポジション        ] これまでの枠組み  ] 本書における枠組み
          ↕
       資源・能力
```

出所：筆者作成

て，戦略ポジションと資源・能力，経営成果のダイナミズムの理解が可能となる。つまり，枠組みの拡張によって，経営成果を通じた動態的ダイナミズムの測定・議論が可能となるのである。

第2節　企業成長の動態的モデル

本節においては，拡張された枠組み［資源・能力⇔戦略ポジション⇔経営成果］に基づき，企業成長の動態的モデルの構築を試みる。

1．モデル構築における視点

様々な要素を包含する資源・能力と戦略ポジション，外から測定可能な経営成果を詳細に結びつけることは相当に困難である。

たとえばPIMS研究では，企業文化を形づくるうえで鍵となる戦略や経営管理プロセス，あるいは人的要因を詳細に観測することはほぼ不可能だと指摘されていた。また，三品（2007）は，経営成果に影響を及ぼす因子は星

の数ほどあり，欠落変数を抱える回帰モデルの危うさを研究者は知っているので，経営成果を被説明変数とするモデルには手を出したがらないのだ，とも言っている[1]。

経営成果にまで拡張された本書の枠組み，［資源・能力⇔戦略ポジション⇔経営成果］においても，資源・能力，戦略ポジションの要素を一つ一つすべてを明らかにし，操作可能としたうえで議論を進めることはほぼ不可能である。

そこでここでは，当初の問題意識に立ち返り，規模拡大と収益性の増減といった動態的な視点に焦点を当て，以下の点に力点を置きつつモデル構築をおこなう。

① 測定可能な経営成果の指標として，規模拡大に関する指標と，収益性の増減に関する指標の二つを取り上げる。
② 上記二つの変数の間に存在する数限りない中間変数は捨象し，経営成果，戦略ポジション，資源・能力の間の大きな因果関係に着目する。
③ 長期間にわたるダイナミズム（すなわち，因果関係の行き来）の議論の必要性を踏まえ，経営成果，戦略ポジション，資源・能力に関する重要な要素を取り上げ，不均衡発展の特徴を捉えた循環型モデルの構築を目指す。

これらの視点に基づき構築される論理モデルは，非常にシンプルなものになる。ある意味，粗いモデルにならざるを得ないが，規模拡大と収益性の増減に関する測定可能な二つの定量的指標を手掛かりとした考察が可能となる。そこからは，多角化戦略や製品市場戦略，コア・コンピタンスの分類・理解といった個別の経営課題に焦点を当てた研究からは見えてこない，動態的な企業成長のメカニズムが見えてくることが期待できるはずである。

2. 不均衡発展ダイナミズムのモデル化

まず，［資源・能力⇔戦略ポジション⇔経営成果］の枠組みの中で，戦略ポジションが毀損した時点を出発点とし，①戦略ポジション→経営成果，②

---

[1] PIMSについてはBuzzell and Gale（1987）の邦訳 p. 28，三品（2007）についてはp. 1。

経営成果→戦略ポジション，③戦略ポジション→資源・能力，④資源・能力→戦略ポジションの四つの矢印と，再構築された戦略ポジションが望ましい経営成果を生むパスである⑤戦略ポジション→経営成果の議論を順番におこなう。この五つの矢印をカバーすることで論理の流れがひと回りすることになる。

① 戦略ポジション→経営成果

　いったん構築された競争優位のある戦略ポジションも，長い時間軸の中では劣化の圧力にさらされている。顧客ニーズ，競争環境，科学技術，政府のポリシーなど，外的要因は変化し，組織の肥大化・硬直化など，内的要因も変化する。これら外的要因・内的要因の変化は，それまでの競争優位を低下させてしまう可能性を秘めている。このような競争優位の低下は，使いべりしない「見えざる資産」によって生み出される競争優位も例外ではない。たとえば，ブランドの陳腐化，環境変化に対応できなくなった経営管理の仕組みの弊害などがその例としてあげられるだろう。

　内的・外的な要因によって生じる競争優位の低下は，規模拡大の鈍化や収益性の低下といった経営成果の目に見える変化として現れてくる。

② 経営成果→戦略ポジション

　経営成果の変化（特に低下）は，新たな戦略ポジションを生み出す競争優位構築に向けた行動の引き金になると考えられる。企業は，経営成果の向上に向け，外部環境の変化や資源・能力の減価によって生じた競争優位の低下に対し，いつ対処すべきかといったタイミングの課題に直面することになる。

　企業にとって大切なことは，経営成果の変化から競争優位低下のシグナルを見逃すことなく，できるだけ早いタイミングで新たな競争優位の構築に向け舵をきることではないだろうか。しかしながら第1章で見てきたように，日本の企業には，収益不全をもたらす「成長志向のマネジメントスタイル」が定着してしまっていた。収益性の低い周辺顧客の無理な取り込み，非関連分野への無理な多角化，低収益事業の温存など，収益性を犠牲にした規模拡大に固執するあまり，新たな競争優位構築への対応が遅きに失してしまう可能性が想定される。収益不全に陥っている多くの日本企業は，この迅速なア

クションといった点において，大きな課題を抱えているのであろう。

③ 戦略ポジション→資源・能力

戦略ポジション→資源・能力の流れにおいては，常に学習の問題が存在する。学習は，競争優位を発揮している間にも発生する。その間の経営者による学習の重要性は，多くの研究者の指摘するところであった。たとえば，Penrose（1959）は，経営者における学習を，「拡張の過程における経営者用役の創造」と表現している。この経営者用役は，企業成長にとって本質的に重要な役割を果たすと同時に，ボトルネックにもなりうる（Penrose効果）。また，Rumelt（1987）は，企業成長が規模の不経済や管理の喪失によって停滞するのではなく，企業家精神の固定化によってもたらされるという見方を提示していた。

一方，競争優位を再構築している間にも学習は存在する。オーバー・エクステンション戦略のように，現有資源を少し超えた努力の中に，新たな資源・能力の獲得機会が存在しているとも言えるだろう。学習を通じて，どのような資源・能力を蓄積していくべきかということも企業にとっては大きな課題となってくる。

④ 資源・能力→戦略ポジション

どのような戦略ポジションを目指し，どのような競争優位を築けるかに関する自由度は，保有する資源・能力にも大きく影響を受けることになる[2]。資源・能力→戦略ポジションの流れにおいては，特にスラック資源といった概念が重要となる。既存事業に使用されない未使用資源（ヒト・モノ・カネ・情報）であるスラック資源を活用しようとすること，つまり，その資源から能力を生み出そうとする努力は，成長の内部誘引としても重要な役割を果たし，成長に向けた新たな戦略ポジションの確立に必要な動きとなる。

その一方で，スラック資源は「しのびよる非効率（creeping inefficiency）」（吉原，1967）でもある。スラック化された資源の存在は，企業の費用増に

---

[2] Chatterjee and Wernerfelt（1991）は，余剰資源活用による企業の多角化について，理論的，実証的な議論を展開し，保有する資源タイプの違いによって多角化の方向性が違ってくることを示している。資源タイプを，a）物理的資産（physical assets）b）無形資産（intangible assets）c）財務資産（financial resource）に分けたうえで，資源の柔軟性（flexibility）と言う概念を導入し，inflexibleである物理的資産と無形資産の余剰は，関連多角化の方向性に企業を導き，flexibleな資源は関連・非関連多角化を問わず利用されることを示した。

もつながり，短期的には収益に対して負の影響を与えることにもなりかねない。必要以上にスラック資源を抱え込んでしまうと，経営の非効率を生んでしまう可能性も大きいのである（加護野ほか，1983）。

⑤ 戦略ポジション→経営成果

Ghemawat（1986）のいう競争優位の源泉となる要素（資源・顧客へのアクセス優位性，競合他社の選択肢に対する制限など）は，企業の収益性のみならず，規模拡大に対しても正の影響を及ぼすであろう。

そう考えると，企業が競争優位を有する戦略ポジションを築けている間は，規模拡大・収益性の向上いずれに対しても戦略ポジションは正の影響を及ぼし，両方の経営成果（規模拡大と収益性向上）は順調に推移することが想定される。つまり，この二つの経営成果の動きは，両方が順調に推移している期間とそうではない期間の二つに大きく分かれ，時間軸に沿って，それらが交互に現れてくると考えられる。

3. 企業成長の動態的モデル

これまでの議論を踏まえ，ある企業の競争優位が築かれている時点から時間軸に沿って，企業成長の動態的モデルを構築すると以下のようになる。

まず，構築された競争優位を有する戦略ポジションによって，企業は優れた経営成果を創出していく。それは，規模拡大と収益性の維持・向上の両方をもたらす。またその間，学習によって企業は新たな能力を構築したり，様々な資源のイン・フローによって，資源蓄積（ストック）をおこなっていくことになる。

しかしながら，外部環境の変化や，活用している資源・能力の減価によって，いずれその競争優位も低下してしまう。やがてそれは経営成果にも負の影響を与え，規模拡大の鈍化や収益性の低下といった形で表れる。日本企業の同質的行動による競争激化，無理な拡大への誘引は，さらなる収益性の低下圧力として働くことになるであろう。

長期的に収益性を維持・向上していくためには，企業はこの経営成果からのシグナルをできるだけ早く認識し，適切なタイミングで新たな競争優位模索・再構築にむけたアクションを求められることになる。そのアクション

は，業界のライフサイクルに対する適応や，事業立地の変更までも視野に入れたものになるべきであろう。残念ながら，これまでの日本企業をめぐる低収益性を許容してきた事業環境は，この新たな競争優位の模索・再構築に向けた抜本的なアクションのタイミングを，遅きに失するまで許容してしまった。多くの日本企業は，大胆なアクションを講じることなく小手先の対応に終始し，長きにわたって競争優位を毀損してきたと言えるのかもしれない。

また，この競争優位の模索から再構築に至る過程では，Ansoff（1965）のいう経営資源のシナジーの追求，新たな戦略ポジションの構築に向けたスラック資源の創出・蓄積が必要となってくる。その創出・蓄積されたスラック資源によって，新たな能力構築をおこない，競争優位の再構築がなされていくことになる。もしここで，スラック化された資源を有効活用することができなければ，スラック資源は「しのびよる非効率」（吉原，1967）となり，さらに収益性を低下させていくことにもなりかねない。

［経営成果⇔戦略ポジション⇔資源・能力］の枠組みに基づいて，このダ

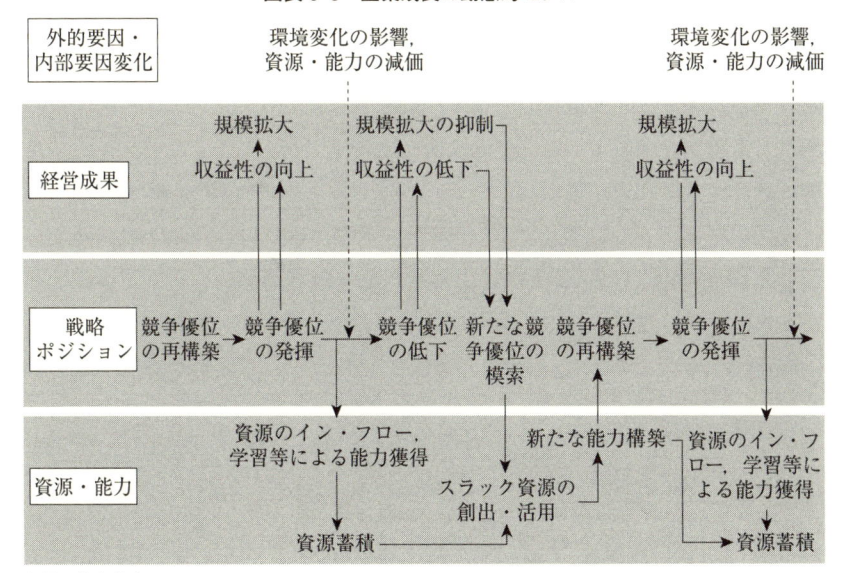

図表5-3　企業成長の動態的モデル

出所：筆者作成

イナミズムを，企業成長の動態的モデルとして図示すると図表5-3のようになる[3]。これは，均衡のとれた平坦な企業成長ではなく，資源の過不足，競争優位の優劣，経営成果の上下などを繰り返す，企業の不均衡発展のダイナミズムそのものになる。収益性を維持・向上させた企業は過度な規模拡大に走らずに，競争優位の毀損を回避しながら[4]，この企業成長の動態的モデルを適切に回してきた企業と言えるかもしれない。

第3節　パラメーターの設定と因果の流れ

　定量分析に進むためには，測定可能な規模拡大と収益性の増減のパラメーターを選定する必要がある。結論から言うと，本書では，規模拡大のパラメーターとして売上高を用い，収益性の増減のパラメーターとしては売上高営業利益率を用いることにした。

1．規模拡大のパラメーター：売上高

　売上高が適切な規模拡大のパラメーターだという理由は大きく三つある。
　まず第一に，分析対象である日本企業に根付いていると言われる「成長志向のマネジメントスタイル」の中で，最も強く意識されているのが売上高であり，市場シェアのような売上高に関わる指標であることがあげられる。経営目標に関する日米比較においても，その大きな差異の一つが市場シェアという指標にあった（図表1-3）。また，日本を代表する売上高2兆円規模の企業の事業経営責任者30人に対する聞き取り調査においても，自事業・ビジョンに関する質問に対する答えのほとんどが，売上高・市場シェアの拡大に関連するものであった（三品，2002a）（図表1-4）。売上高に対する経営

---

3) 競争優位の発揮から，経営成果に対する矢印は一方向になっているが，本来的には，優れた経営成果がさらに競争優位を高めていく方向も考えられる。ただ，時間軸に沿って想定される因果の主要な流れを明確にするために，ここでは敢えて一方向のみの矢印の記載にしている。なお，この企業成長の動態的モデルは，平井（2008）をベースに，さらに戦略論的視座と資源論的視座の観点から検討を深め，構築したものである。
4) このように良好に競争優位を維持することが，持続的競争優位と等価になるなのかもしれない。

者の意識は，日本企業においては非常に高いと言える。

　第二に，長期間にわたる企業成長を議論する際，デフレーターをもとに経年比較をしやすい点があげられる。

　第三に，企業間の横並びの分析が比較的おこないやすい点である。通常，同じ業界内では，それが市場シェアとして議論される。また，商社や金融機関などを除く，業界の企業規模の比較においても，売上高が用いられることが多い。

　これらの理由以外にも，規模の経済を議論する際によく用いられる規模変数が売上高（実質）であったり，売上高は会計測定上の問題が最も少ない規模変数であるといった会計上の理由も存在する（伊丹，1982）。

2．収益性の増減のパラメーター：売上高営業利益率

　収益性の増減のパラメーターとしては，売上高営業利益率を用いることとした。その最も大きな理由は，売上高営業利益率が長期的には事業の収益力に直結する指標であることである。なぜなら，売上高営業利益率は，他の指標，たとえばROAやROE，当期純利益率などに比べ，事業活動以外の要素である資本市場や金融環境，企業の資本政策の影響を受けにくいからである[5]。ちなみに，本書と同じように，長い時間軸における収益性をテーマとした先行研究，たとえば加護野ほか（1983），伊丹（1982；2006），三品（2004；2007）においても，売上高営業利益率が収益性の重要な指標として取り上げられていた。

　そして，売上高と同様に，同一業界内，近隣業界において，横並びでの分析が比較的意味を持ちうる指標であることも，選定理由の一つとしてあげられる。

---

[5] 今後実施する定量分析においては，GDPデフレーターを用いて，売上高，売上高営業利益ともに実質値へと変換して分析を進める。利益率の評価の観点からは，長期間にわたるインフレ状況（金利水準）の変動によって，売上高営業利益率の数値の意味するところが変わってくることも考えられるが，本書では触れていない。ちなみに，今後分析対象とする日本の大企業141社の売上高営業利益率（加重平均）と公定歩合の過去トレンド（1975～2005年度まで）を比較すると，1990年代はじめのバブル経済崩壊あたりまでは，相関関係が存在しているようであった。

3. 売上高→利益率という因果の流れ

　経営成果とその要因に関する研究は数多く実施されてきた。しかし，そこで利用される分析の因果の流れのほとんどは，特定の戦略課題と経営成果の関係を見るものであった。異なる経営成果の間の関連についての分析，しかもその動態的な関連についての分析を試みているものは，筆者の知る限りほとんど見当たらない。たとえば，PIMSにおける分析の枠組みは図表5-4に示すように，戦略→経営成果であり，その経営成果には収益性，成長性の双方が含まれていた（図表2-2を参照のこと）。

　また，吉原ほか（1981）の日本企業の多角化の研究においても，因果の流れは，多角化戦略の類型→経営成果（成長性，収益性）であった。片方を上げれば，片方が下がってしまうという二律背反の可能性がある成長性と収益性の二つの経営成果についても，あくまで多角化戦略の視点を通した分析に留まり，成長性⇔収益性の関係について直接的な分析がおこなわれた訳ではなかった[6]。

　しかし本書では，「過度な規模拡大→収益性の低下」といった因果関係の存在を想定している[7]。よって二つの経営成果，すなわち売上高と売上高営業利益率を明確に分離し，「売上高→売上高営業利益率」という因果の流れの中で定量分析を実施していく（図表5-5）。

　独立変数として売上高を扱う際には，企業の不均衡発展のダイナミズムを

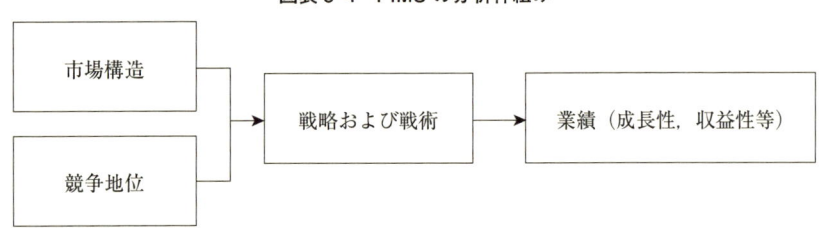

図表5-4　PIMSの分析枠組み

出所：Buzzell and Gale（1987）p.28をもとに作成

[6) 図表2-5では，多角化の視点を通した成長性と収益性の関係を，成長性→収益性の関係に直接的に置き換える試みをおこなっている。
[7) 経営者にとって利益は見えにくく，よって売上を上げて風が吹くのを待つ，という他力の戦略論という考察もある（三品，2008）。

第5章　企業成長の動態的モデルの構築

図表5-5　定量分析に向けた因果の流れ

売上成長パターン（成長速度，変動幅） → 売上高営業利益率の増減

出所：筆者作成

図表5-6　売上高と売上高営業利益率の「変化分」へ焦点を当てた分析

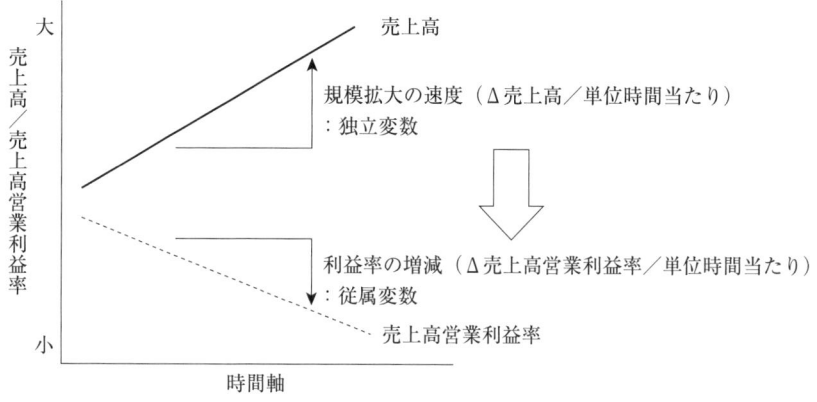

（縦軸：大←売上高／売上高営業利益率→小、横軸：時間軸）

売上高
規模拡大の速度（Δ売上高／単位時間当たり）：独立変数

利益率の増減（Δ売上高営業利益率／単位時間当たり）：従属変数
売上高営業利益率

出所：筆者作成

考慮し，売上高の成長パターンを二つの要素に分解する。一つ目は基本的な成長トレンドとしての売上成長速度，二つ目は時間軸に沿った振動として現れる売上変動幅である。

そして，「過度な規模拡大→収益性の低下」の言葉にあるように，特に売上高における規模拡大の速度，ならびに収益性の増減（主には低下）といった「変化分」に着目していく（図表5-6）。通常，あまり明確に区別して議論されることのない規模拡大と収益性を分離し，それらの時間軸にそった「変化分」を直接的に取り扱うこと，また，それを手掛かりにして企業成長について考察をおこなうことの新規性は大きいと言えるだろう。

第4節　動態的モデルに基づく仮説の導出

では，企業成長の動態的モデル，ならびに前節で述べた因果の流れに基づ

くと，売上成長パターン（成長速度と変動幅）と売上高営業利益率の振る舞いに関して，どのような仮説を立てることができるだろうか。

1. 不均衡発展における周期の存在

まず最初にあげることのできる大きな特徴は，売上高と売上高営業利益率における周期性であろう。図表5-3によると，その周期は外部環境に対する競争優位の発揮・低下・再構築のサイクルであると同時に，資源蓄積，スラック資源の創出・活用，新たな能力構築のサイクルでもある。

見えざる資産，すなわち情報的資源のスラック化と活用が，不均衡発展に対して大きな影響を及ぼすならば（伊丹，2003），売上高や売上高営業利益率の周期は，少なくとも情報的資源の構築・活用・再構築サイクルに近いものになると考えられる。Hall（1992）によれば，情報的資源とも呼べる企業の名声は10.8年，製品の評判は6.0年，従業員のノウハウは4.6年といったように5～10年程度の構築時間が必要であった。よって，定量分析において観測される売上高，ならびに売上高営業利益率の変動の周期も，おおよそ5～10年程度の値が観測されることが想定される[8]。

仮説1 売上高と売上高営業利益率は，ジグザグ型の成長パターンに伴う周期性を示す。その周期は，企業の競争優位に重要な役割を果た

---

8) 直接観測することはできないが，競争優位と資源・能力に関するダイナミズムは以下のような関係にあると推測される。競争優位を支える資源・能力は減価の圧力にさらされつつも，規模拡大や学習に伴いストックとして累積し，周期的に拡大していく。そして，資源・能力の変動に併せて，競争優位の大きさは，事業環境に対して上下動を繰り返すであろう。図のように，競争優位の周期が資源・能力の構築時間に呼応しているとすると，売上高や売上高営業利益率も，同じ周期になると考えられる。

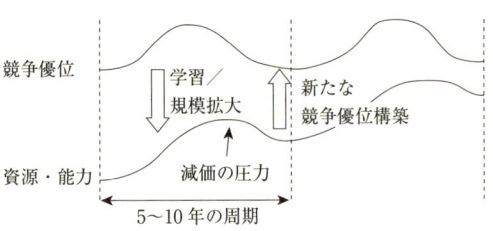

出所：筆者作成

す情報的資源の構築・活用サイクルの影響を受けて5～10年程度となる。

また，売上高と売上高営業利益率の周期的変動の位相は揃っていることが想定される。これまで議論してきた企業成長の動態的モデルに基づくと，競争優位の発揮が規模拡大や収益性の向上の双方を可能とし，同様に，競争優位の低下が規模拡大や収益性の双方の抑制・低下を招くことになるからである。つまり，個々の企業の長期間にわたる売上高，売上高営業利益率を測定すると，図表5-7のように，売上高と売上高営業利益率の周期が同期する基本的なパターンが観測されると想定できる。

仮説2 企業の売上高と売上高営業利益率の周期的変動の位相は揃っている。

このような位相の同期性は，売上高が拡大することにより，規模の経済が

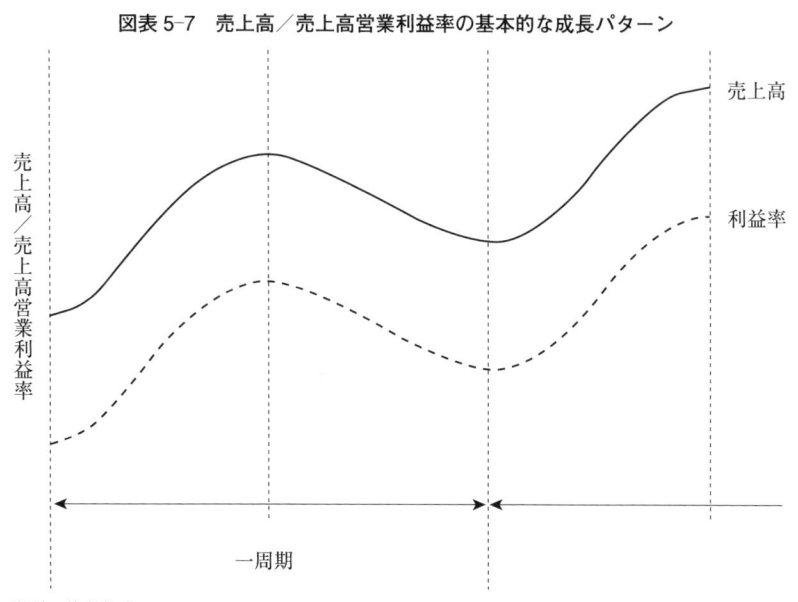

図表5-7 売上高／売上高営業利益率の基本的な成長パターン

出所：筆者作成

働き，固定費負担が軽減し，売上高営業利益率が高くなるという説明も可能である（固定費モデルと呼称）。もちろん，その要素は間違いなく存在すると考えられる。しかしながら第1章で議論してきたように，日本企業は長期的に過度な規模拡大のもと収益性を低下させてきた。この事実を踏まえると，この規模拡大による固定費モデルだけでは，短期的な売上高の低下（拡大）が利益率の低下（向上）を招くことを説明できても，長期間にわたる売上高の拡大と売上高営業利益率の低下トレンドを説明することは難しい。つまりここでは，過度な規模拡大の中，本来しっかりと構築されるべき競争優位が構築されずに，それが低下し続けてきたダイナミズムを考えざるを得ないだろう[9]。

2．アクションのタイミングが左右する収益性の増減

　企業成長の動態的モデルのみで結論づけることは難しく，推論の域はでないものの，より詳細に売上高と売上高営業利益率の位相を観測すると，経営者が，どのような経営成果の動きによって競争優位の低下を捉えているか，という点について議論できる可能性もある。

　企業成長の動態的モデルでは，規模拡大の鈍化や規模縮小，収益性低下のいずれかが，競争優位の低下のシグナルとしての役割を果たすであろうと考えた（図表5-3）。もし，長期にわたる売上高営業利益率の低下という日本企業全体に見られる傾向の中で，売上高営業利益率を維持・向上をさせてきた企業があるとするならば，おそらくその企業は利益率にも留意し，その向上に向けた経営努力を着実におこなってきた企業であろう。そのような企業は利益率の動きに敏感であり，競争優位の低下のシグナルを利益率の低下傾向によって捉え，過度な規模拡大を抑えながら，競争優位の回復・再構築に向けて動き出していた，と考えることができるのではないだろうか。つまり，図表5-3において，経営成果⇒戦略ポジションのフィードバックの矢印は，主に収益性の低下が効いていると解釈できる。

　一方，売上高営業利益率を長期間にわたって低下させてきた企業は，これ

---

9) 売上高と売上高営業利益率が同期している場合，外部からの観測のみでは，本来的には，これら二つの要素の間の因果関係の方向を議論することは困難となる。

第5章　企業成長の動態的モデルの構築

まで議論してきたように，経営の力点が規模拡大に大きく偏っており，利益率の低下傾向ではなく売上高の低下傾向が新たな競争優位探索に向けたシグナルになっていたことも考えられる。過度な規模拡大へのこだわりによって，それまでの競争優位が弱まり，利益率が低下する。それでもなお，無理な規模拡大に固執し続けている間，新たな競争優位の構築に着手することはなく，利益率が低下の一途をたどる。結果，新たな競争優位構築に向けてのアクションのタイミングが遅れ，その回復・再構築に向けたハードルを自ら上げてしまっていることも考えられる。規模拡大を維持するために，価格競争を引き起こしてしまった場合は，より悲惨な状況に陥ることになる。そして，最終的に規模拡大が不可能になった段階で，ようやく競争優位の回復・再構築に向けて動き出すのである。

これらの考察が妥当ならば，収益性の維持・向上の観点において，優良な企業とそうでない企業を比較した場合，優良な企業では，売上高営業利益率の変動周期の位相が売上高の変動周期の位相より早くなっていることが想定される。つまり，利益率の低下が売上の低下に先立ち，また，競争優位の回復・再構築による利益率の回復が，その後の売上高の拡大に先立っている姿が観測できるかもしれない[10]。

一方，優良でない企業においては，無理に規模拡大を続けたことで，結果的には，利益率の低下期間が長く，その低下幅を大きくしてしまっている可能性を想定できるのではないだろうか。つまり，優良ではない企業においては，競争優位を毀損している間，利益率が大きく低下することになり，優良な企業との格差が広がってしまう。その結果，長期で見た場合，過度な規模拡大と利益率の低下の関係が成り立ってしまうと解釈できる。

優良な企業ならびに，そうでない企業の売上高・売上高営業利益率の動きを図示すると図表5-8のようになるだろう。そして，上記の考察を整理すると，次の二つの仮説を導びくことができる。

---

[10] もし，利益率を維持・向上させた企業において，このような売上高と売上高営業利益率の位相のズレが確認できれば，このこと自体は固定費モデルでの説明が難しく，企業成長の動態的モデルの一つの傍証となるのではないだろうか。

図表 5-8　利益率を維持・向上させた企業と低下させた企業の経営成果の動き

売上高営業利益率を維持・向上させた企業

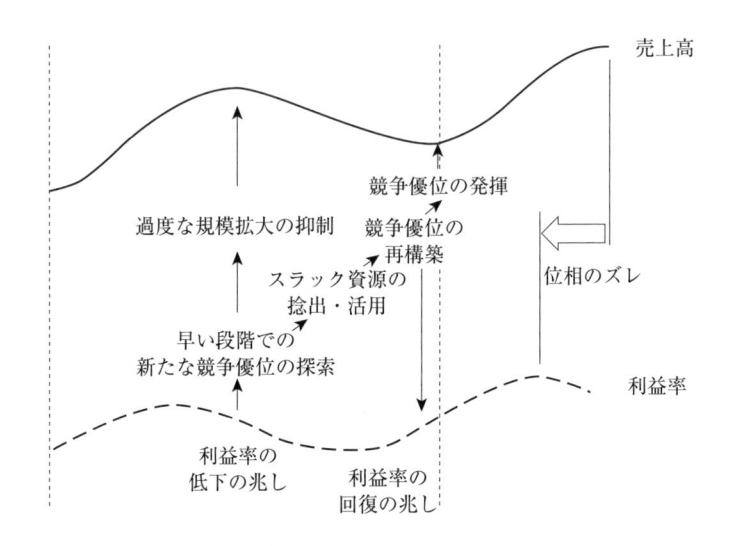

- 売上高
- 過度な規模拡大の抑制
- 競争優位の発揮
- 競争優位の再構築
- スラック資源の捻出・活用
- 早い段階での新たな競争優位の探索
- 位相のズレ
- 利益率
- 利益率の低下の兆し
- 利益率の回復の兆し

売上高営業利益率を低下させた企業

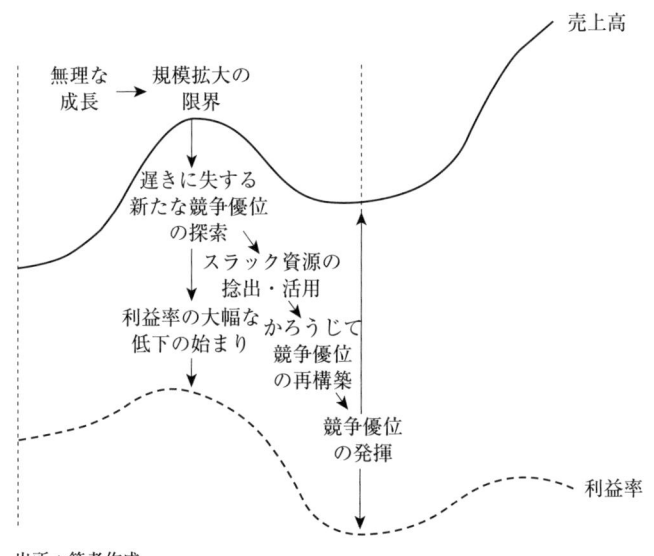

- 売上高
- 無理な成長 → 規模拡大の限界
- 遅きに失する新たな競争優位の探索
- スラック資源の捻出・活用
- 利益率の大幅な低下の始まり
- かろうじて競争優位の再構築
- 競争優位の発揮
- 利益率

出所：筆者作成

仮説3 利益率を維持・向上させてきた企業は，無理をした過度な成長をおこなわず，利益率の変動に敏感に反応し，成長速度をコントロールしていることが考えられる。それゆえ，売上高営業利益率の変動周期の位相が，売上高の位相より若干早くなっている。

仮説4 売上高営業利益率の維持・向上の観点において，優良でない企業は競争優位を大きく毀損させてしまうため，利益率の低下期間が長く，また，利益率の低下幅が大きい。

第5節　最適な売上成長パターンの存在

　続いて，規模拡大（売上高）と，収益性（売上高営業利益率）の関係について，定量分析を通じて観測されるであろう結果について考察をおこないたい。売上成長パターンを売上成長速度と売上変動幅の二つの構成要素で捉えていたので，ここでも，その二つに分けて議論を進める。

1．高過ぎる売上成長速度の収益性に対する影響

　第2章から第4章までの先行研究のレビューにおける議論を踏まえると，収益性の維持・向上に向けた，最適な成長速度の存在可能性が見えてくる。つまり，高過ぎもせず，低過ぎもしない売上成長速度が，収益性を維持・向上させるという可能性である。

　高過ぎる成長速度が収益性を低下させてしまう要因は，大きく六つあげることができる。最初の三つ（①〜③）は，戦略論的視座の観点によるもの，残りの三つ（④〜⑥）は，資源論的視座の観点によるものである。

　① 非効率な資源・顧客の取り込み

　既存事業における無理な規模拡大が，非効率な顧客や資源の取り込みにつながることである。規模拡大は，規模の経済，経験効果，範囲の経済など，プラスの経済効果をもたらすものの，それが行き過ぎると非効率を生み出すことになる。

② 新規分野進出による影響

　競争優位が構築しにくい分野への新規進出によって，収益性が低下する可能性である。特にシナジー効果が小さいと考えられる非関連分野への多角化は，明らかに低い収益性をもたらすことがわかっている（吉原ほか，1981）。また，進出後は，収益性の低さにも拘わらず一定の事業規模があるため，その事業から撤退できずに低収益事業が温存され，それが積みあがっていくことも想定される。成長志向のマネジメントスタイルが定着し，人の削減が容易でない日本企業においては，この傾向は顕著だろう。

③ 提供価値の毀損

　顧客に対する提供価値が，過度な規模拡大に伴って劣化してしまう可能性である。たとえば，消費財ビジネスにおけるブランド価値の低下などは良い例と言えよう。ブランドの強みを活かした製品領域の無理な拡大は，ブランド価値そのものを毀損し，価格低下・収益性低下を招くことにもなりかねない。

　また，日本企業の特徴としてあげられる同質的行動も，収益性の低下を加速してしまう。同質的行動は，企業のオペレーション効率を高めるものの，過剰な供給能力を生み出し，コモディティー化の進展を促してしまう。結果，顧客に対する価値の毀損スピードを速めてしまう。近年の液晶テレビ，デジカメ，ビデオなどにおいて見られる現象である。

④ 経営管理の非効率化

　過度な速度で規模拡大することによる経営管理の複雑化に対して，うまく仕組みを構築できず，効率の悪化が起きる可能性である。企業規模の拡大・事業範囲の拡大に伴って，経営管理の複雑さが増大していくことは，古くはChandler（1962）も指摘しているところである。また，Penrose（1959）の言う，経営者用役の創造の速度が，成長のボトルネックとなることもありうる。その用役の創造の限界を超える速度で成長を続けた場合，経営の意思決定の品質が低下し，収益性の低下を引き起こすことも考えられる。

⑤ 相対品質の低下

　過度な成長による資源の希薄化，能力低下による製品品質の低下も考えられる。戦略論的視座の代表的研究の一つであるPIMSにおいても，製品の

相対品質と経営成果の相関関係が指摘されていた。たとえば近年，自動車業界において，過度な規模拡大が品質の低下を引き起こし，莫大なリコール費用が発生した事例などは記憶に新しい。

⑥　組織の疲弊

詳細な議論は割愛するが，組織論の観点からは，過度に急速な規模拡大は従業員を疲弊させ，モチベーションの低下，ひいては，生産効率の低下などを引き起こす可能性も想定できるのではないだろうか。

このように，幾つかの要因によって，高過ぎる成長速度は収益性の低下圧力を生むことになる。

2. 低過ぎる売上成長速度の収益性に対する影響

一方，低過ぎる成長速度もまた，収益性の低下圧力に繋がることが想定できる。ここでも戦略論的視座から三つ（①〜③），資源論的視座からも三つ（④〜⑤），主たる要因をあげることができる。

①　他社に対する相対地位の低下

規模の経済や範囲の経済などの経済効果の観点において，低過ぎる成長速度が，競合他社に対する相対的地位の低下をもたらす可能性である。このような他社に対する優位性の低下は，いずれ，自社の競争優位の劣化，経営成果の低迷へとつながると考えられる。

②　売り手・買い手に対する相対的地位の低下

売り手や買い手に対する交渉力も相対的に低下する。成長速度が低過ぎ，競合他社に比べ規模が小さいまま留まれば，調達における交渉力は他社に比べて小さくならざるをえない。また，顧客に対しても，低過ぎる成長速度は，顧客の選択肢の広がりの中での相対的地位の低下をもたらしたり，顧客の注文量の中で自社の供給量が相対的に下がるなど，競合他社に比べて交渉力の低下を生むことにもなる。

③　ブランド・信用力の低下

日本では特に，企業規模が重視されてきたこともあり，規模が小さいまま留まることがいずれ企業ブランドや信用力の低下につながることも考えられる。やがてそれは企業の競争優位を低下させ，経営成果を下げていくことに

なるだろう。たとえばGhemawat (1986) は，規模拡大によって市場での企業や製品の評判が向上し，資源や顧客へのアクセスの優位性がもたらされるという，逆の論理の流れを指摘している（同様な指摘は資源論的視座においてもなされている。事業の成功には，企業の名声，製品の評判などが重要な役割を果たす［Hall, 1992］）。

④ しのびよる非効率の顕在化

未使用なスラック資源の増大による事業効率の低下である。スラック資源は，企業成長を果たすために重要な役割を果たすが，業容が拡大しないまま，そのスラック資源が有効に活用されない状況になると，それは企業にとって「しのびよる非効率」（吉原，1967）となってしまう。この点に関しては，欧米企業に比べオペレーション戦略志向の強い日本企業の方が，スラック資源を企業内に蓄積する傾向が強く[11]，資源配分の非効率を招きがちとなることが加護野ほか（1983）によって指摘されている[12]。

⑤ 経験・学習効果の低減

経験・学習効果の低減の影響である。成長速度が遅いということは，それだけ累積生産量の蓄積速度が遅いことを意味する。結果，経験曲線を下るスピードが遅くなってしまい，競合他社に比べ，相対的なコスト競争力が低下してしまう。また，Penroseの言う「拡張の過程における経営者用役の創造」といった経営層レベルでの学習効果も低減してしまう可能性がある。

⑥ 組織のモチベーション低下と硬直化

組織上の非効率も発生するであろう。たとえば，低成長が従業員のモチベーション低下に繋がり，生産性に負の影響を与える可能性もある。さらに，日本企業のように人材の流動性が低く，年功序列の人事体系が残る事業環境においては，低過ぎる売上成長速度が，人件費（平均）の高コスト化（高齢化による）につながりかねない。これは，組織の硬直化なども引き起こすだろう。

---

11) オペレーション志向の戦略は長期志向的であり，企業内に様々な種まきをおこなって，構造変化に備えることを目指す。よって，大きなスラックを抱え込みがちとなる。
12) 三品（1997）は，米国企業の経営は，「組み合わせ」の経営であり，日本企業の経営は，「蓄積」の経営であると指摘している。

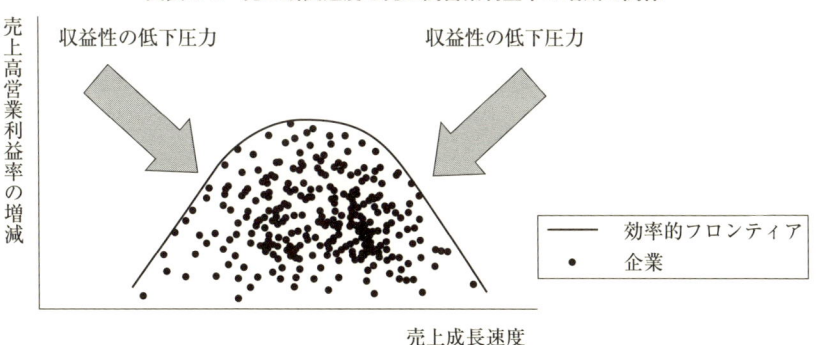

第 5 章　企業成長の動態的モデルの構築

図表 5-9　売上成長速度と売上高営業利益率の増減の関係

（縦軸：売上高営業利益率の増減、横軸：売上成長速度、収益性の低下圧力が両側から働く凸型の効率的フロンティアと企業の散布図）

― 効率的フロンティア
・ 企業

出所：筆者作成

　このように，高過ぎる成長速度・低過ぎる成長速度は，そのいずれもが長い時間軸の中で利益率を押し下げる圧力を生むことになる。たとえば，横軸に売上高成長速度，縦軸に売上高営業利益率の増減の指標をとり，各企業を一つの観測点とした散布図を描くと，図表 5-9 のような凸の効率的フロンティア[13]が観測されることが予想される。

　また，図表 5-9 におけるピーク，すなわち，最適な売上成長速度がどのあたりに存在するかについては，オーバー・エクステンション戦略の考え方がヒントを与えてくれる。本来，オーバー・エクステンション戦略は，自社の現有資源を少し超えるような努力を推奨するものであるが，その測定はほぼ不可能である。そこで以下のように考えると，オーバー・エクステンション測定の可能性が見えてこないだろうか。もし，オーバー・エクステンション戦略を維持した企業は競合他社に比べ，資源・能力⇔戦略ポジション⇔経営成果の循環をうまく回してきた企業だとしたら，その企業は長い時間軸の中で，結果的に競合他社に比べ高い市場シェア，高い収益性を実現できたと

---

[13] 効率的フロンティアという考え方に関しては，三品（2002b）が同様な分析をおこなっている。それは次のとおりである。まず，横軸に複数企業の各年度の実質売上高，縦軸に実質営業利益をとったうえで，企業の年度ごとの経営成果を観測点とした散布図を描く。そして，左上の領域（売上高が小さく利益額が大きい領域）が達成不可能領域であるとし，その不可能領域がデータ全体を左側上方から抑圧することにより，自身より左上にくる点がない構成点が存在することになる。それらの点を結んだ線を効率的フロンティアとして定義している。そして，形成された効率的フロンティアに関して考察をおこなっている。

93

考えることも可能だろう。そうすると，自社の現有資源を少し超えるということの代理変数としては，外部から測定できる売上成長速度を用いることができ，図表5-9における効率的フロンティアのピークは，成長速度の平均値よりも若干高めになることが想定できる[14]。

ここまでの議論を踏まえると，最適な成長速度に関しては，以下のように仮説をまとめることができる。

仮説5 　横軸に売上成長速度，縦軸に売上高営業利益率の増減をとり，各企業を一つの観測点（質点）として表すと，凸な効率的フロンティアが形成される。フロンティアのピークにあたる，最も売上高営業利益率を向上させた企業は，平均的な売上成長速度に比べ，若干高めの成長速度を持つ。

3. 売上変動幅の収益性に対する影響

次に，売上成長パターンのもう一つの要素，変動幅である。規模拡大の際の変動については，特に資源論的視座における企業の不均衡発展のダイナミズムの中で議論がなされた。企業は，有する資源・能力を過不足なく活用することはできず，本質的にスラック資源の創出・活用を伴うジグザグ型の成長をすることになる。

競争優位を発揮している間は，優れた経営成果，つまり規模拡大と収益性の向上の双方を生み出す。競争優位を再構築する間の期間は，次なる飛躍に向けた準備期間であり，経営成果は停滞する可能性が大きい。よって，図表5-7で示したように，測定可能な経営成果も変動するのである。

そして，売上成長速度と同じように，売上変動幅においても，最適な変動幅が存在することが想定される。なぜなら，大き過ぎる変動幅や小さ過ぎる変動幅は，資源・能力⇔戦略ポジションの不均衡発展のダイナミズムを弱める可能性があるからである。

まず大き過ぎる変動幅は，収益性の低下をもたらすことが考えられる。急

---

[14] 自己の資源・能力に対するオーバー・エクステンションが，結果的に競合他社に対する経営成果上の優位につながるであろうことに関しては，さらなる検証が必要となるであろう。

激な規模拡大においては，企業は十分な資源・能力の供給ができず，確固たる競争優位を構築することができないかもしれない。また逆に，急激な規模の縮小・停滞は，必要以上のスラック資源をもたらしてしまう。たとえば，急激に店舗網拡大をおこなった小売業では，オペレーションが追いつかず，顧客離れを引き起こし，固定費負担増が収益性を圧迫，そして，収益性を大きく低下させてしまうことも実際に起こりうる。

　また，規模変動が大き過ぎる場合，内部マネジメント上の調整，変更などが後手にまわり，効率低下を引き起こすことも考えられる。さらには，経営成果や規模の不安定性が，従業員のモチベーションにも悪影響を及ぼし，組織の効率性に負の影響を与えることも想定される。外部との事業取引の点でも，大き過ぎる変動幅は，取引先からの信頼の喪失や，顧客の喪失・再獲得に関わるコスト増などを生じさせ，収益性に対する負の影響をもたらす。

　一方，小さ過ぎる変動幅も，収益性の維持・向上に向けては，若干，負の影響を想定することができる。低すぎる変動幅，すなわち，あまりに安定した成長は，企業成長の動態的モデルで議論したような，学習や経営者用役の創出などのメカニズムを弱めてしまうからである。

　また，オーバー・エクステンション戦略が有効だという理由の一つである組織内部における創造的緊張（伊丹，2003）も生じにくくなってしまう。あまりに安定した成長においては，現有の資源・能力と，それによって達成可能なゴールとのアンバランスを補おうとする努力が生じにくく，長い時間軸の中では，競合他社に対する戦略ポジション，資源・能力の相対的な低下を招くことになるかもしれない。

　厳密な議論は難しいものの，大き過ぎる変動幅が収益性の低下圧力を生み，あまりに安定的な成長パターンにおいても収益性の低下圧力が生じるとしたら，収益性の維持・向上の観点では，若干ゆるやかな変動の存在が望ましいことになる。もしそうであるならば，横軸に売上変動幅をとり，縦軸に売上高営業利益率の増減をとると，平均より若干小さい売上変動幅のあたりにピークを持つ，凸な効率的フロンティアが描けることが想定される（図表5-10）。

　企業成長の動態的モデルから導びかれる最後の仮説は以下のとおりとな

図表5-10 売上変動幅と売上高営業利益率の増減の関係

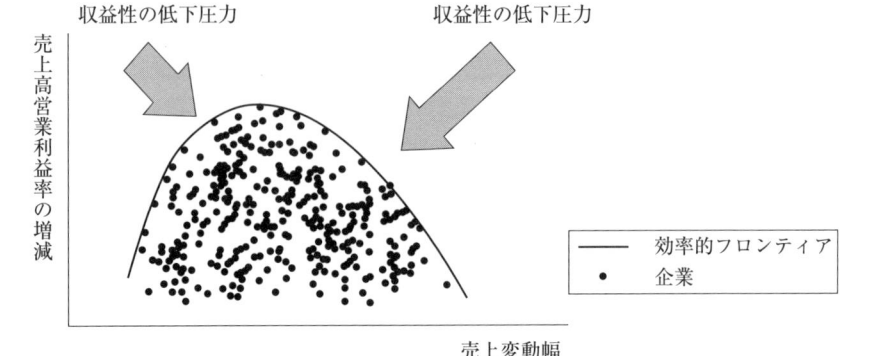

（図：横軸「売上変動幅」，縦軸「売上高営業利益率の増減」の散布図。凸な効率的フロンティアの曲線の両肩付近に「収益性の低下圧力」と書かれた矢印。凡例：―― 効率的フロンティア，● 企業）

出所：筆者作成

る。

仮説6 横軸に売上変動幅，縦軸に売上高営業利益率の増減をとり，各企業を一つの観測点（質点）としてあらわすと，凸な効率的フロンティアが形成される。フロンティアのピークにあたる最も売上高営業利益率を向上させた企業は，平均的な売上変動幅に比べ，若干小さめの変動幅を持つ。

　企業成長の動態的モデルに基づくこれまでの考察を統合すると，企業の売上高と売上高営業利益率の増減に関する定量分析では，不均衡発展に伴う周期的なパターンや，規模と収益性の同期性などが観測されるだろう。また，多くの日本企業が収益性の低下にあえぐ中，比較的緩やかな売上変動を伴う，平均より若干速めの成長速度を実現してきた企業が，収益性の維持・向上を果たしている状況を確認できると考えられる。

4．業界要因を考慮して算出される「最適な売上成長速度」

　図表5-9や図表5-10のような売上成長パターン（成長速度，変動幅）と売上高営業利益率の増減との関係は，これまで過度な規模拡大をおこない，収益性の低下を招いてきた日本企業の全体的な傾向として観測することが期

第5章　企業成長の動態的モデルの構築

図表 5-11　業界特性が企業の最適な売上成長パターンに与える影響

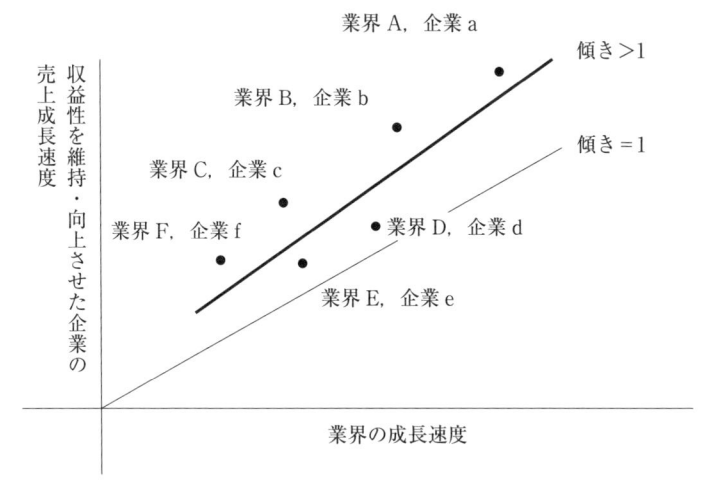

縦軸：収益性を維持・向上させた企業の売上成長速度
横軸：業界の成長速度

- 業界 A，企業 a
- 業界 B，企業 b
- 業界 C，企業 c
- 業界 F，企業 f
- 業界 D，企業 d
- 業界 E，企業 e

傾き＞1
傾き＝1

- (x, y) = (業界の成長速度, その業界で収益性を維持・向上させた企業の売上成長速度)

縦軸：収益性を維持・向上させた企業の売上変動幅
横軸：業界に属する企業の売上変動幅の平均

- 業界 F，企業 f
- 業界 C，企業 c
- 業界 B，企業 b
- 業界 E，企業 e
- 業界 A，企業 a
- 業界 D，企業 d

傾き＝1
傾き＜1

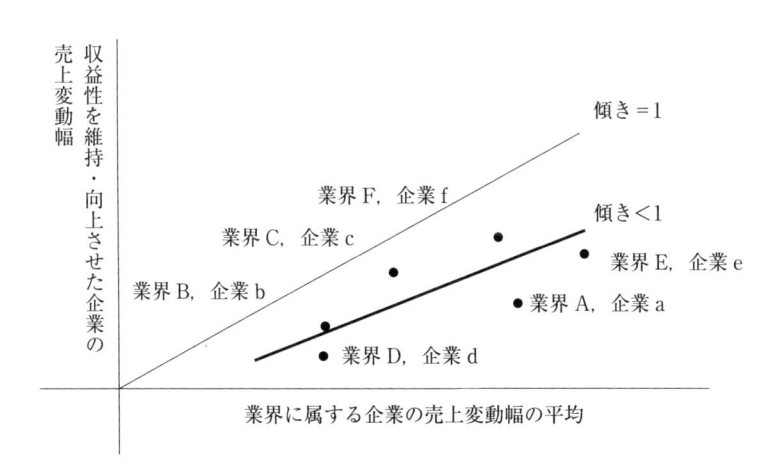

- (x, y) = (業界に属する企業の売上変動幅の平均, その業界で収益性を維持・向上させた企業の売上変動幅)

出所：筆者作成

待できる。

　一方，ポジショニング・スクール（戦略論的視座）の先行研究でレビューしたように，業界特性が収益性に与える影響も確実に存在している。たとえば，Wernerfelt and Montgomery（1986）は，業界内に，効率的企業と非効率的企業が一定期間共存しうることを示したうえで，業界の成長性や収益性の高低が，企業の収益性に影響を及ぼすことを理論的，実証的に示している。

　収益性に対するこのような業界特性の影響を考えると，日本企業の全体的な傾向の確認に留まることなく業界ごとの分析をおこなうことによって，「最適な売上成長速度」の一つのベンチマーク値を求められる可能性が見えてくる。

　仮に業界ごとの括りで定量分析を実施した場合，業界の平均的成長速度と，その業界において収益性を維持・向上させた企業の売上成長速度を比較すると，おそらく後者の方が若干高い値を示すと考えられる。逆に，売上変動幅においては，業界に属する企業の平均的な変動幅の大きさに比べ，収益性を維持・向上した企業の変動幅の大きさは，若干小さめの値となることが想定される。それぞれの関係を図示すると図表5-11のようになる。つまり，図表5-11の業界ごとの観測点の近似直線の傾きを測定すれば，最適な売上成長速度や最適な売上変動幅の目安となる値を求めることができると考えられる[15]。

　よって定量分析においては，日本企業の全体的な傾向を確認した後，最適な成長速度や最適な変動幅の数値を求めるために業界ごとの分析をおこなう。

本章のまとめ

　本章は，次章からの実証研究に向けた準備段階としての論理モデル構築の役割

---

15) 本書の手法に基づくと，「若干」という言葉で表される数値の定量的「範囲」を示すことは難しい。あくまで「若干」の目安となる一つのベンチマーク数値を示すに留まる。

を担っていた。企業成長の動態的モデルの構築にあたっては，先行研究の研究の枠組みである［資源・能力⇔戦略ポジション］の課題を指摘しつつ，［資源・能力⇔戦略ポジション⇔経営成果］という拡張された枠組みを提示した。

この枠組みに沿った企業成長の動態的モデルは，企業の不均衡発展の様子を捉える周期的な循環型モデルとなった。このモデルには，スラック資源，学習，外部事業環境に対する戦略ポジションなど，戦略論的視座と資源論的視座における鍵となる概念が含まれていた。この動態的モデルによってはじめて，長い時間軸の中で，経営者が経営成果を踏まえながらマネジメントをおこなっている現実を捉えることが可能になり，経営成果を手掛かりとして，企業の資源・能力と戦略ポジション間のダイナミズムに迫れることになる。

また，定量分析に向けて，規模拡大と収益性の増減に関するパラメーターの設定もおこなった。規模拡大のパラメーターとしては，日本企業の経営者が重視する市場シェアに直結し，GDPデフレーターによって経年比較をしやすい売上高を用いることとした。そして，収益性の増減のパラメーターとしては，事業の収益性に直結し，財務戦略の影響を受けにくい売上高営業利益率を用いることとした。そして，企業の不均衡発展の特徴を分析するために，売上成長を構成する要素を，基本的な増減傾向としての売上成長速度と，不均衡発展の結果として現れる売上変動幅の二つに分解した。

章の後半では，「過度な規模拡大→低い収益性」という構図をもたらす「成長志向のマネジメントスタイル」という課題を認識したうえで，この企業成長の動態的モデルに基づき，六つの仮説の抽出をおこなった。それらは次のとおりであった。

仮説1　売上高と売上高営業利益率は，ジグザグ型の成長パターンに伴う周期性を示す。その周期は，企業の競争優位に重要な役割を果たす情報的資源の構築・活用サイクルの影響を受けて5～10年程度となる。

仮説2　企業の売上高と売上高営業利益率の周期的変動の位相は揃っている。

仮説3　利益率を維持・向上させてきた企業は，無理をした過度な成長をおこなわず，利益率の変動に敏感に反応し，成長速度をコントロールしていることが考えられる。それゆえ，売上高営業利益率の変動周期の位相が，売上高の位相より若干早くなっている。

仮説4　売上高営業利益率の維持・向上の観点において，優良でない企業は競争優位を大きく毀損させてしまうため，利益率の低下期間が長く，また，利益率の低下幅が大きい。

仮説5 横軸に売上成長速度，縦軸に売上高営業利益率の増減をとり，各企業を一つの観測点（質点）として表すと，凸な効率的フロンティアが形成される。フロンティアのピークにあたる，最も売上高営業利益率を向上させた企業は，平均的な売上成長速度に比べ，若干高めの成長速度を持つ。

仮説6 横軸に売上変動幅，縦軸に売上高営業利益率の増減をとり，各企業を一つの観測点（質点）としてあらわすと，凸な効率的フロンティアが形成される。フロンティアのピークにあたる最も売上高営業利益率を向上させた企業は，平均的な売上変動幅に比べ，若干小さめの変動幅を持つ。

本章までで，過度な規模拡大を続けながら，収益不全に陥っている日本企業の定量分析に向けた準備が整った。次章以降，仮説の検証とともに，最適な成長速度の定量化を試みる。そして，今後日本企業が利益率の向上に向けた取組みをおこなう際に役立つであろう，売上成長パターンのあり方などの経営実務上の示唆を明らかにしていきたい。

第6章
141社の分析対象企業群

　第6章から第8章では，定量分析をおこなっていく。本章ではまず，分析対象企業群を抽出し，分析期間を設定する。また，それら分析対象企業群における「収益不全」の状況について確認する。

第1節　分析対象企業群と分析対象期間の設定

1. 分析対象としての「大規模」な「製造業」

　分析対象企業としては，これまで日本経済を牽引してきた大規模な製造業が適切であると考えた。「製造業」，「大規模」それぞれの観点において，抽出に関する幾つかの理由が存在する。

　「製造業」ということに関しては，第一に，長期間にわたる過度な規模拡大と収益性の低下が顕著に見られるのが製造業であったという点があげられる。図表1-1で一目瞭然なように，製造業は過去数十年にわたって大きく売上を拡大し，売上高営業利益率を低下させてきた。一方，非製造業は，比較的低位安定で推移している（三品，2004）。

　第二に，非製造業を除き，製造業を分析対象とすることによって，様々な業界，たとえば電気機器業界，食料品業界などに属する企業を横並びで比較分析できるという点である。売上高や売上高営業利益率の意味合いが，金融や商社，小売，運輸などを除く製造業内であれば，異なる業界といえども比

較可能だと考えられるからである。

　第三に，特定の業界のみに分析対象を限定しなかったのは，定量分析を実施するにあたって十分なデータ量を確保したかったからである。データ量確保の観点からは，少数の業界に分析対象を絞ることは良策ではない。また，どれか一つ二つの業界のみの分析だけで，日本企業に共通する収益不全を議論することも適切ではないだろう。

　次に，「大規模」な企業に焦点を当てた主たる理由としては，今回構築した企業成長の動態的モデルがある程度十分な事業基盤を持ち，安定的に事業運営をおこなっている企業に対して適用可能なモデルであるという点である。なぜならモデル自体が，既に何らかの競争優位を構築している時点を出発点としたものであり，Porter（1991）のいう「縦の／長さの論理（longitudinal）」から「クロスセクショナルな論理（cross-sectional）」への移行といったように，競争優位がはじめて生み出された初期から，その後の発展期への変化を捉えたものではないからである（図表4-2）。

　また，誕生後間もない企業の成長のモデルは明らかに大企業の成長モデルとは異なるだろう。それらベンチャー企業や中小企業を分析対象に含めることは，モデル検証に適さないばかりか，逆に分析結果をゆがめることにもなりかねない。

　これらの理由によって，分析対象企業群を日本の大規模な製造業としている。

2. 十分に長い分析期間の必要性

　企業の経営成果に関する定量的な研究においては，その分析対象のみならず，どのようなタイミング・期間で分析を実施するかによっても，導出される示唆の妥当性や適用範囲，また分析そのものの信頼性が左右されることになる。

　たとえば，第2章第4節で取り上げた業界要因の収益性に対する影響度の研究においては，分析期間を長くする方向で研究が積み重ねられ，分析精度の向上や一般化の妥当性向上が試行された。1985年に発表された初期の研究であるSchmalensee（1985）の分析期間は75年単年であり，当時の深刻

な不景気やオイルショックの影響といったマクロ経済要因によって，分析結果が歪んでいる可能性が存在していた。その点を改善しようと，Rumelt (1991) の研究においては分析期間が4年へと拡大された。その後，McGahan and Porter (1997) は，たかだか4年では業界のライフサイクルの一部のフェーズしか分析に包含できていないとし，分析期間を14年間に拡張している。

　本書では，そもそも長期間にわたる過度な規模拡大と収益性の低下を問題意識としている。分析期間は当然，十分長期であることが必須となる。長期的な経営成果に関するこれまでの主要な先行研究の期間設定は，おおよそ10年から40年の間であった（図表6-1）。今回も，少なくとも同じ程度の分析期間を持つことが望ましい。

　また，企業成長の動態的モデルでは，企業の経営成果が，周期的振る舞いをすると予想されている。資源論的視座に基づくと，情報的資源の構築・活用・再構築のサイクルは少なくとも5〜10年程度であり，企業の経営成果の変動の周期も同じくらいの期間になると考えられる。戦略論的視座においても，戦略ポジションの構築には10年を超える時間が必要になるとの指摘もある（Porter, 1996）。企業の経営成果における周期的な振る舞いを捉えようとすると，想定される周期数個分の分析期間は，最低限必要となるだろう。

　これらの考察によると，分析対象期間は少なくとも数十年の単位で考えられるべきである。逆の表現をすると，数十年の単位で企業の経営成果，そし

図表6-1　長期的な経営成果に関する主要な定量分析先行研究の分析期間設定

先行研究	主たるテーマ	期間	年度
伊丹（1982）	日米企業の経営力の長期的な比較	20年間（日本）	1957〜76
		19年間（米国）	1959〜77
辻（1994）	日米製造業における業種別収益性の比較分析	8年間	1983〜90
Mueller（1986）	企業の長期的な収益性	23年間	1950〜72
McGahan and Porter（1997）	業界効果，企業効果，事業効果の分析	14年間	1981〜94
三品（2004）	日本企業の収益性低下の戦略不全	30年間	1970〜99
三品（2007）	日本企業の収益性低下の要因分析	40年間	1960〜99

出所：筆者作成

て，経営成果⇔戦略ポジション⇔資源・能力の因果を読み解くからこそ，そこから見えてくるものに価値があると言えるかもしれない。それが日常の経営実務における示唆につながればなおさらである。

3. 分析期間の起点（1975年）と終点（2005年）

分析期間の起点の選定においては，第一に，過度な規模拡大と収益性の低下が顕著になり始めたタイミングを捉えるべきだと考えた。第1章で議論してきたように，他の欧米諸国に比べ，収益性の格差の拡大が顕著となり始めたのは，高度成長時代（1966～75年）から安定成長時代（1975～80年）に移行し始めた1970年代中頃であった（井手，2005；野口，2005）。

その背景には，1970年代に入って為替が変動相場制に移行し，円レートが大幅に切り上げられたこと，二度にわたるオイルショックや高インフレなど，事業環境の変化があった。それまでの良質で安価な労働コストに基づく日本の比較優位，「良いものを安く」が喪失したのである。

資金調達の観点からも，高度経済長時代の旺盛な設備投資資金需要を満たしてきた資本コストの低い銀行借入が，株主資本に対する倍率（財務レバレッジ）を5倍程度に高め，ピークを記録したのも1975年であった。その後，エクイティー・ファインナンスが徐々に増加し，ROEが低下し始めることになる（井手，2005）。

この頃，日本企業は成長期によくある量的拡大への志向をさらに強め，企業の収益構造や意識に歪みをきたし，経営における生産性の劣化を引き起こし始めてしまった可能性も大きいようである（伊丹，1982）。このような点をふまえ，定量分析の起点として1976年度を選定した。

一方，分析期間の終点は2005年度とした。05年度は，法改正により多くの企業が持株会社の設立を始め，幾つかの主要な企業において継続性のあるデータ取得が困難となるタイミングであった。また，定量分析を開始した時点で取得できる最新年度のデータが05年度分であった。つまり，可能な限りの期間を確保する努力をおこなった結果が05年度であったということができる。

結果として，定量分析の対象期間は1976～2005年度までの30年間となっ

た。

第2節　分析対象企業群141社の抽出

1. 母集団の設定・抽出基準・データソース

　日本の大規模な製造業の選定にあたっては，分析対象企業の抽出母集団を，上場企業に限ることにした。その理由は，非上場企業の30年間にわたるデータを入手することは相当に困難であり，かつ，主要な大企業は上場企業であったからである。ここでいう上場企業とは，1976年1～12月の間で，東京，大阪，名古屋，福岡，札幌，広島，京都，新潟市場に上場していた企業のことを指している。

　売上高ならびに売上高営業利益率に関しては，単独決算の数値を用いることにした。なぜなら，日本において連結決算数値の開示が義務付けられるようになったのはごく最近のことであり，30年間にわたって，多くの企業の連結決算数値を入手することはほぼ不可能だからである。本書では長期間にわたる売上高や売上高営業利益率の変化に着目している。それゆえ分析にあたっては，データの一貫性と継続性も重要となる。その点からも単独決算を分析対象とすることは，妥当な次善策であると考えられる[1]。

　次に，製造業ということに関しては，物的資産（フィジカルアセット）に価値を付加することを主たる事業とする業界の集合を製造業と呼称し，分析対象とした。具体的には，日本経済新聞社の分類である「日経業種分類」[2]

---

1) 1960～2000年における上場企業1013社の業績分析をおこなった三品（2007）の研究では，期間の途中から可能な限り単独決算データを連結データに置換し，接続したうえで分析を実施している。ただ，このような単独決算データと連結決算データの乖離は極めて小さく，単独決算データでの分析と，単独・連結を接続したデータでの分析との間には大きな差異はなく，ほとんど問題にならなかったとの記述もある。
2) 日本経済新聞社による「日経業種分類」以外にも，政府による「産業分類」や，東証の業界分類など，異なる業界の括り方が幾つか存在する。しかしながら，政府による産業分類に関しては，個別企業がどの産業分類に属するかについての情報を一般には公表していないことから利用することが不可能であった。また，東証の業界分類は，「日経業種分類」とほとんど差異はなく，かつ，日経業種分類に基づく個別企業のデータは，日経NEEDSからオンラインで容易に取得可能であったので，データ取得の簡便性においては，日経のほうが優れていた。よって，本書では，「日経業種分類」をベースに日経NEEDSのデータを利用している。後ほど展開する業界ごとの分析についても「日経業種分類」を利用している。

に基づき，金融，保険，証券，陸運業，海運業，空運業，不動産業，卸売業，小売業，電気・ガス業，石油・石炭製品といった非製造業の性格が強いと考えられる業界を除外することによって製造業を定義した。その結果，製造業として以下の16業界が抽出された[3]。それらは，ガラス・土石製品，ゴム製品，パルプ・紙，医薬品，化学，機械，金属製品，建設業，食料品，水産・農林業，繊維製品，鉄鋼，電気機器，非鉄金属，輸送用機器，その他製品の16業界である。

「大規模」といった観点においては，分析期間の起点である1976年度の売上高（名目値）が1000億円以上であることを，十分な企業規模の判断基準とした（この目安の妥当性については次項にて議論をおこなう）。

2. 名だたる日本の製造業141社

これまで議論してきた基準によって抽出された日本の大規模な製造業の数は，合計で141社となった。この141社は売上規模が1000億円以上（1976年度名目）で，1976～2005年度までの30年間，一貫して上場を維持している企業であり，かつ，分析に資するデータが入手できた企業群となっている。141社のリストは図表6-2のとおりである（1976年度の売上高の大きい順）。

この141社には，2005年度までに持株会社化，民事再生手続き等によって決算数値が実態と大きくかけ離れ，分析データとしての妥当性を失った13社を含めていない。除外された13社は，コニカミノルタホールディングス，ニチレイ，日清製粉グループ，富士電機ホールディングス，セイコー，サッポロビールホールディングス，カネボウ，帝人，旭化成，JFEスチール，日清オイリオグループ，TCプロパティーズ（旧東急建設の不動産部門），青山管財（旧ハザマ）である。

一方，30年前には比較的事業規模が小さかったものの，その後急速に成長を遂げた企業，たとえば，キヤノンやアサヒビール，花王など，現在の名だたる大企業も含まれたリストとなっている。これら141社の売上高の合計

---

[3] 後述する規模の基準を満たし，データの継続性を有する企業がその業界に含まれていることを前提とした業界抽出となっている。

図表6-2　分析対象企業141社のリスト

新日本製鐵	味の素	大和ハウス工業	関電工
日産自動車	武田薬品工業	三菱レイヨン	クラボウ
トヨタ自動車	日産車体	積水化学工業	プリマハム
松下電器産業	宇部興産	三井住友建設	昭和産業
日立製作所	日新製鋼	住友金属鉱山	三菱瓦斯化学
三菱重工業	三井造船	千代田化工建設	トヨタ車体
住友金属工業	旭硝子	日本農産工業	日本精工
東芝	シャープ	クラレ	沖電気工業
神戸製鋼所	デンソー	伊藤ハム	レンゴー
三菱電機	古河電気工業	五洋建設	カネカ
石川島播磨重工業	日本水産	日立金属	日本製鋼所
本田技研工業	日野自動車	日産ディーゼル工業	DOWAホールディングス
三菱化学	富士重工業	日本ハム	住友林業
キリンビール	ヤマハ	明治製菓	錢高組
マツダ	住友電気工業	花王	セントラル硝子
鹿島建設	凸版印刷	パイオニア	森永製菓
住友化学	住友重機械工業	ダイハツ工業	日立化成工業
大成建設	ユニチカ	太平洋セメント	きんでん
川崎重工業	明治乳業	東ソー	極洋
NEC	東洋紡績	奥村組	日清紡績
清水建設	積水ハウス	飛島建設	井関農機
三洋電機	資生堂	アサヒビール	塩野義製薬
クボタ	大日本インキ化学工業	前田建設工業	トクヤマ
大林組	富士フイルムホールディングス	西松建設	住友軽金属工業
いすゞ自動車	日本製紙	アイシン精機	東洋鋼鈑
東レ	ヤマハ発動機	横浜ゴム	愛知機械工業
昭和電工	戸田建設	ニチロ	山崎製パン
雪印乳業	三菱マテリアル	豊田自動織機	キッコーマン
ソニー	スズキ	リコー	ジェイテクト
松下電工	森永乳業	大同特殊鋼	グンゼ
日立造船	日本軽金属	電気化学工業	三菱製紙
富士通	三井金属鉱業	協和発酵	キヤノン
ブリヂストン	王子製紙	日本ビクター	NIPPOコーポレーション
コマツ	東洋製罐	日立電線	JSR
熊谷組	三井化学	関東自動車工業	ダイセル化学工業
大日本印刷			

注：企業名は2007年5月時点における呼称を用いている（データ取得時点）。141社の中には「ホールディングス」という持株会社であることを示唆する社名の企業も含まれているが、分析対象期間中は、継続して事業会社の売上高・売上高営業利益の情報が記載されていると判断できたため、分析対象に含めている。順番は1976年度における売上高の大きさ順（縦方向、左から右へ）。
出所：筆者作成

は 2005 年度時点で 116 兆円であり，日本の GDP の約 2 割を占めている。日本企業の特徴を語るための分析対象としては，十分意味のあるサイズだと考えられる。

3. 分析に向けたデータ整備における工夫

30 年間にわたる売上高，売上高営業利益率の分析を実施しようとする場合，幾つかの課題が存在し，それに対する工夫が必要となってくる。

まず，企業によって決算月の相違があるため，企業間の各年度における時間的なズレが生じてしまうといった課題である。ここでは，3 月末を年度の終わりとしない企業については，3 月末を年度の終わりとする企業との期間的な重なり（月数における）が多くなるよう年度の調整をおこなった。それによって企業間・年度間での横並びの比較を可能にした。

次に，企業によっては決算月の変更がおこなわれていることである。その場合，データ上の継続性を担保するための補正作業が必要となる。ここでは，決算月の変更があった年度に関しては，月割り計算によって個別に推定値を作成し，その推定値を用いてイレギュラーな値による分析の歪みを回避した。

そして最後に，30 年間の長期にわたる分析のため，分析データはどうしてもインフレ等のマクロ経済環境の影響を免れない。これに関しては，GDP デフレーターを用いて名目値を実質値に変換することで対応している。本章以降の定量分析では常に実質値を利用している。

これらの補正・調整によって，定量分析に向けた準備が整うことになる。

ただし，分析対象企業の選定，ならびにデータ整備において，その質的な違いを議論することは困難であり，ここでは考慮していない。たとえば，多くの大企業は事業譲渡などの大なり小なりの M&A を経験しているだろう。M&A による成長なのか自力による成長なのかを，その個別事情や質的な違いを勘案しながらどこかで線引きし，分析対象企業群を選別することはほぼ不可能である。

あるいは，30 年の間に存在しなくなった企業は分析対象から除外しているものの，ある企業がその存在しなくなった企業を買収し，垂直統合をおこ

なっていることも想定できる。もし産業のバリューチェーンの中で，川上企業が川下企業を買収・統合していた場合，その川上企業（存続企業）の売上の定義自体が変化してしまうだろう。しかし，それらについて個別に詳細な検討をおこなうことは難しい[4]。よって，分析対象抽出にあたっては，M&Aをおこなったか否かの基準は用いていない。

ただ，M&A，自力のいずれの場合でも，あるいは事業における質的な違いが生じた場合でも，獲得した資源をどのように能力化し，どう戦略ポジションを構築していくべきか，という成長に向けたダイナミズムの基本は変わらないはずである。ある意味，短期ではなく長期的な時間軸の中では，個別具体的・質的な差異よりも，成長に向けた基本的ダイナミズムのほうが本質的に重要となるかもしれない。

第3節　分析対象企業群における収益不全の実態

1. 規模拡大による増益効果を打ち消す収益性の低下

分析対象企業群である141社の業績の推移を見てみると，これまでの先行研究と同様，利益無き繁忙の姿，「収益不全」が浮かび上がってくる。

1976〜2005年度までの過去30年間，141社合計の売上高は，実質値ベースで1.98倍に増加していた（図表6-3）。この期間に最も売上高を伸ばしたのはキヤノンであった。2005年度／1976年度対比（実質）の倍率は18倍となっている。その他，シャープ，デンソー，富士通，ソニー，スズキ，豊田自動織機，アサヒビールなどがそれぞれ5倍以上（実質）の売上高成長を果たしていた。

一方，売上高営業利益率は，長期にわたる低下傾向を示していた。2000〜05年の間は景気回復により，短期的な改善傾向が見られるが，長期的には着実に低下している（図表6-4）[5]。もし仮に，この分析を2003年に実施し

---

4) 可能な限り，このようなケースで大きくデータの妥当性，継続性に疑義があるものに関しては，除外する方向でデータの確認（あくまで目測）をおこなったが，除外したほうが良さそうな企業は見当たらなかった。
5) 財務省の「法人企業統計」に基づく日本の製造業の売上高営業利益率の動きは，2005年度以

図表 6-3　141 社の売上高の合計値（実質）の推移（1976 年度＝100 とした場合）

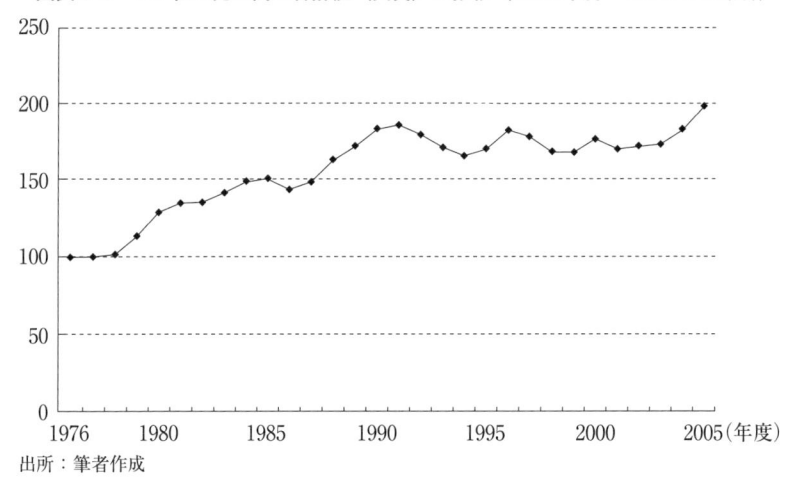

出所：筆者作成

図表 6-4　141 社の売上高営業利益率の推移（加重平均）

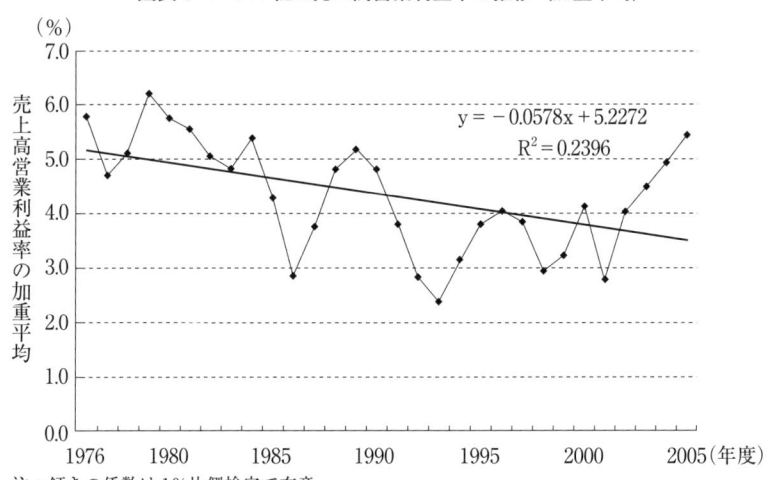

$y = -0.0578x + 5.2272$
$R^2 = 0.2396$

注：傾きの係数は 1% 片側検定で有意
出所：筆者作成

降, リーマンショック後の 2009 年度にかけて, 再び大きな減少傾向を見せていた。

ていたら，ちょうど規模が2倍になったことによる収益額拡大の効果が，収益性が半分になることによって打ち消されている状況を目の当たりにしたことになる。

図表6-4は，141社の売上高と売上高営業利益の加重平均基づく，全体の売上高営業利益率の推移であるが，回帰直線は $y = -0.0578x + 5.2272$ であった。また，同様な分析を各企業の売上高営業利益率の単純平均でもおこなってみたが，結果はほぼ同じで，回帰直線は $y = -0.0481x + 4.9301$ であった。

2. 拡大する企業間格差と同質的行動

全体的な売上高営業利益率の低下傾向の中，各社の売上高営業利益率の増減には，大きなバラツキが見られた。141社における売上高営業利益率の各年度毎の分散の推移を見たのが，図表6-5である。ここからは，日本企業の利益率の動向に関する二つの特徴が読みとれる。

① 拡大する企業間格差

基本的なトレンドとして，過去30年間にわたり，売上高営業利益率の企

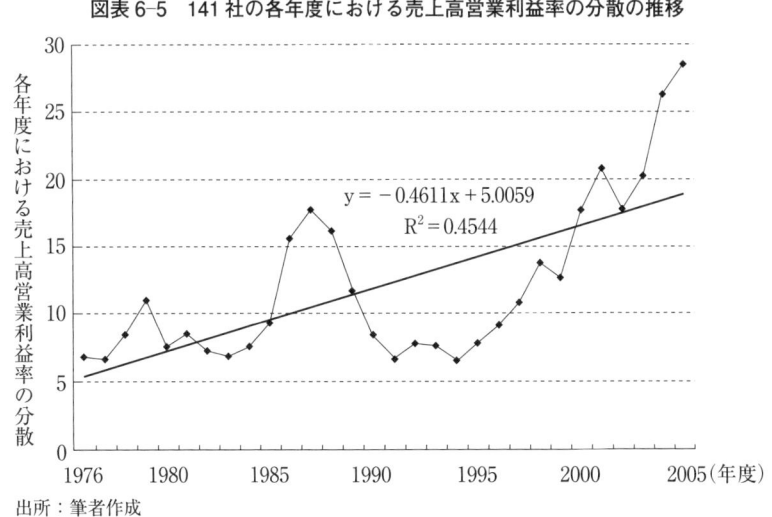

図表6-5 141社の各年度における売上高営業利益率の分散の推移

$y = -0.4611x + 5.0059$
$R^2 = 0.4544$

出所：筆者作成

業間のバラツキが拡大してきたことである。図表6-5のグラフの回帰直線は $y=0.4611x+5.0059$ であった。これは各企業間の収益性における優勝劣敗が進行していることを示している。日本企業は全体として利益率を低下させる中，企業間格差を拡大してきたのである。

1995年以降は，利益率の企業間格差がこれまでにないスピードで拡大している。グローバル化や直接金融の進展などを背景に，変化への対応の巧拙によって，優勝劣敗がより明確になり始めていることを意味しているのかもしれない。

ちなみに，第二次石油危機のあった1979年度，86～89年のバブル経済期，そしてデフレ経済が進んだ97年以降は，76年度の分散の値と各年度の分散の値との間に，1％の水準（分散比片側検定）で有意な差が存在していた。

② 同質的行動の存在可能性

第二の特徴としては，1980年代後半のバブル経済期を除いて，1976～90年代の後半までは，分散が比較的小さいことがあげられる。高度経済成長が終焉を迎える80年代前半までは，売上高営業利益率の企業間の分散は小さく，皆が比較的高めの売上高営業利益率を享受していた姿を見てとれる。そしてバブル崩壊後は再び分散は小さくなり，今度は皆が低収益性に喘ぐ時代を過ごしている様子が窺える。これは，売上高営業利益率の観点から，企業の同質的行動の一面を捉えていると考えられるのではないだろうか[6]。

本章のまとめ

本章では，分析対象企業群として売上1000億円以上（1976年度名目）の日本における大規模な製造業（上場企業）141社を抽出した。その主たる理由は，戦後の日本経済を牽引してきた主役であったのが製造業であり，利益率を大きく低下させてきたのも製造業であったからである。分析対象を製造業にすることによって，特定の業界に絞るよりもサンプル数を多く確保できる利点や，売上高と売

---

[6] あくまで「結果として」であり，厳密な因果関係の議論はおこなっていない。

上高営業利益率がほぼ同じような土俵で比較できるという利点も期待できる。また，「大規模」な企業群に分析対象を絞った理由としては，企業成長の動態的モデルが，ある程度十分な事業基盤を持ち，安定的に事業運営をおこなっている企業に適したモデルであったことがあげられる。

分析対象期間については，1976年度を分析の起点とし，2005年度までの30年間を対象とした。日本企業が大きく売上高営業利益率を低下させてきたのもこの期間である。そして，この30年という時間軸は，日本企業を取り巻く幾つかの異なる事業環境を包含している。また，周期的な動きが企業に存在するならば，それを捉えるうえでは十分な長期と言えるだろう（データ取得の困難性から，データは単独決算の実質値）。

分析対象企業群となった141社の過去30年間の売上高，売上高営業利益率の推移を見ると，「収益不全」の姿が浮かび上がってきた。この間，141社合計の売上高は，実質ベースで1.98倍に増加する一方，売上高営業利益率は長期的な低下傾向を示していた。また，分析対象企業群141社は，売上高営業利益率の企業間格差を徐々に拡大していた。つまり，利益率の観点からは，企業間の優勝劣敗が明確になりつつあったのである。

それでは第7章以降，仮説検証にむけた定量分析を実施していくことにしたい。

第7章 最適な売上成長パターンの探索

　第7章では，売上成長速度と売上変動幅を数学的に定義し，「規模拡大と収益性の関係」がどうなっているかについて141社全体を俯瞰する。その中で，収益性向上を達成するための「最適な成長速度」の存在可能性について検討をおこなう。さらに，業界要因を考慮した分析をおこない，望ましい成長のパターン（成長速度，変動幅）の定量化を試みる。また，業界ライフサイクルのステージによって，企業の収益性差異がどの程度生じうるのかについても検討し，戦略論的視座と資源論的視座の影響度について考察をおこなう。

第1節　測定パラメーターの数学的定義

1. 売上成長速度 g の定義

　まず，売上成長速度の定義には，企業ごとの売上高の時系列データを用い，回帰分析を適用する。ここでは，30年間にわたる売上成長の全体的傾向を捉えるため，年平均成長率の考え方に基づく，複利の成長パターンを想定する。

　詳細は以下のとおりである。ある企業の1976年度を $t=1$ とした時の t 年目の売上高を Y_t，年平均成長率を g とした回帰式を求めれば，この g を売上成長速度の指標とできる。近似式は，

$$Y_t = Y_0 (1+g)^t \qquad (式7\text{-}1)$$

となる。この式7-1の両辺の自然対数をとり,$G = Ln(1+g)$と置くと,

$$Ln(Y_t) = Ln(Y_0) + t \cdot Ln(1+g)$$
$$Ln(Y_t) = Ln(Y_0) + t \cdot G \qquad (式7\text{-}2)$$
$$Ln(Y_t / Y_0) = t \cdot G$$
$$Y_t = Y_0 \cdot \exp(Gt) \qquad (式7\text{-}3)$$

と変形することができる。式7-2によると,横軸に年度,縦軸に売上高の対数値(自然対数)をとれば,一次関数での回帰が可能となり,各企業のGを決めることができる。また,売上高の実質値を縦軸に,年度を横軸にとった場合,そのグラフは式7-3によって近似することができ,Y_0はY切片となる。最終的に,各企業のgは,$G = Ln(1+g)$を変形し,式7-4によって算出できる。

$$g = \exp(G) - 1 \qquad (式7\text{-}4)$$

年平均成長率を算出するには,単純に1976年度と2005年度の売上数値を用いて計算するという方法も考えられる。しかしながら,そのような方法の場合,1976年度と2005年度の二つの数値がたまたま大きかったり小さかったりすると,年平均成長率の値の振れ幅が大きくなってしまう。また,せっかくの30年分の売上高の時系列データも活用できず,30年間にわたる企業の売上成長の状況を,的確に捉えることもかなわなくなる。よって,上述のような回帰分析の手法を用いている。各企業ごとに,この年平均成長率gを141個求めれば,分析のための売上成長速度のデータが揃うことになる[1]。

---

[1] 同様な売上成長速度の算出方法は,日本企業の多角化の研究である吉原ほか(1981)の研究においても用いられている。

2. 売上変動幅 s の定義

　年平均成長率 g は，企業の売上成長速度の指標となり，それに基づく回帰直線は売上成長の全体的な傾向を表すことになる。その一方で，その回帰直線には売上変動幅の要素は含まれない。そこで，売上変動幅を定義するにあたっては，実際の売上高数値と近似式に基づく計算値の差分に着目した。

　まず，ある企業の年度 t（1976年度を t＝1 とする）における実際の売上高の値（対数値）を Ln（Y_t）とし，近似式から求められる計算値（対数値）を Ln（$\hat{Y}_t$）とする。それらを用いて，その差分，すなわち残差 ε_t を計算する。その残差 ε_t を売上高の計算値で除した残差の比率 a_t を算出し，a_t を数式であらわすと，

$$\varepsilon_t = \mathrm{Ln}（Y_t）— \mathrm{Ln}（\hat{Y}_t）$$
$$a_t = \varepsilon_t ／ \mathrm{Ln}（\hat{Y}_t） \qquad （式7-5）$$

となる。この各年度の残差の比率 a_t は，成長の全体的傾向である近似式からのズレ，すなわち変動の大きさの割合をあらわすことになる（図表7-1）。

　このように定義される変動の大きさは，様々な変動要素，たとえば，景気変動，為替レートの変動，業界固有の変動，企業固有の変動などの影響の重ね合わせであり，厳密に言えば，これらの要素を分解して議論をおこなうこ

図表7-1　残差 ε_t と残差の比較 a_t

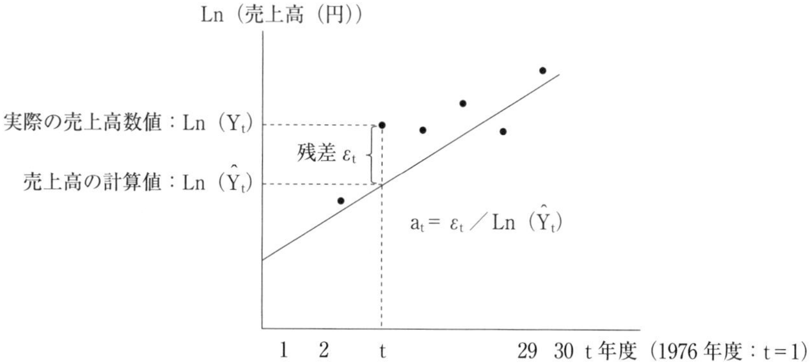

出所：筆者作成

とが望ましいだろう[2]。しかしながら，その作業はほぼ不可能であり，様々な変動要素も最終的には企業の経営成果の変動に含まれているとも考えられるので，本書では，この回帰モデルからの差分を，それぞれの企業の売上高の変動と定義している。

よって，この a_t（t=1〜30）の標準偏差を計算することによって，その企業の売上変動幅を大きさを示す操作可能な変数とできる。つまり，ある企業の売上変動幅を s は，

$$s = (a_1^2 + a_2^2 + a_3^2 \quad \cdots \quad a_{30}^2)^{1/2} \qquad (式7-6)$$

とあらわすことができる。

ここで，単なる残差 ε_t の標準偏差を売上変動幅と定義しなかった理由は，企業間横並びで売上変動幅の大きさを比較するためである。当然のことながら，各企業の売上高の大きさはバラバラである。それゆえ単に，残差 ε_t の標準偏差を算出しただけでは，その数値は売上の絶対値に大きく影響を受けることになり，企業間比較が意味をなさなくなってしまう。そこで残差の比率 a_t という考え方を導入し，その標準偏差 s を売上変動幅と定義した。これは，統計学でいう標準化の処理をおこなったと表現することもできるだろう。売上成長速度と同様に，各企業毎の残差の比率の標準偏差 s を141個求めれば，分析のための売上変動幅のデータが揃うことになる。

3. 売上高営業利益率の増減 b の定義

売上高営業利益率の増減に関する操作可能な変数については，各年度の売上高営業利益率の推移を一次関数で回帰し，その回帰直線の傾きを，売上高営業利益率の増減と定義した。1976年度を t=1 として，t 年度における売上高営業利益率を P_t，傾きを b とすると，回帰直線は，

---

[2] 厳密には，売上高データのフーリエ級数展開をおこない，周波数の異なる波の重ね合わせとしてあらわし，キチンの波（約40カ月の短期波動）や，ジュグラーの波（約10年の中期波動）などの影響を除去したうえで，議論することが望ましいのかもしれない。

$$P_t = b \cdot t + P_0 \qquad \text{(式7-7)}$$

となる。回帰直線は，30年間の売上高営業利益率の推移を平均的にならした近似式となり，傾きbは，毎年の売上高営業利益率の増減幅（単位は％）の一定値となる。b＝0は，売上高営業利益率が一定であることを意味し，この場合（b＝0），売上高の成長速度と同じ速度で利益額が拡大することになる。

売上成長速度と同様，売上高営業利益率の増減においても，指数関数による近似によって複利の増加パターンを想定することも考えられるが，利益率はマイナスの値になることもあり，その場合は対数値を計算できない。また，売上高が絶対額であるのに対して，売上高営業利益率は比率であり，上限（100％）が存在する。指数関数的に増大していくと考えるより，一次関数的なものと考えて近似をおこなう方が，妥当性が高いと考えた。この売上高営業利益率の増減bに関しても，各企業ごとにそれらを算出することによって141個のデータが揃うことになる。

巻末には，分析対象企業群における年平均成長率g（売上成長速度），残差の比率の標準偏差s（売上変動幅），売上高営業利益率の増減bを，企業名，業界（日経業種分類），1976年度と2005年度の売上高，売上高営業利益率とともに掲載しておく。

4．回帰モデルの妥当性の検証

回帰モデルが，どの程度企業の経営成果の状況を捉えているかを確認するために，実際の2社分の事例（ブリヂストン，パイオニア）を図表7-2と図表7-3に掲載しておく。

この図表からは，30年間にわたる売上成長の状況を，回帰分析による近似式（回帰曲線）が的確に捉えていることや，その近似式と実際の売上高の差分を用いて，売上変動幅を算出することが妥当そうであることを視覚的に確認できる。また，売上高営業利益率の増減に関しても，30年間にわたる変化率を，近似式はしっかりと捉えている様子を見てとれる。

売上変動幅については，先ほど議論したように，中長期的な大きな景気変

図表7-2 ブリヂストンにおける回帰分析（事例）

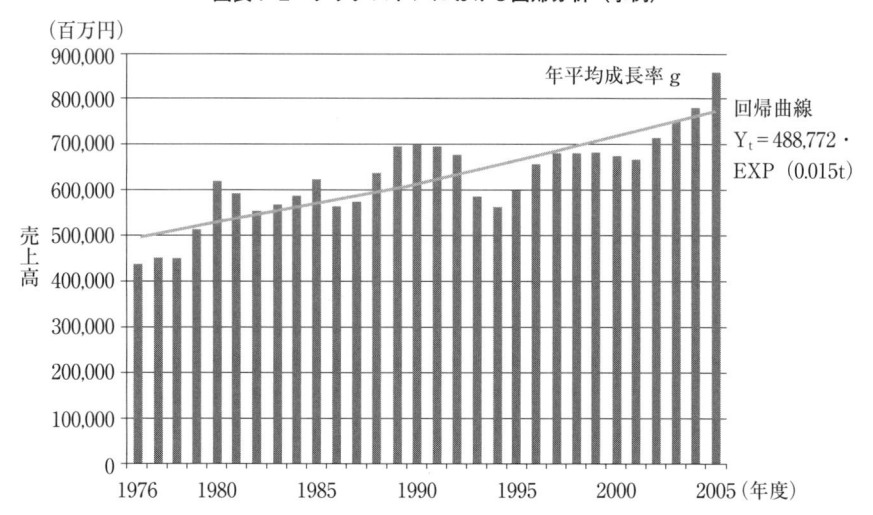

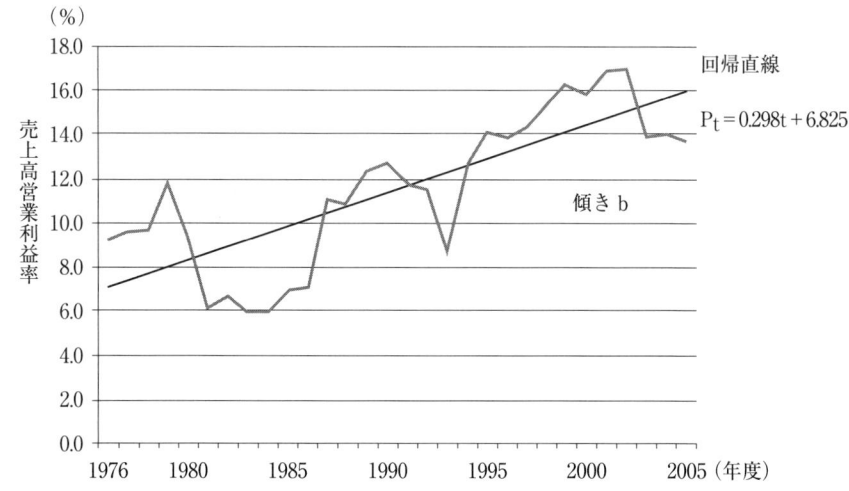

（百万円）

年平均成長率 g

回帰曲線
$Y_t = 488,772 \cdot EXP(0.015t)$

売上高

回帰直線
$P_t = 0.298t + 6.825$

傾き b

売上高営業利益率

注：回帰式における t=1 は 1976 年度
出所：筆者作成

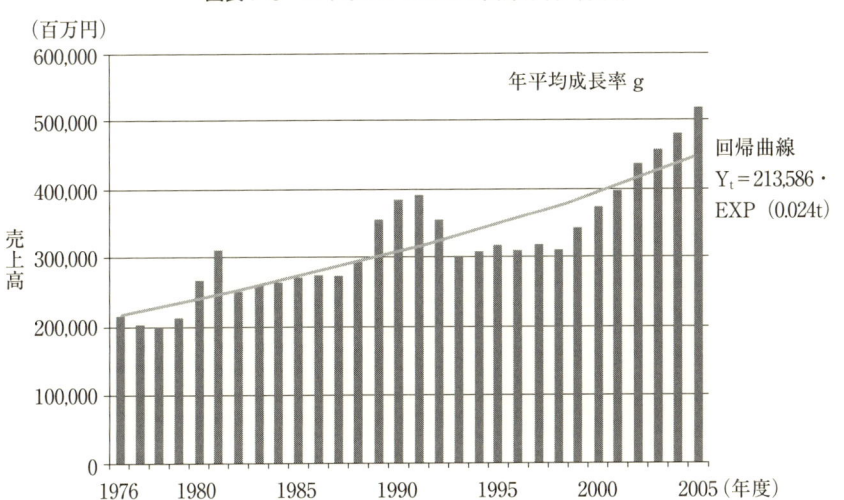

第 7 章　最適な売上成長パターンの探索

図表 7-3　パイオニアにおける回帰分析（事例）

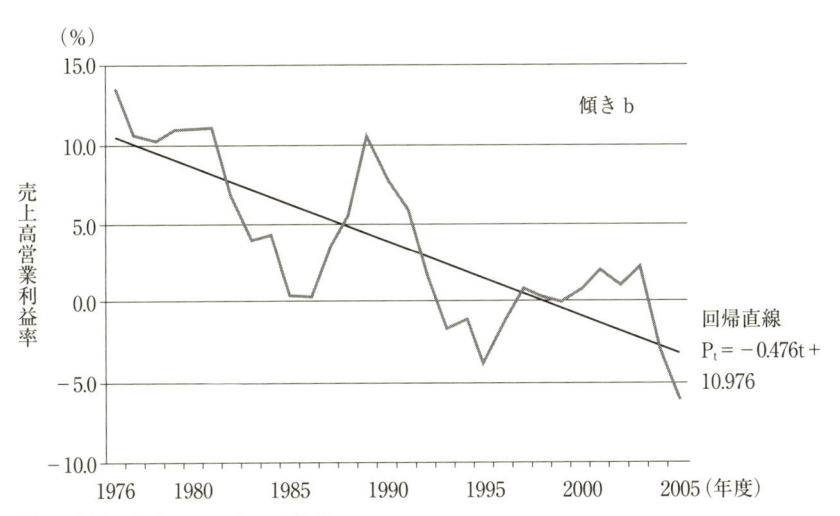

（百万円）

売上高

年平均成長率 g

回帰曲線
$Y_t = 213,586 \cdot EXP(0.024t)$

（％）

売上高営業利益率

傾き b

回帰直線
$P_t = -0.476t + 10.976$

注：回帰式における t＝1 は 1976 年度
出所：筆者作成

動や業界固有の変動の波の影響が，売上高の変動を大きく左右し，今回定義した直線回帰モデルが妥当ではないというリスクも存在する。そのリスクの有無を確認するために，実際の売上高の値が近似式の周辺でどの程度変動しているかについての分析をおこなった。つまり，実際の売上高の曲線が何回近似式と交差するかを測定した（図表7-4）。

結果は，図表7-5のとおりであった。分析対象企業群の中には，2回しか交差しない企業も存在するが，それは全体の約1割に留まっており，平交差回数の平均値は5.25回であった。今回定義した企業の売上変動幅sは，継続的成長（縮小）をとらえた近似式の上下を何度も行き来していることから，中長期的な大きな市場変動の波の影響を強く受けているというよりも，企業の売上変動の様子を捉えているものだと考えられる。また，この交差回数の平均値は，業界ごとに多少のバラツキは見られるもののほぼ同程度の値であった[3]。

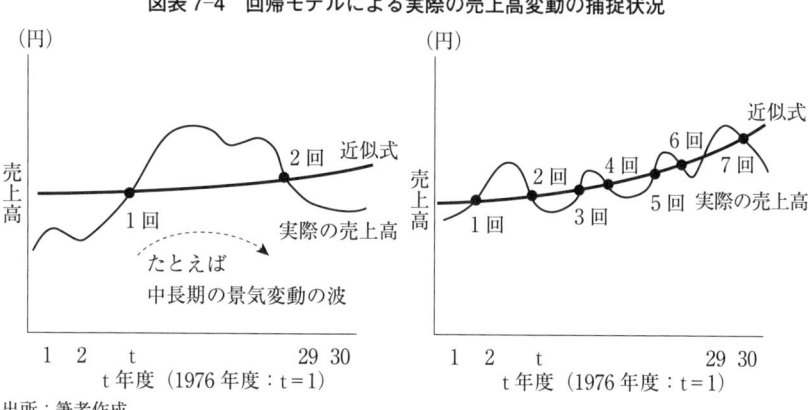

図表7-4　回帰モデルによる実際の売上高変動の捕捉状況

出所：筆者作成

---

[3] 業界の括りに関しては，後で議論するが，そこで取り上げる12業界においては，以下のとおりの結果であった。鉄鋼：7.43回，非鉄金属：7.22回，機械：7.20回，繊維製品：6.13回，パルプ・紙：6.00回，化学：5.37回，輸送用機器：5.35回，建設業：4.70回，食料品：4.47回，医薬品：4.33回，電気機器：4.07回，水産・農林業：3.00回。

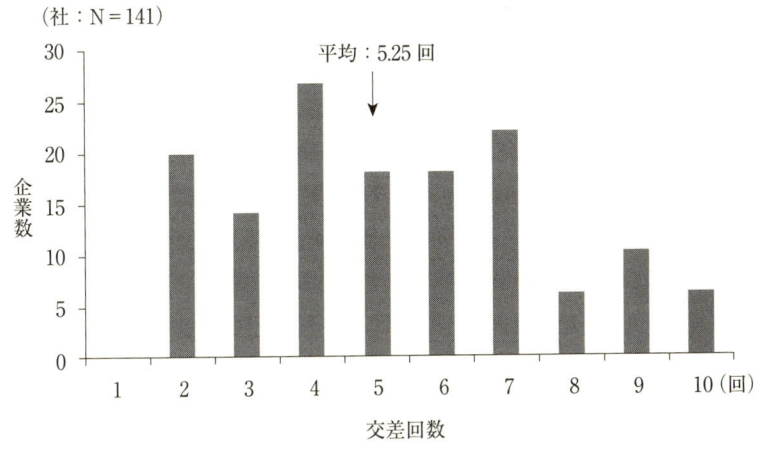

第7章　最適な売上成長パターンの探索

図表7-5　分析対象企業群における交差回数（実績と回帰曲線）の分布

（社：N＝141）

平均：5.25回

出所：筆者作成

5. 初期値依存性の有無の確認

　巻末に掲載した分析対象企業群の1976年度の売上高（実質）の値と，売上高営業利益率の値を見れば，定量分析の起点における各企業の値には大きなバラツキがあることに気付く。たとえば売上高でいうと，当時最大規模であった新日本製鐵が売上高3兆円を超えているのに対して，売上規模の大きさ順で141番目のダイセル化学工業の売上高は1300億円程度であった[4]。また，売上高営業利益率では，1976年時点に最も利益率の高かった企業はパイオニアであり，その売上高営業利益率は13.7％であったのに対し，最も低かった企業はユニチカであり，その値は0.08％であった（1976年時点では，分析対象企業群141社すべてが黒字であったということになる）。

　このように，売上高，売上高営業利益率にバラツキが存在するが，本書における定量分析では，売上高の変化率を独立変数とし，売上高営業利益率の増減を従属変数として設定しており，これら変数の絶対値が直接的に分析に出て来ることはない。それゆえ，分析の起点におけるそれぞれの絶対値のバ

---

[4] 分析対象企業群の選定においては，1976年度の名目売上高1000億円以上の企業を対象としたが，その後のGDPデフレーターを用いた実質値換算によって，分析対象企業群の中で最も売上規模の小さい企業の売上高も1300億円程度となっている。

ラツキが，その後の変化分に影響を及ぼしているか否かは，確認しておいた方が良いであろう。

まず売上高に関しては，横軸に1976年度の名目売上高をとり，縦軸に売上成長速度（年平均成長率 g）を取って，その相関分析をおこなった。その回帰直線は，y = −4E − 09x + 0.0137（R^2 = 0.0047，傾きの t 値は 0.81）であった。R^2 ならびに t 値は共に小さく，傾きは横軸にほぼ平行であり，相関は見られなかったと言える。この近似式に基づくと，売上高の起点における1000億円の違いが，年平均成長率に対して0.04％程度の影響しか及ぼさないことになる。つまり，1976年度の売上高の大小は，その後の売上成長速度に大きな影響を与えておらず，初期値は，今後展開する分析にほとんど影響を与えていないと考えることができる。

次に，売上高営業利益率については，横軸に1976年度の売上高営業利益率（％）をとり，縦軸に，売上高営業利益率の増減 b（％）をとり，同様な相関分析をおこなった。回帰直線は，y = −0.0168x + 0.0448（R^2 = 0.076，傾きの t 値は 3.38）であった。R^2 は小さいものの，t 値は高い値を示しており，若干の相関が見られたと言うことができる。ただし，傾きの値そのものは小さく，1976年度の起点における売上高営業利益率が10％違った場合でも，その後の売上高営業利益率の増減に対する影響は0.17％程度しかなかった。当初，売上高営業利益率が高かった企業には，売上高営業利益率の増減 b に対し，若干のマイナスのバイアスがかかるものの，それほど大きなインパクトはないと考えられる[5]。

ここまでで，分析対象企業群に関する基礎データの作成が終了した。また，分析実施にあたって，懸念すべきバイアスの問題が大きくないことも明らかになった。よってこれ以降，売上成長パターンと売上高営業利益率に関する定量分析を進めていきたい。

---

[5] 次節以降で議論するが，売上成長速度と売上高営業利益率の増減の関係において形成される効率フロンティアの構成企業群の，1976年度における売上高営業利益率の初期値は，特段，他の企業に比べて低かったわけではない。つまり，初期値が小さいことによる影響によって，効率的フロンティアの構成企業群が決まったわけではないことは，あらかじめ言及しておく。

第2節　中程にピークを持つ効率的フロンティア

1．凸な効率的フロンティアと最適な売上成長速度

「最適な成長速度は存在するか？」の検証の第一歩として，売上成長速度と売上高営業利益率の増減についての分析をおこなう。企業成長の動態的モデルに基づくこれまでの議論によると，図表5-9で示したような凸の効率的フロンティアが観測されるはずである。また，オーバー・エクステンション戦略が有効性であるなら，凸な効率的フロンティアのピークは，平均より若干高めに位置することが想定される（**仮説5**）。

分析結果は以下のとおりであった。各企業の年平均成長率gを横軸にとり，各企業の売上高営業利益率の回帰直線の傾きbを縦軸にとると，売上高成長速度と売上高営業利益率の増減の関係は図表7-6のような散布図となった。

各観測点（質点）は一つの企業を表している。図の右上と左上には観測点

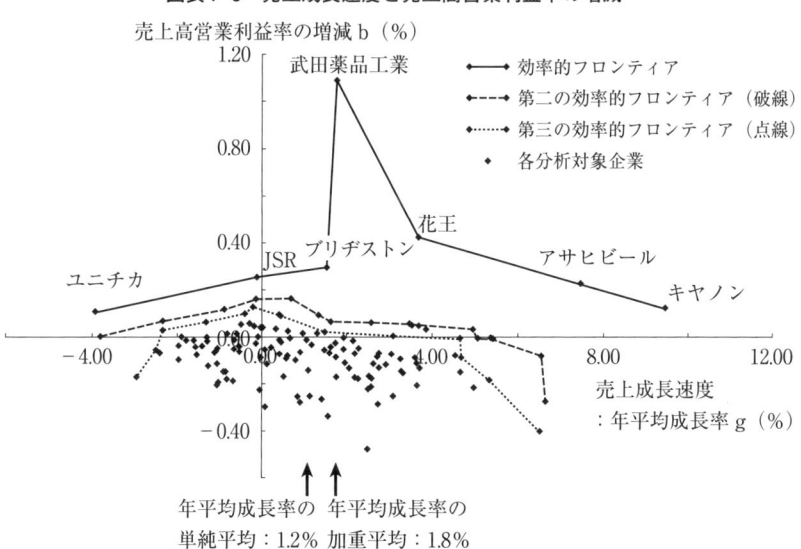

図表7-6　売上成長速度と売上高営業利益率の増減

出所：筆者作成

がほとんど存在せず，図のほぼ中央にピークを持つ効率的フロンティアを描くことができた（実線で記載）。効率的フロンティアは，自分自身（観測点）より左上，あるいは右上の少なくともどちらか一方に，他の点が存在しない点を結ぶことで形成できる。こうやって描かれたラインは，ある売上成長速度を前提とした場合に，売上高営業利益率の増減のとりうる最大値といった観点において，最も効率的なラインとなる。その意味でフロンティアなのである。ちなみに効率的なフロンティアのピークを構成する企業は，武田薬品工業，花王，ブリヂストン，アサヒビール，JSRなどであり，いずれも優れた企業としてよく取り上げられる企業であった[6]。また，効率的フロンティアのピークを形成する武田薬品工業，花王，ブリヂストン各社の売上成長速度，つまり年平均成長率 g は，それぞれ1.8％，3.7％，1.5％であった。これらの数値は，141社の年平均成長率の単純平均の値である1.2％より大きく，その加重平均値である1.8％に近いものであった[7]。

図表7-6に見るように，ほぼ中央にピークのある効率的フロンティアの右上には，大きな空白地帯が存在する。これは30年という長い時間軸において，過度な規模拡大と収益性の向上を両立させることが難しいことを示している。これは，これまでの日本企業の収益不全のあらわれでもあり，規模拡大と収益性向上のバランスの重要性が窺える。

また，効率的フロンティアの左上にも空白地帯が存在する。これは，長期間にわたって低過ぎる成長を続けてしまうことが，競争優位を毀損し，収益性の向上が見込めないことを示唆しているのではないだろうか。規模拡大の速度を抑えてでも収益性に焦点を当て，それを向上させていこうとする戦略は，長期的には成り立たないのだろう。

最初に描かれた第一の効率的フロンティアを構成する企業を除き，いま一

---

[6] 武田薬品工業は，医薬品業界に属している。医薬品業界は規制業界であり，多少特殊性があるのではないかという議論も成り立ちうる。しかしながら，どの業界にもそれぞれの特殊事情や規制が存在する。恣意的に医薬品業界だけを分析対象から除外することは妥当ではないとここでは考えた。ただ，もし医薬品業界を分析対象企業群から除いた場合でも，花王をピークとする中程にピークを持つ凸な効率的フロンティアを描くことができる。

[7] ここでの年平均成長速度の単純平均，ならびに加重平均の値は，回帰分析によって得られた計算値に基づき算出している。よって，1976年度を100として，これらの数値を用いた複利成長の計算をおこなっても，実際の2005年度の200（2倍）とは異なる数値になる。

度，フロンティアを描くと，第二の効率的フロンティア（破線）を描くことができる。同様にして第三の効率的フロンティア（点線）も描くことができる。第二・第三の効率的フロンティアも，第一の効率的フロンティアと同様に，ほぼ中程にピークを持つ，凸な曲線を描いていた。

これら幾つか効率的フロンティアの様子からは，売上高営業利益率の増減が，縦軸の下の方に向かって，段々と低下していく様子が見てとれる。これは，ちょうど海岸線から徐々に深くなっていく水深の等高線のイメージと重なるものがある。海中の構造と，効率的フロンティアの構造を重ねてイメージすると理解しやすいかもしれない。企業がぎりぎり近づける効率的フロンティアは，魚が海の中からぎりぎり近づくことのできる海岸線と同じ意味を持つことになる。

これらの分析結果に基づくと，売上高営業利益率を維持・向上していくためには，平均を若干超えるような，過度でもなく過小でもない売上成長を目指すことが望ましいことが窺える。これは最適な成長速度の存在可能性を示唆するものであった。つまり，企業成長の動態的モデルに基づく**仮説5**を裏付ける結果が得られたと言えるだろう。

ただ，留意すべき点が一つある。それは，この目指すべき平均を若干超えるような成長速度が必要条件であって十分条件ではないという点である。なぜなら，効率的フロンティアのピークを形成する企業と同程度の売上成長速度であっても，売上高営業利益率を大きく低下させてきた企業が数多く存在しているからである。同じ売上成長速度でありながら，売上高営業利益率を維持・向上させてきた企業と，そうではなかった企業の差異に関しては，第8章においてより詳細な分析をおこないたい。

2. 比較的緩やかな売上変動幅の有効性の検証

次に，売上変動幅と売上高営業利益率の増減の関係である。売上変動幅をあらわす指標として残差の比率の標準偏差 s を横軸にとり，縦軸には，先ほどと同じように回帰直線の傾き b をとって，各企業を一つの観測点として散布図を描くと図表7-7のようになった。図表7-7には，効率的なフロンティア（実線），ならびに第二・第三の効率的フロンティア（破線，点線）

図表 7-7 売上変動幅と売上高営業利益率の増減

（グラフ）
縦軸：売上高営業利益率の増減 b（%）
横軸：売上変動幅：残差の比率の標準偏差 s

凡例：
― 効率的フロンティア
--- 第二の効率的フロンティア（破線）
⋯ 第三の効率的フロンティア（点線）
・ 各分析対象企業

企業ラベル：武田薬品工業，花王，ブリヂストン，JSR，アサヒビール，ユニチカ，住友金属鉱山，愛知機械工業，熊谷組，森永乳業，キッコーマン，飛鳥建設，千代田化工建設

売上変動幅の単純平均：1.20

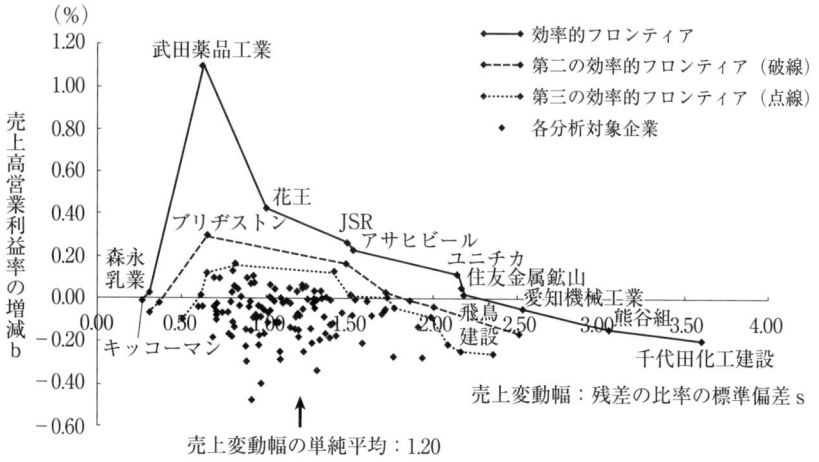

出所：筆者作成

も記載している。

　図表 7-7 を見れば明らかなように，比較的緩やかな売上変動幅のところにピークを持つ，凸な効率的フロンティアが存在していた[8]。ここでは，売上成長速度における効率的フロンティア構成企業，武田薬品工業や花王，ブリヂストンなどが，売上変動幅の比較的小さな領域（残差の比率の標準偏差の単純平均より小さな値の領域）で，今回の効率的フロンティアのピークを形成していることがわかる[9]。売上変動幅（残差の比率の標準偏差 s）の単純平均値が 1.20 であるのに対し，武田薬品工業は 0.63，花王は 1.00，ブリヂストンは 0.65 であった。

　また，図の右上には大きな空白地帯が存在する。これは，第5章で議論したように，あまりに大きな変動幅は，戦略ポジションの構築における負の影

---

[8] 横軸に標準偏差をとっているので，横軸の最小値はゼロであり，マイナスの値にはならない。
[9] 原点に近いあたりで効率的フロンティアを構成している点，森永乳業やキッコーマンは，売上変動幅が非常に小さく，売上高営業利益率が 30 年間を通して見ると，ほとんど変化しなかったことを意味している。しかしながら，同じ食品業界に属する他の企業においては売上変動幅のバラツキが大きい企業も存在しており，食品業界であるがゆえに売上変動幅が小さいということではなかった。

響や，スラック資源の必要以上の創出，内部マネジメントの複雑さの増大など，利益率の低下圧力を生んでしまうことを示していると考えられる。そして，左上にも比較的小さな空白地帯が存在する。これは，学習や経営者用役の創造といった効果の減少，あるいはオーバー・エクステンション戦略でいうところの創造的緊張（伊丹，2003）のメカニズムの減退など，小さ過ぎる変動幅が利益率の維持・向上を阻害してしまうという，第5章の考察を裏付ける結果だったと言えるのではないだろうか（図表5-10参照）。不均衡発展のダイナミズムといった観点からは，比較的緩やかなジグザグ成長が，売上高営業利益率の維持・向上にはプラスに働くようである。

一方，売上変動幅と売上高営業利益率の増減の関係においても，効率的フロンティアの下には多数の点（企業）が存在していた。若干緩やかな売上変動幅を持つことは，売上高営業利益率の向上において，必要条件とはなるものの十分条件ではなかったのである。

このように，売上変動幅と売上高営業利益率の増減に関する分析においても，第5章にて導出した**仮説6**，すなわち，凸で若干平均より小さめのところにピークを持つ効率的フロンティアが描け，最も売上高営業利益率を向上させた企業は若干小さめの変動幅を持つ，という仮説は検証された。

第3節　利益率向上に寄与する売上成長パターン

1．成長速度と変動幅のクロス分析

前節においては，売上成長速度と売上変動幅をそれぞれ個別の独立変数とし，売上高営業利益率の増減を従属変数とする分析をおこなってきた。その中で，平均より若干高めの売上成長，また，平均より若干緩やかな売上変動幅が，売上高営業利益率の維持・向上には望ましいことが分かってきた。

平均より若干高めの成長速度・平均より若干緩やかな売上変動幅という，利益率の維持・向上の二つの要件（必要条件）は，企業成長の動態的モデルに基づき，それぞれ抽出されたものである。それゆえ，この二つの要件を同時に満たす企業が，より利益率の維持・向上を果たしていたら，それは企業

成長の動態的モデルの有効性のさらなる傍証になるだろう。よって，本第3節においては，141社を対象に，売上成長速度と売上変動幅を組み合わせた分析をおこなっていきたい。

具体的にはまず，売上成長速度に応じて141社を高・中・低の三つに分類する。また，同様に，売上変動幅の大きさに応じて141社を大・中・小の三つに分類する。そして，それらの組合せによって，141社を九つのグループに分類したうえで，それらのグループごとの売上高営業利益率の増減の状況について比較検討を実施するのである。

141社を九つのグループへ分類した結果，それぞれのグループには6社から23社の企業が含まれることになった。141個のデータを九つのグループに分けて活用するため，データ数がさほど多くはなく，統計的処理という点においては制約があるものの，売上成長速度と売上変動幅の双方による影響を同時に検討するといった観点では，このアプローチには大きな意味があると考えられる[10]。

2. 利益率を向上させたグループと低下させたグループの差異

分析結果は図表7-8のとおりであった。それぞれのグループには，売上成長速度の低い順，そして，売上変動幅の小さい順に，AからIまでのアルファベットをふった。各AからIまでのそれぞれの箱の中には，上段にそのグループに属する企業の売上高営業利益率の増減の単純平均，中段の括弧内には，そのグループに属する企業の売上高営業利益率の増減の標準偏差，下段には企業数を記載した。枠外の売上成長速度のラベル（高・中・低）と，売上変動幅のラベル（大・中・小）の下に記載している括弧内の数字は，それぞれの区分に属する企業の売上成長速度，売上変動幅の単純平均値を記載した。また，図表7-9は，売上高営業利益率の増減の値が，各グループ間で異なる値といえるか否かを統計的に検証したものである。

---

[10] ひとつの懸念点として，売上成長速度と売上変動幅に相関があり，分析結果がゆがめられてしまうことがあげられる。そこで，141社に関して，売上成長速度と売上変動幅の回帰分析をおこなったが，回帰直線は $y = 0.0139x + 1.1778$，$R^2 = 0.004$ であり，まったく相関は見られなかった。よって，売上成長パターンの二つの要素を独立変数として扱い，それらを組み合わせた分析をおこなうことの妥当性は大きいと言えるであろう。

第 7 章　最適な売上成長パターンの探索

図表 7-8　九つのグループごとの売上高営業利益率の増減

<table>
<tr><td rowspan="2">売上変動幅：残差の比率の標準偏差 s</td><td>大
(1.741)</td><td>G
−0.0401
(0.1362)
12</td><td>H
−0.0800
(0.1412)
14</td><td>I
−0.0788
(0.1203)
21</td></tr>
<tr><td>中
(1.112)</td><td>D
−0.0408
(0.0660)
12</td><td>E
−0.0747
(0.0885)
15</td><td>F
−0.0783
(0.1704)
20</td></tr>
<tr><td></td><td>小
(0.732)</td><td>A
−0.0065
(0.0979)
23</td><td>B
0.0427
(0.2907)
18</td><td>C
−0.1615
(0.1751)
6</td></tr>
<tr><td></td><td></td><td>低
(−1.18)</td><td>中
(1.04)</td><td>高
(3.84)</td></tr>
</table>

売上成長速度：年平均成長率 g

注：上段　　　　：売上高営業利益率の増減の単純平均値（％）
　　中段（括弧内）：売上高営業利益率の増減の標準偏差
　　下段　　　　：企業数（社）
　　横軸枠外の（　）内数値は，それぞれの売上成長速度の区分における売上成長速度の単純平均値（％）
　　縦軸枠外の（　）内数値は，それぞれの売上変動幅の区分における売上変動幅の単純平均値
出所：筆者作成

　各グループ間の横並びの分析からは，興味深い結果を得ることができた。
　まず，売上高営業利益率を最も大きく向上させたのはＢグループ（中程度の売上成長速度，小さな売上変動幅）であったことである。Ｂグループは，唯一，30 年間を通して売上高営業利益率を向上させたグループであり，18 社中，約半数の 8 社が売上高営業利益率を増加させていた。このＢグループには，効率的フロンティアのピークを形成していた企業である武田薬品

図表7-9　グループ間の利益率の増減の差異

	A	B	C	D	E	F	G	H
A								
B								
C	**	**						
D			*					
E	**	*						
F	*	*						
G			*					
H	*	*						
I	**	*						

注：*10％で有意
　　**5％で有意
　　検定は片側検定
出所：筆者作成

工業やブリヂストンなどが含まれていた。

　Bグループの売上高営業利益率の増減の値を他のグループの値と比較すると，Bグループと同じ中程度の売上成長速度だが異なる売上変動幅（大・中）を持つE・Hグループとの間に有意な差が存在し，Bグループよりも売上成長速度が高いC・F・Iグループとも有意な差が存在していた（図表7-9）。ここからは，中程度の売上成長速度と比較的小さな売上の変動幅の二つが揃うことが，売上高営業利益率の向上には重要になることが窺える。

　一方，九つのグループの中で，売上高営業利益率を最も低下させたのは，高い売上成長速度と小さな売上変動幅を持つCグループであった（売上高営業利益率の増減は－0.1615％であり，最小値：図表7-8）。

　これは，継続的かつ安定的に，過度な売上成長をおこなってきた企業が，最も利益率を下げてしまったことを意味する。この結果は，売上成長を重視

する「成長志向のマネジメントスタイル」によって利益率を犠牲にしつつ，継続的に売上を拡大させてきた日本企業の典型的な収益不全の姿を捉えているようであり，非常に興味深い。

ちなみにCグループにおける売上高営業利益率の増減 −0.1615％は，同程度の売上変動幅を持ち，売上成長速度が小さなA・Bグループや，売上成長速度が低く，売上変動幅の大きいD・Gグループとの間に，統計的に有意な差が認められた（A・Bグループは5％水準，D・Gグループは10％水準：図表7-9）。

3. 九つのグループの特徴

図表7-8の売上高営業利益率の増減の数値のみを残し，枠外に，縦の列と横の列に属する企業の売上高営業利益率の増減の単純平均を記載し，そこに統計的有意が存在するか否かをみたものが図表7-10である。たとえば，A・B・Cに属する47社（＝23＋18＋6）の売上高営業利益率の増減の平均値は −0.0074％といった具合である。

図表7-10において，これら九つのグループの売上高営業利益率の増減の値の大きさや，そのグループ間，あるいは縦と横の統計的有意の有無を考慮すると，これらの九つのグループは大きく四つセグメントに括ることができる。そして，それぞれのセグメントにおいては，売上高営業利益率の増減の値が大きい順に，以下のような特徴を指摘することができる。

① セグメント（A・B）：低から中程度の売上成長速度であり，売上変動幅は比較的小さい。そして，九グループの中では売上高営業利益率を維持・向上できていたグループである。適度な成長と比較的緩やかな変動が収益性にプラスの影響があることを示唆している。

② セグメント（D・G）：売上成長速度は低いが，中～大きめの売上変動幅を持っている。セグメントA・Bに次いで，売上高営業利益率の増減の値が良好である（実際はマイナス幅が小さい）。

③ セグメント（E・F・H・I）：中から大きめの売上成長速度と売上変動幅を持ち，売上高営業利益率のマイナス幅がセグメントD・Gに比べて約2倍程度大きい。セグメントD・Gと，セグメントE・F・H・I

図表 7-10　九つのグループの特徴

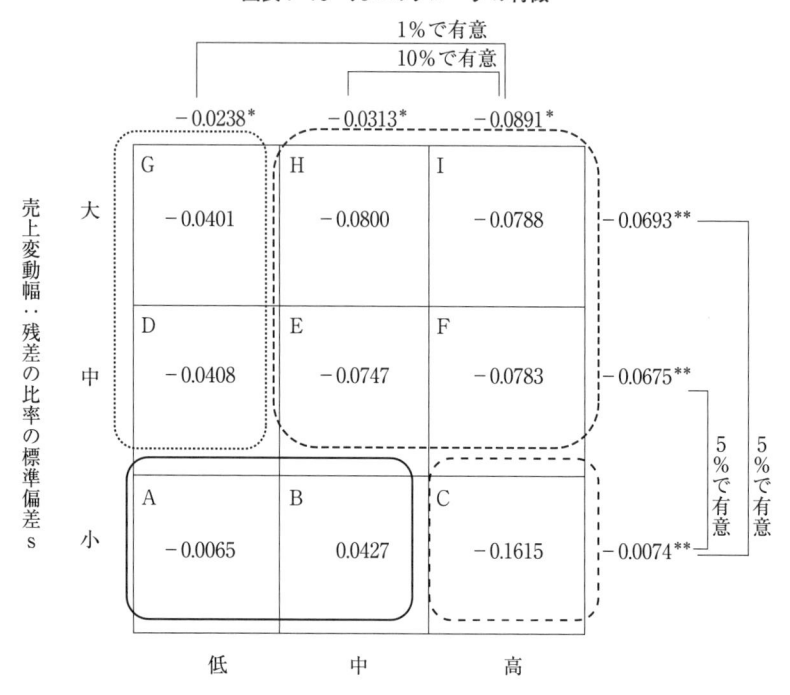

	低	中	高	
	−0.0238*	−0.0313*	−0.0891*	
大	G −0.0401	H −0.0800	I −0.0788	−0.0693**
中	D −0.0408	E −0.0747	F −0.0783	−0.0675**
小	A −0.0065	B 0.0427	C −0.1615	−0.0074**

売上変動幅：残差の比率の標準偏差 s（縦軸）
売上成長速度：年平均成長率 g（横軸）

上部括弧：1％で有意、10％で有意
右側括弧：5％で有意、5％で有意

注：枠内（3×3の各マス目）：各グループの売上高営業利益率の増減の単純平均値（％）
　　*の数値は，それぞれの売上成長速度の区分に属する企業の売上高営業利益率の増減の単純平均値（％）
　　**の数値は，それぞれの売上変動幅の区分に属する企業の売上高営業利益率の増減の単純平均値（％）
　　□　□　□　□はそれぞれのセグメントを表わす
　　検定は片側検定
出所：筆者作成

に大きな違いがあるということは，利益率の低下には，売上変動幅（中→大）よりも，売上成長速度（低→中・高）の方が影響度が大きいことを示唆している。

④　セグメントC（＝Cグループ）：安定的に高い売上成長を遂げているセグメント。最も売上高営業利益率の増減のマイナス幅が大きい。そ

の大きさは，D・Gに比べて約4倍程度，セグメントE・F・H・Iの約2倍であった。これは，過度で安定的な成長が，売上高営業利益率の増減には最も大きなマイナス影響を及ぼすことを示している。

　これらの分析結果を総合すると，30年という長期間にわたり，利益率の維持・向上を果たすためには，不均衡（緩やかな変動を有する）で若干の無理（平均より若干速い速度≒最適な成長速度）を伴う成長が望ましそうである[11]。そして，安定的に高い売上成長を続けることが，利益率の維持・向上の観点からは最もマイナスとなるようであった。

第4節　最適な売上成長速度・変動幅の定量化

1．業界分類の実施

　戦略論的視座においては，企業の経営成果は，どのような業界で事業展開しているかに大きく左右されると主張されていた（Porter, 1980）。また，それに関する実証研究も多く存在していた（Schmalensee, 1985 ; Rumelt, 1987 ; Hansen and Wernerfelt, 1989 ; Rumelt, 1991 ; McGahan and Porter, 1997）。戦略論的視座に基づくならば，企業の売上成長速度と利益率の議論をさらに深めるために，業界という切り口を用いることは一つの有効な手段であると言えるだろう。そこで，第4節では，業界という切り口を取り入れ，最適な

11）本書においては，30年間という非常に長い期間で物事を捉えることにより，見えてくる本質があるのではないかという考えのもと議論を進めてきた。一方，図表6-3を見れば明らかなように，30年間という長い時間軸の中では，バブル経済を境に，前半の成長期と後半の停滞期に分けることも可能である。そこで，分析対象期間の30年を15年ずつの二つの期間に区切って同様の分析を試みた。その結果は，細かな点では時代背景の違いによる差異は見られるものの，これまでの結果と整合するものであった。
　ちなみに，前半の売上成長が大きかった時期においては，B，Dグループの売上高営業利益率の増減が最も良く（ただしマイナスの値，B：−0.0134, D：−0.0012），過度な成長といえるC，Iグループならびに過小な成長といえるAグループの値が最も悪かった（A：−0.1711, C：−0.1428, I：−0.1875）。後半の売上成長が小さかった時期においては，そのような状況の中でもある程度の売上成長を果たしたCグループの売上高営業利益率の増減の値が良く（C：0.3130），逆に低滞期の中にあって，最も成長していないA，Dグループの値が悪かった（A：−0.0057, D：−0.0215）。
　この結果から短絡的に結論づけることはできないが，ある程度の長期間をとった分析結果の間で，同じようなことが言えたということは，構造的な安定性があるということであり，本書における企業成長の動態的モデルの妥当性が，より高まったと言えるのではないだろうか。

売上成長速度・変動幅の定量化を試みる。

まず分析対象企業群141社を業界ごとに分類する。業界の分類にあたっては，分析対象企業群である「製造業」を抽出する際に利用した「日経業種分類」(2007年5月時点)を，整合性の観点からも活用する。その結果，12業界133社が，さらなる分析に向けて選定された。

141社から133社に社数が減少した理由は，業界分類をおこなった際に，その業界に含まれる企業数が2社以下であったガラス・土石製品，ゴム製品，金属製品の3業界を除いたことがその大きな理由である。それらの業界を分析対象から除いたのは，業界内に属する企業が2社以下の場合，効率的フロンティアの議論が不可能になるからである。また，その他製品という業界，ならびにその業界に属する企業（ヤマハ，凸版印刷，大日本印刷の3社）も業界別分析対象から除外することとした。なぜなら，その他製品という業界自体意味を成さないからである。それぞれの業界に属する企業数はおおよそ3～20社であり，分類された各業界は図表7-11のとおりとなった。

なお，過去30年間において，業界分類の変更がなされた企業も存在する。これは，長い時間軸の中で，戦略ポジションや，資源・能力が変化してきたことを反映した結果とも言えるであろう。業界分類にあたっては，現在の業界分類が，最もその企業の事業特性を捉えたものだと考え，変更後の分類を用いることとした。ちなみに図表7-12が，業界分類の変更のあった企業と，その業界分類の変更の状況である。

これまで進めてきた日本の大規模な製造業141社全体の分析を，業界という切り口で細分化し分析をおこなう場合，大きく二つの点から検証を進める

図表7-11　個別業界名と業界別分析対象企業数

業界	企業数	業界	企業数
パルプ・紙	4	水産・農林業	3
医薬品	3	繊維製品	8
化学	19	鉄鋼	7
機械	10	電気機器	15
建設業	20	非鉄金属	9
食品	15	輸送用機器	20

出所：筆者作成

第 7 章　最適な売上成長パターンの探索

図表 7-12　業界分類に変更のあった企業

企業名	業界分類（1975 年）	業界分類（2007 年）
武田薬品工業，協和発酵，塩野義製薬	化学 →	医薬品
日立造船，三菱重工業，石川島播磨重工業	輸送用機器 →	機械
日本製鋼所	鉄鋼 →	機械
千代田化工建設	機械 →	建設業
キヤノン，リコー	精密機械 →	電気機器
豊田自動織機	機械 →	輸送用機器
デンソー	電気機器 →	輸送用機器

出所：日経 NEEDS の日経業種分類をもとに筆者作成

必要がある。第一に，個別の業界においても凸な効率的フロンティアが描けるか否か，といった点である。第二に，凸な効率フロンティアのピークが，売上成長速度の場合は平均より若干高めに，売上変動幅の場合は平均より若干低めのところに位置するか否かといった点である。これらの分析を通じて，最適な成長パターンを定量化できるはずである。

2.　業界ごとに形成される効率的フロンティア

各業界において，縦軸に売上高営業利益率の増減，そして，横軸に売上成長速度，あるいは売上変動幅をとった場合に，凸の効率的フロンティアが描けるか否かの検証をおこなった。結果は図表 7-13 のように，売上成長速度の場合，12 業界のうち 6 業界，また，売上変動幅の場合は，9 業界で凸な効率的なフロンティアを描くことができた[12]。本図表には，それぞれの業界において最も売上高営業利益率を維持・向上させた企業の企業名も記載しておく[13]。

12 業界中 6 業界において凸な効率的フロンティアを描ける確率は高いものの，9 業界以上において効率的フロンティアが描ける確率は 56％まで下がる[14]。効率的フロンティアを描けるか否か，といった点においては，決定的

---

12) 一つの業界において，どこにピークを持つかに拘わらず，上に凸な効率的フロンティアが描ける確率は，サンプル数を N とすると N−2／N となり，N 数が大きくなればなるほどその確率は大きくなる。しかしながら，本来的により重要なことは，その凸なピークが全体のほぼ中央に位置することである。
13) DOWA ホールディングスは，2006 年 10 月 1 日より持株会社への移行をおこなったので，分析対象期間（1975〜2005 年）におけるデータ分析上の課題は存在しない。

図表7-13　業界ごとの効率的フロンティアの形成状況

業界名	横軸：売上成長速度	横軸：売上変動幅	業界内において，最も売上高営業利益率を維持・向上した企業
パルプ・紙	○		レンゴー
医薬品			武田薬品工業
化学		○	花王
機械	○	○	住友重機械工業
建設業	○	○	錢高組
食料品		○	アサヒビール
水産・農林業			極洋
繊維製品		○	クラレ
鉄鋼	○	○	新日本製鐵
電気機器		○	キヤノン
非鉄金属	○	○	DOWAホールディングス
輸送用機器	○	○	富士重工業

注：○=凸な効率的フロンティアが描けた業界
出所：筆者作成

な証左を得ることはできなかったが，相当数の業界において凸な効率的フロンティアが描けたことは，これまでの議論を補強するものであったと言えるのではないだろうか。

3. 最適な売上成長速度：業界平均の+40%

「平均を若干上回る成長速度」，「緩やかな変動幅」の定量化の試みでは，各業界において，最も売上高営業利益率を維持・向上した企業に着目し，その企業が，それぞれの業界においてどのような売上成長速度や売上変動幅を実現しているかを見ていく。

まずは，売上成長速度に関する分析である。ここでは最も売上高営業利益率を維持・向上した企業が，それぞれの所属する業界の規模（売上高）成長

---

14) 各業界のサンプル企業数Nによって凸なフロンティアを描ける確率は変化する。ここでは，どの業界において，凸な効率的フロンティアが描けたのかも考慮に入れ，当該9業界以上でフロンティアを描ける組合せから，56%という数値を算出した。六つ以上の業界においてその確率を計算することは相当に大変であり，かつ，確率的にはかなり高い数値になることが想定されるので，ここではあえて算出をおこなっていない。

速度に対してどのような関係になっているか,について分析する。つまり,業界全体の売上成長速度(=その業界に属する企業の売上高合計値の成長速度)を横軸にとり,その業界において最も売上高営業利益率を維持・向上させた企業の売上成長速度を縦軸にとって,回帰分析を実施するのである[15]。

結果は,図表7-14のとおりであった。12業界中7業界においては,最も売上高営業利益率を維持・向上させた企業が,y=xより上に分布しており,「平均を若干上回る成長速度」が,利益率の維持・向上の観点からは望ましいことが窺える。また,縦軸と横軸の間には相関があり,回帰直線 $y = 1.4052x + 0.007$($R^2 = 0.5085$,傾きは両側1%検定で有意)を得ることができた。この回帰直線の傾きは1.4であり,これは,業界内で最も売上高営業利益率を維持・向上させた企業の売上成長速度が,その業界の成長速度に対し

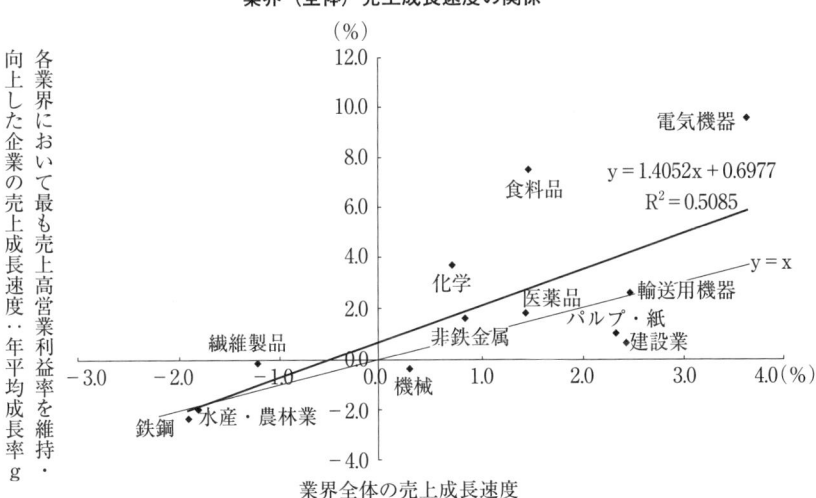

図表7-14 最も売上高営業利益率を維持・向上させた企業と
業界(全体)売上成長速度の関係

（縦軸：各業界において最も売上高営業利益率を維持・向上した企業の売上成長速度：年平均成長率 g）

（横軸：業界全体の売上成長速度）

回帰式：$y = 1.4052x + 0.6977$, $R^2 = 0.5085$

プロットされた業界:電気機器,食料品,化学,医薬品,輸送用機器,パルプ・紙,建設業,非鉄金属,繊維製品,機械,鉄鋼,水産・農林業

出所:筆者作成

---

[15] 長期にわたる競争の中で,業界全体の成長速度に対し,定数項分だけ早い売上成長速度をおこなうことが重要となると言う考え方も成り立ちうるかもしれない($y = x + a$)。ただし,関数に制約条件を設けると(この場合,傾きの固定),統計分析が不可能になることや,業界全体の成長速度と最も売上高営業利益率を維持・向上させた企業の成長速度の関係は相対的なものであり,その差分は業界全体の成長速度にも影響を受けると考えることが妥当であると考え,回帰直線としては $y = ax + b$ の形を想定した。

て40％程度高かったことを意味している[16]。

　これは，たとえば業界が5％で成長していれば，7％の成長（＋40％）を目指すことが，企業にとって望ましい結果を生むと解釈することができる。参考として，業界に属する企業の売上成長速度の単純平均を横軸にとった場合の分析も実施してみた。その場合の回帰直線は y＝1.5225x＋0.0081（R^2＝0.5283）であり，ほぼ同等の結果であった。

4. 最適な売上変動幅：－3％

　次に，売上変動幅における分析である。先ほどと同様に，各業界に属する企業の平均的な売上変動幅（単純平均）を横軸にとり，その業界において最も売上高営業利益率を維持・向上させた企業の売上変動幅を縦軸にとって，分散図を描いてみた。その結果は図表7-15のとおりである。

　12業界中7業界は，y＝xの下に分布する結果であり，回帰分析をおこなうと，回帰直線は，y＝0.9740x－0.0125（R^2＝0.5048，傾きは両側1％検定で有意）を得ることができた。傾きは0.97と，ほぼ1に近い数値であった。

5. 最適な売上成長速度と売上変動幅に関する考察

　このように，30年間を通した業界別の分析から，「業界平均より40％程度高い成長速度」，「業界平均より若干緩やかな変動幅（0.97）」が利益率の維持・向上にとって重要な要件になる，と定量化することができた。これは本書の主たる成果と言えるだろう。ただし，この結果を経営実務に活かすうえ

---

[16] 業界全体がマイナス成長の場合，傾きが1以上である回帰直線の意味合いが，「業界縮小速度より若干大きな縮小速度が望ましいこと」を意味してしまい，分析結果を歪めることになりかねない。そこで，マイナス成長の業界，繊維製品，水産・農林業，鉄鋼の3業界を除き，プラス成長の9産業のみで同様の回帰分析をおこなってみた。その結果は，y＝1.5137x＋0.0046 R^2＝0.2398となり，傾きは若干高めの数値となったが，さほど大きな相違はなかった。また，鉄鋼，水産・農林業の業界のマイナス成長速度の領域（－2.0％あたりまで）においては，近似直線がy＝xより上方に位置し，最も売上高営業利益率を維持・向上した企業の売上縮小速度が，業界全体の売上縮小速度より小さかったことを示していた。ここでは，可能な限り多くの業界を分析対象としたいことや，R^2の大きさなどもふまえ，ここでは12業界での分析を主に取り上げている。
　一方，原点付近では成長速度の値が小さく，業界全体の売上成長速度の1.4倍という定義の仕方自体に無理が生じることになる。ただ，図表7-14の原点付近原点付近では，y切片が約1％弱の値であり，業界の成長速度に対して若干プラスの成長率が望ましいと解釈することは可能かもしれない。

第7章　最適な売上成長パターンの探索

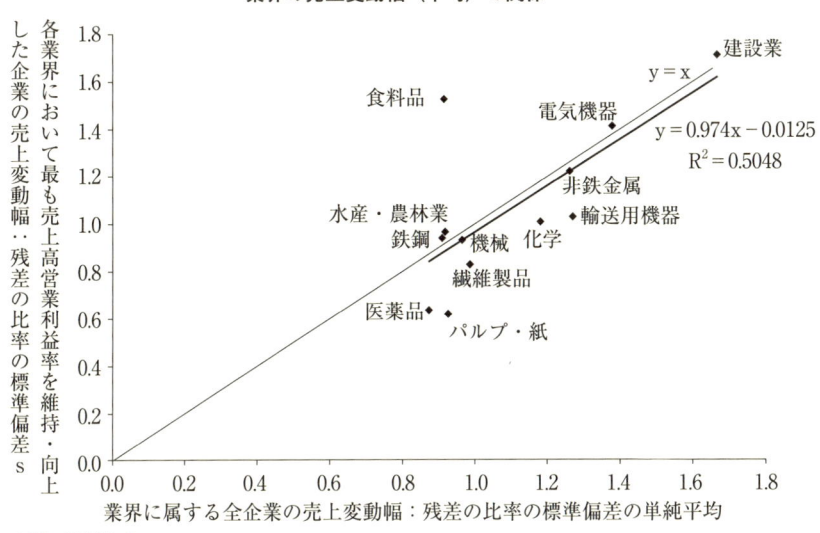

図表7-15　最も売上高営業利益率を維持・向上させた企業と
業界の売上変動幅（平均）の関係

縦軸：各業界において最も売上高営業利益率を維持・向上した企業の売上変動幅：残差の比率の標準偏差 s

横軸：業界に属する全企業の売上変動幅：残差の比率の標準偏差の単純平均

グラフ中ラベル：建設業、食料品、電気機器、非鉄金属、水産・農林業、輸送用機器、鉄鋼、機械、化学、繊維製品、医薬品、パルプ・紙

$y = x$
$y = 0.974x - 0.0125$
$R^2 = 0.5048$

出所：筆者作成

では大きく三つの点を考慮する必要がある。

① **業界の定義**

　本書においては，日経業種分類を業界の括りとして活用した。分析対象である日本の大規模な製造業が複数の事業を抱えている現実を踏まえると，業界の括りが大きく，幅広く活用・認知されている日経業種分類は一つの有効な定義になると考えたからである[17]。ただし，業界の定義は非常に難しい問題である。

　比較的短い時間，あるいは業界の定義が大きく変化しないような場合においては，企業は直接の競合他社を特定しやすく，業界の定義は比較的容易かもしれない。一方で，非常に長い時間軸，あるいは技術革新などで業界が流動的に動いている場合，異業種からの参入もあるなど，業界の実質的な定義は変化する（内田，2009）。企業は，どの顧客にどのような製品・サービス

---

17) 業界の定義は，ある意味，永遠の課題である。企業の主業・売上構成の変化に応じて業界区分の変更がなされるものの（たとえば，図表7-12を参照），各企業の事業のセグメント分けをおこなうのは企業自身であり，そこに恣意性が入り込む余地が存在することも認識しておくべきであろう。

を提供し，その際，誰と競争しているかを十分検討したうえで，広い視野で業界を捉えることが必要となってくる。

② 競争のダイナミズム

日本企業の同質的行動（新宅，1994；淺羽，2002），あるいは企業間の競争を対話として捉えられる可能性（沼上・淺羽・新宅・網倉，1992）を考慮すると，ある業界に属する企業全員が，業界平均の40％超の売上成長を目指し，長期間にわたって，それが持続してしまうことも想定しうる。現実的にはそのようなケースは早晩破綻してしまうだろうが[18]，万一そうなった場合，業界全体として際限のない過度な競争パターンに陥ってしまい，資源・能力の枯渇を招いてしまうだろう。逆に，衰退する業界の中での競争に留まると，縮小均衡の戦略となってしまう可能性も考えられる。

このような場合には，目先の競争に捕われることなく，自社の資源・能力，業界の捉え方などを見直し[19]，自社の資源・能力と業界定義のバランスを考え，適度なオーバー・エクステンションの実現に向け舵を切るべきだろう。

③ 経営管理への反映

最後は，「業界平均より40％程度高い成長速度」，「業界平均程度か若干緩やかな変動幅（0.97）」を，経営管理にどう反映していくかである。たとえば，30年間の業界の成長率を予測することはほぼ不可能だろうし，30年経ってみなければ結果の判断ができない，ということでは意味がない。重要なのは，戦略ポジションの確立や資源・能力の構築に必要となる数年〜10年程度の時間軸の中で，継続的に売上成長のパターンを確認し，軌道修正をおこなっていくことにある[20]。つまり，自らが所属する業界の近々の成長率

---

18) 業界が完全にクローズドな世界でない限りにおいては，業界の定義の難しさや昨今のグローバル化の進展などによって，多くの企業が業界を厳密に等しく捉え，このようなパターンに陥ることはほぼないであろう。それにもまして，需要側ニーズの規模の制約が，際限のないパターンの継続をやがて止めてしまうことになるだろう。

19) たとえば，ウォルマートの事例を用いてPorterが重要だと指摘した経営者の選択や（Porter, 1991），経営者の事業観（三品，2004）といった，経営者能力がここでは大きな役割を果たすことになるのかもしれない。
　このように経営者能力の差異を前提にすると，それぞれの経営者の捉える業界の定義は微妙に異なり，また，各社の資源・能力の差異も手伝って，厳密に多くの企業が同じ成長率を目指し，その循環が際限なく続くという，先ほどのような純粋な論理は成り立たないと考えられる。

（たとえば過去数年と今後数年の予測）に対し，40％程度高い成長を達成できているか否かを確認しつつ，「速度」をコントロールするという視点を経営実務に持ち込むべきなのである。

第5節　業界ライフサイクルと利益率差別化の可能性

一方で，企業が最適な売上成長パターンを達成した場合，売上高営業利益率の増減の差異を生み出せる可能性は，業界によってどの程度異なるのだろうか。Buzzell and Gale（1987）は，業界のライフサイクルのステージと，企業の利益率の間には相関があることを実証している。そこで，業界全体の規模成長の速度を業界ライフサイクルのどのあたりにいるかということの代理変数として用い，上記，問題意識についての分析をおこなう。

まず，横軸に1976～2005年度までの業界全体の売上成長速度をとる。つまり，横軸を右にいけばいくほど成長期，左にいけばいくほど成熟期にあったということになる。そして縦軸には，業界内で最も売上高営業利益率を維持・向上した企業の売上高営業利益率の増減の値と，業界に属する企業全体の売上高営業利益率の増減の値（加重平均）のΔ（差分）をとる。そのΔ（差分）が大きければ大きいほど，業界内の個々の企業が他社に対して，利益率の差別化ができたことを意味することになる。図表7-16がその結果である。ここからは三つの特徴を読みとることができる。

第一に，業界全体の売上成長速度が低かった鉄鋼，水産・農林業，繊維製品の業界においては，売上高営業利益率の増減におけるΔ（差分）が小さかったことである。これは，成熟・衰退期にある産業では，業界内で売上高営業利益率の増減において差異を生むことが難しく，業界特性が，利益率の増減の差異を決定づける要因となっていると解釈することができる[21]。

---

[20] この前提としては，図表7-4の右側の図のように，企業の売上高成長の変動の様子を回帰曲線（対数表示では直線）が捉えている必要があると同時に，業界全体の変動も，同様な動きをしていることが必要となる。そうでなければ，短中期の変動に対応しながら，継続的に若干早い成長を続けることが意味をなさなくなってしまう。

　念のため，各業界の全体の売上規模の推移を確認したところ，バブル期の建設業を除いて，すべての業界は，緩やかな変動を伴う拡大・縮小傾向を示していた。

図表7-16　業界全体の売上成長速度と売上高営業利益率の差別化の余地

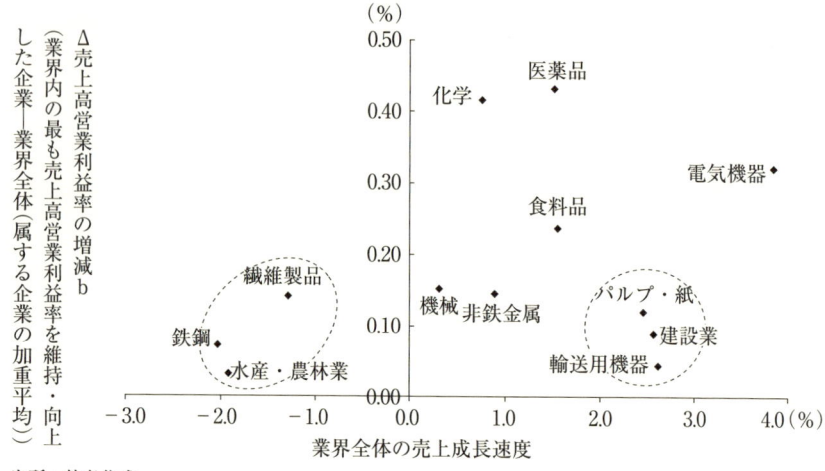

Δ売上高営業利益率の増減b（業界内の最も売上高営業利益率を維持・向上した企業－業界全体（属する企業の加重平均））

業界全体の売上成長速度

出所：筆者作成

　第二に，業界全体の売上高成長速度が高かったパルプ・紙，建設業，輸送用機器においては，先ほどと同様，売上高営業利益率の増減におけるΔ（差分）が小さかったことである。

　電気機器業界は，売上高成長速度が高いが，Δ（差分）が若干高めに出ている。これは，「日経業種分類」に基づく電気機器業界において，最も利益率を向上させた企業がキヤノンであり，その利益率の伸びが非常に大きかったことによる。キヤノンはいわゆる他の総合電機メーカーとは質的に異なる事業ポートフォリオを持っている。そこで試しにキヤノンを除いて電気機器業界を定義してみると，Δ（差分）はおおよそ0.2程度まで低下し，他の大きく成長した業界（パルプ・紙，建設業，輸送用機器）とほぼ同じ位置にくる。業界が最も成長する成長期においては[22]，企業の利益率の増減が業界要因によって左右され，企業による差別化の自由度が小さくなると考えられる。

　第三に，業界全体の売上高成長速度が中程度，すなわち，安定的に業界が拡大している時期に位置する化学，医薬品業界において，Δ（差分）が最も

---

21) McGahan and Porter（1997）の研究では，米国における分析ではあるものの，成熟産業と想定される農業・鉱業においては，業界効果が39.5％と高かったことが報告されている。その結果は，本分析結果と符合している。
22) 本分析においては，業界全体の売上高成長率を30年間で設定している。業界のライフサイク

大きくなっていた点である。

　これらの三つの特徴は，中村ほか（2006）の提示した，利益水準―利益分散フレームワークとも整合性のとれる結果であった。利益水準―利益分散フレームワークは，業界の成熟期・衰退期では同質化の進展等により，業界内の売上高営業利益率の分散が小さくなり，業界の拡大期（ビジネスモデルが改良・発展してく時期）に，業界内の売上高営業利益率の分散が最も大きくなるというモデルであった（図表4-9を参照）[23]。

　中村ほかは，日本の医療用医薬品業界における事例研究によってのみ，利益水準―利益分散フレームワークを検証していたが，本書においては，複数業界にまたがり，業界内の利益率の差異の大きさ（≒差別化の可能性）と，業界の成長速度（≒業界のライフサイクル）の関係の全体像を示すことができた。この分析結果は，彼らの研究をさらに先に進めたものだと言えるであろう。

　このような複数業界をまたがる分析結果を踏まえると，戦略論的視座（ポジショニング・スクール）と資源論的視座（リソース・ベースド・ビュー）の相互補完性について，一つの大きな示唆を読みとることができる。

　業界の成熟期，あるいは急速な成長期においては，個別企業間の売上高営業利益率の増減の差異が生じる力は相対的に弱くなる。つまり，業界ライフ

ルのある段階を捉える期間としては長すぎる期間であろう。しかしながら，業界ライフサイクルのどのあたりを主にカバーしているのかと考えることは可能であり，業界全体の売上成長速度（業界の成長率）の差異が，業界ライフサイクルのステージの違いをあらわしていると考えることはできるであろう。

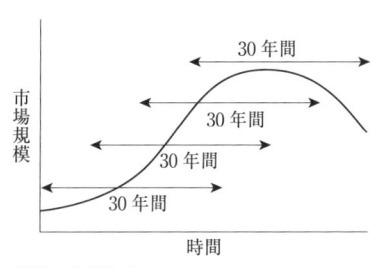

出所：筆者作成

23) 厳密には，中村ほか（2006）では，ある時点における売上高営業利益率の値の業界内における分散を対象としており，変化分に関する議論ではない。

サイクルの初期と後期においては，業界要因が企業の利益率に大きく影響を与えることになる（誰もが利益率を向上させたり，誰もが利益率を低下させたりする）。逆に，ビジネスモデルが改良・発展していく業界の拡大期においては，個別企業が他社に対して利益率の差をつけることが可能となる[24]。これを，戦略論的視座と資源論的視座の影響力といった観点から整理すると図表7-17のように表現することができるだろう。つまり，業界ライフサイクルの始めと終わりの時期には，戦略論的視座が優位となり，中頃の安定的な拡大期には，資源論的視座が優位となるのである。

ただし，業界全体の売上成長速度が中程度である食料品，非鉄金属，機械業界においては，Δ（差分）が小さかった。これは，あくまで業界の安定的な拡大期において，企業が利益率の差別化をおこなう余地が生じると解釈すべきである。つまり，図表7-16の結果は，業界全体の売上成長速度が中程

---

[24] 補足的ながら，売上成長速度に対して，売上成長パターンのもう一つの要素である売上変動幅に関しても同様な分析を実施した。観測されたこととしては，個別企業が業界内他社に対して，売上高営業利益率の増減における差別化を生み出しえるのは，その業界における売上変動幅が小さい場合であった。逆に建設業のように，業界に属する企業の売上変動幅が大きい場合は，企業間の売上高営業利益率の増減において，差異を生むことが難しいようであった。

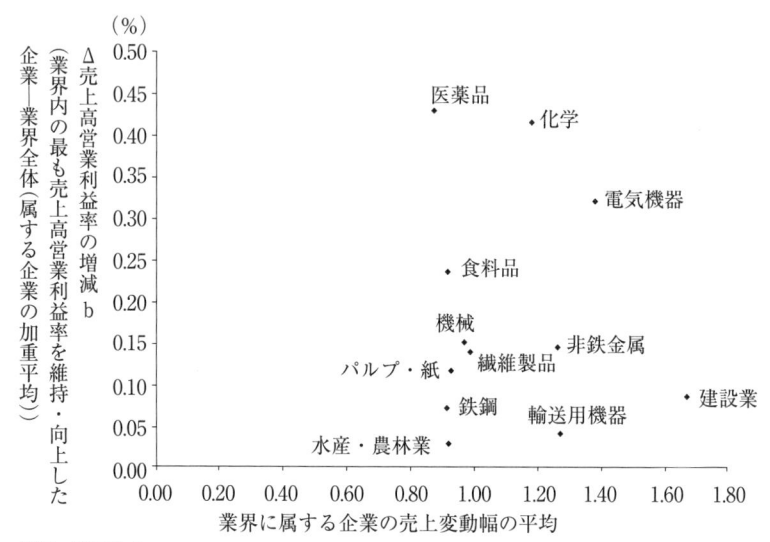

出所：筆者作成

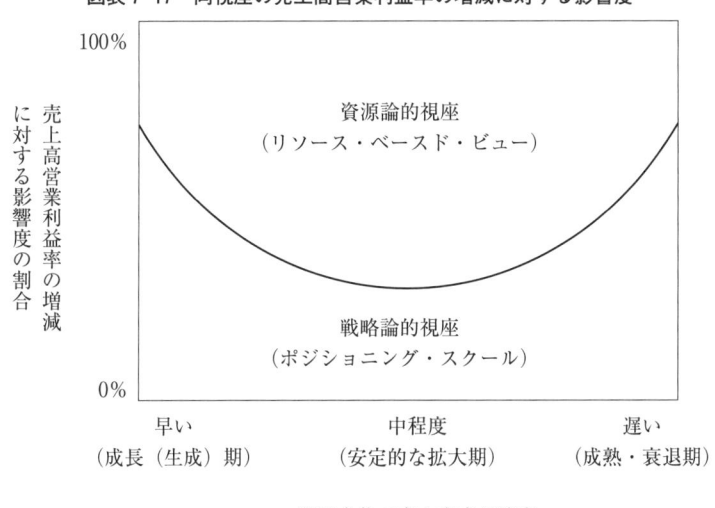

図表7-17　両視座の売上高営業利益率の増減に対する影響度

縦軸：売上高営業利益率の増減に対する影響度の割合（0%〜100%）
横軸：業界全体の売上高成長速度（≒業界のライフサイクル）
　　　早い（成長（生成）期）／中程度（安定的な拡大期）／遅い（成熟・衰退期）

グラフ上部の曲線領域：資源論的視座（リソース・ベースド・ビュー）
グラフ下部の領域：戦略論的視座（ポジショニング・スクール）

出所：筆者作成

度であることが，Δ（差分）を生むための必要条件となることを示しており，図表7-17は，戦略論的視座（ポジショニング・スクール）を土台としながら，資源論的視座の影響度がどのように強まるかということを意味することになる。

本章のまとめ

本章では，分析対象企業群141社の30年間にわたるデータを用いて，「最適な売上成長のパターン」の存在についての検証をおこない，その定量化を試みた。

実際の定量分析にあたっては，売上成長速度と売上変動幅について，操作可能な変数の定義をおこなった（売上成長速度は年平均成長率g，売上変動幅は残差の比率の標準偏差s）。売上高営業利益率の増減については，売上高営業利益率の時系列データの回帰分析をおこない，近似式の傾きbを変数として定義した。定量分析の結果は以下のとおりであった。

まず，売上成長速度（横軸）と売上高営業利益率の（縦軸）増減の関係につい

ては，各企業を一つの観測点（質点）として散布図を描くと，横軸の中程にピークを持つ凸な効率的フロンティアを描くことができた。効率的フロンティアのピークは，141社の売上成長速度の単純平均より若干高めであり，平均を少し超えるところに「最適な売上成長速度」が存在することを示唆していた（**仮説5は検証された**）。そして，業界を切り口とした分析によって，業界平均に比べ40％程度高い売上成長速度が，利益率の維持・向上には望ましいという結果を得ることができた（必要条件として）。つまり，業界が5％の規模拡大をしている場合は，7％程度（業界＋40％）の成長を目指すことが望ましいことになる。

次に売上変動幅と売上高営業利益率の増減の関係においては，平均的な売上変動幅の値より小さめの値にピークを持つ凸な効率的フロンティアが存在していた。ここからは，比較的緩やかなジグザグ成長が，売上高営業利益率の維持・向上にはプラスに働くことが読みとれる（**仮説6が検証された**）。そして，業界分析による定量化の試みを通じ，望ましい売上変動幅は，業界の平均に比べ，ほぼ同等か若干低め（0.97）が望ましいことが分かった。

また，これら二つの要件が両立した時，収益性の維持・向上にはもっともプラスになるようであった。興味深い発見事実としては，安定的に（売上変動幅が小さく）高い売上成長をおこなった企業が最も利益率を低下させていたことをあげることができる。これは，日本企業のこれまでの利益無き繁忙の状況，すなわち「収益不全」の典型的な姿を捉えたものだと言えるだろう。

このように，緩やかな変動を伴う平均を若干上回る成長速度が，利益率の維持・向上にとっては望ましいという結果は，オーバー・エクステンション戦略の有効性を定量的な観点から支持する結果であったと言える。経営実務においては，利益率の維持・向上に向けて，継続的に成長速度を測定・コントロールしていくという姿勢が重要になるのではないだろうか。ただし，これらの結果を実務に活かすうえでは，業界の定義，競争のダイナミズム，経営管理への反映の仕方においての工夫が必要となる。

本章の最後では，業界ライフサイクルの各ステージにおいて，個別企業が業界内他社に対して利益率を差別化する力がどの程度異なるのか，といった点についても検討をおこなった。そして，業界の成熟期，あるいは成長期においては，他社に対して利益率の差異を生む余地は相対的に弱く，戦略論的視座の影響度が大きくなること，逆に，ビジネスモデルが改良・発展していく業界の拡大期においては，個別企業が他社に対して差をつけることが可能となり，資源論的視座の影響がより大きくなることが判明した。

第8章
企業成長の周期と利益率格差の要因

　第8章においては、視点をさらにミクロなレベルへと落とし込み、個別企業単位、かつ年単位で、規模拡大と収益性の関係について分析をおこなう。ここでは、収益性を向上させた企業と低下させた企業の差異がどこで生じたかについての考察をおこないながら、残る**仮説1～4**の検証をおこなう。

第1節　売上高・売上高営業利益率の周期的振る舞い

　企業成長の動態的モデルに基づく考察から、5～10年程度の期間を持つ経営成果（売上高・売上高営業利益率）の周期的な振る舞いが予測されていた（図表5-7）。その分析を始めるにあたっては、売上高と、売上高営業利益率の時間的な変動を捉えるためのデータの整備が必要となる。

1. 周期測定に向けたデータ整備における工夫

　分析対象企業群としては、これまで同様のデータセットである141社のデータを用いる。また、売上高営業利益率を維持・向上させた企業の上位10社と、売上高営業利益率を大きく低下させた企業下位10社を抽出し（以下、上位企業10社、下位企業10社と呼称）、それら企業の比較分析も併せておこなうことによって、どのように利益率の差が生まれたかについて迫りたい。

選定された上位企業10社，下位企業10社は図表8-1のとおりである。ちなみに，これら企業の多くは，売上成長速度において中程度の速度を持つ企業群であった。よって，今回抽出した上位企業10社と，下位企業10社を比較することによって，最適な成長速度である「平均より若干高めの成長速度」を持つ企業の間で，どのようにして利益率の増減の格差が生れたのかを理解する手掛かりが得られるであろう。

　周期の測定においては，次のようなデータ処理をおこなった。まず，各年

図表8-1　上位企業10社と下位企業10社

上位企業10社

企業名	業界	売上高営業利益率の増減 b（％）	売上成長速度 g（％）
武田薬品工業	医薬品	1.092	1.80
花王	化学	0.424	3.70
ブリヂストン	ゴム製品	0.298	1.50
JSR	化学	0.256	-0.10
アサヒビール	食料品	0.224	7.47
クラレ	繊維製品	0.163	-0.12
日立化成工業	化学	0.163	0.71
三菱レイヨン	繊維製品	0.131	-0.20
キヤノン	電気機器	0.125	9.46
セントラル硝子	化学	0.120	-0.87

下位企業10社

企業名	業界	売上高営業利益率の増減 b（％）	売上成長速度 g（％）
パイオニア	電気機器	-0.476	2.48
ソニー	電気機器	-0.401	6.51
日立製作所	電気機器	-0.337	1.56
三菱製紙	パルプ・紙	-0.298	0.08
東芝	電気機器	-0.286	2.73
旭硝子	ガラス・土石製品	-0.278	0.91
富士通	電気機器	-0.275	6.65
日本ビクター	電気機器	-0.263	1.42
東洋製罐	金属製品	-0.253	0.85
日立電線	非鉄金属	-0.252	1.13

出所：筆者作成

第8章　企業成長の周期と利益率格差の要因

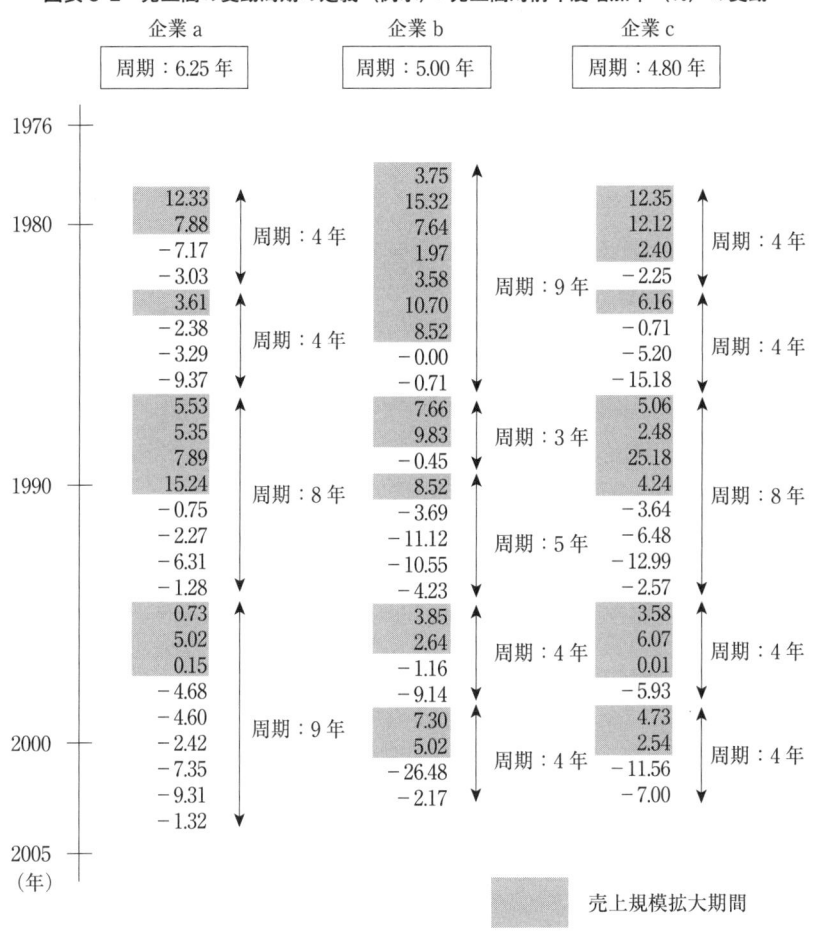

図表 8-2　売上高の変動周期の定義（例示）：売上高対前年度増加率（％）の変動

年	企業 a 周期：6.25 年		企業 b 周期：5.00 年		企業 c 周期：4.80 年	
1976						
			3.75			
1980	12.33		15.32		12.35	
	7.88	周期：4 年	7.64		12.12	周期：4 年
	−7.17		1.97		2.40	
	−3.03		3.58	周期：9 年	−2.25	
	3.61		10.70		6.16	
	−2.38	周期：4 年	8.52		−0.71	周期：4 年
	−3.29		−0.00		−5.20	
	−9.37		−0.71		−15.18	
	5.53		7.66		5.06	
	5.35		9.83	周期：3 年	2.48	
	7.89		−0.45		25.18	
1990	15.24	周期：8 年	8.52		4.24	周期：8 年
	−0.75		−3.69		−3.64	
	−2.27		−11.12	周期：5 年	−6.48	
	−6.31		−10.55		−12.99	
	−1.28		−4.23		−2.57	
	0.73		3.85		3.58	
	5.02		2.64	周期：4 年	6.07	周期：4 年
	0.15		−1.16		0.01	
	−4.68		−9.14		−5.93	
2000	−4.60	周期：9 年	7.30		4.73	
	−2.42		5.02	周期：4 年	2.54	周期：4 年
	−7.35		−26.48		−11.56	
	−9.31		−2.17		−7.00	
	−1.32					
2005						

■ 売上規模拡大期間

出所：筆者作成

度における売上高・売上高営業利益率それぞれにおいて，対前年比の増減の値を計算した。売上高に関しては対前年の伸び率，売上高営業利益率に関しては利益率の対前年の増減幅である[1]。そして，それぞれの値が連続して増

---

[1] これまで，売上高に関しては，近似曲線における複利の年平均成長率 g を変数とし，売上高営業利益率に関しては，近似直線の傾き（増減幅）b を変数としてきたので，それと整合性のとれた定義となっている。

加・減少(あるいは減少・増加)する期間を一周期として捉え,企業ごとにそれらの周期の平均値を算出した。この際,1976年度/2005年度にかかる増加(あるいは低下)期間は,明確に一周期を定義できないため,周期の計算からは除外している。売上高の周期の測定状況を図表8-2に例示しておいた。

2. 測定された不均衡発展ダイナミズムの周期

このように各企業における周期の算出をおこなったうえで,141社全体における周期を計算すると,売上高は4.71年,売上高営業利益率は4.12年となった。また,上位企業10社における売上高の周期は5.26年,売上高営業利益率の周期は4.35年,同様に下位企業10社については,売上高の周期が4.60年,売上高営業利益率の周期が4.16年であった(図表8-3)。

第5章で立てた**仮説1**「売上高と売上高営業利益率は,ジグザグ型の成長パターンに伴う周期性を示す。その周期は,企業の競争優位に重要な役割を果たす情報的資源の構築・活用サイクルの影響を受けて5~10年程度となる」は支持されたと言えるであろう。

この5年程度という期間は,Hall(1992)の分析に基づく,製品の評判(6.0年),従業員のノウハウ(4.6年)の構築に必要な期間に近いものである。製品の評判は,PIMSにおける製品の優れた相対品質と呼応するものであり,また,従業員のノウハウは,伊丹(2003)の言う見えざる資産と呼応するものであった。企業の持つ周期性が,戦略論的視座や資源論的視座で議論された重要な要素と密接な関連がありそうなことは興味深い。

また,上位企業10社,下位企業10社,141社の平均値の比較においては,売上高,ならびに売上高営業利益率のそれぞれの周期の値の間に統計的な差異は見られなかった。これは,周期の長さ自体が売上高営業利益率の維

図表8-3 売上高と売上高営業利益率の周期

周期(年)	141社平均	上位企業10社	下位企業10社
売　上　高	4.71	5.26	4.60
売上高営業利益率	4.12	4.35	4.16

出所:筆者作成

持・向上に対して，大きな影響因子とはなっていないことを意味している。

　ただ一点，当初想定された仮説と異なる結果として，141社全体における売上高の周期4.71年と，売上高営業利益率の周期4.12年の間には，統計的な差異（0.59年）が存在していた（1%両側検定）。これは，売上高の変動のコントロールにかかる時間のほうが，利益率のコントロールにかかる時間よりも長くなることを示唆しているかもしれない。ただし，この差異は，企業成長の動態的モデルだけで詳細に解明することは難しく，今後の課題となる。

第2節　売上高・売上高営業利益率の同期性

1．同期性の確認分析

　次に，売上高と売上高営業利益率の同期性について分析をおこなう。第5章第4節の議論によると，競争優位を有する戦略ポジションが，優れた経営成果（売上高，売上高営業利益率）をもたらし，競争優位の低下が経営成果を悪化させるならば，売上高と売上高営業利益率の拡大・向上は同期していることになる（**仮説2**）。

　同期性を調べるために，141社の各年度における売上高の増減率と売上高営業利益率の増減幅の相関分析をおこなった（横軸に売上高の増減率，縦軸に売上高営業利益率の増減幅をとる）。さらにその相関についてより明確な確証を得るため，売上高営業利益率の位相をずらしたうえで相関を見るという追加的検証もおこなった。

　具体的には，直接的な相関を見た後，図表8-4のように売上高営業利益率のデータを1年分ずつ左右にずらし（たとえば，1年分売上高営業利益率のデータを右にずらした場合，$\Delta t = +1$と表記），その状態で売上高の増減率と売上高営業利益率の増減幅の相関関係についても調べてみた。つまり$\Delta t = +1$は，ある当該年度から翌年度にかけての売上高の増減率と，ある当該年度の前年度から，その当該年度への利益率の増減幅を対比させ，相関を見たものだと言うことができる。$\Delta t = -1$はその逆である。もし，売上

図表 8-4 売上高営業利益率の位相の調整の考え方

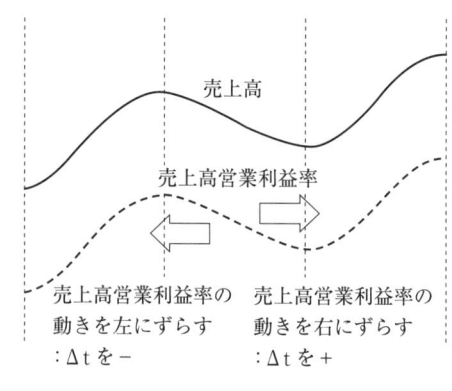

Δt = -3（利益率を3年左にずらす）
Δt = -2（利益率を2年左にずらす）
Δt = -1（利益率を1年左にずらす）
ある時点における売上高の増減を，その1年後の利益率の増減と対比させる
Δt = 0
Δt = +1（利益率を1年右にずらす）
ある時点における売上高の増減を，その1年前の利益率の増減と対比させる
Δt = +2（利益率を2年右にずらす）
Δt = +3（利益率を3年右にずらす）

売上高営業利益率の動きを左にずらす：Δtを-
売上高営業利益率の動きを右にずらす：Δtを+

出所：筆者作成

高と売上高営業利益率の変動が同期していれば，Δt=0の時に，回帰直線の傾きは正の値となり，相関が最も強くなるはずである。

分析の結果は図表8-5に示してある。予想どおりΔt=0の際に回帰直線の傾きが最も大きな正の値を示し，そのt値も大きかった。そして，売上高営業利益率のデータを右にずらしていった場合，Δt=+1には正の相関があったが，それを除いては逆相関となった。逆に，売上高営業利益率のデータを左にずらした場合，その傾きは負の値となり逆相関となった。これらの

図表 8-5 売上高と売上高営業利益率の変動の相関

Δt	回帰直線の傾き	傾きのt値
-3	-0.015	-4.48
-2	-0.030	-9.45
-1	-0.025	-7.95
0	0.064	21.50
+1	0.032	9.99
+2	-0.006	-1.72
+3	-0.003	-0.75

出所：筆者作成

ことから，売上高と売上高営業利益率という二つの経営成果は同期しており，同じタイミングで拡大・向上し，同じタイミングに低下・悪化している姿を窺うことができる。仮説2は検証されたと言うことができるだろう。

2. 利益率を向上させた企業における売上高と利益率の位相のズレ

次に，仮説3「利益率を維持・向上させてきた企業は，無理をした過度な成長をおこなわず，利益率の変動に敏感に反応し，成長速度をコントロールしていることが考えられる。それゆえ，売上高営業利益率の変動周期の位相が，売上高の位相より若干早くなっている」を検証する（図表5-8を参照のこと）。

この仮説に基づくと，上位企業10社においては，売上高営業利益率の位相が早くなっていることが想定される（先ほどの記述で言うと，売上高営業利益率のデータを右側，すなわち，Δtを＋方向にずらした場合に，売上高と同期することにあたる）。そこで，上位企業10社と下位企業10社において，売上高と売上高営業利益率の回帰直線の傾きの大きさと符号，そのt値の大きさについて分析をおこなった。上位企業10社では，Δtが＋の場合に傾きの値（正の数）が大きく，そのt値も大きいはずである。

上位企業10社と下位企業10社において，Δt＝−3〜＋3の間で売上高営業利益率のデータをずらし，それぞれに回帰分析をおこない，その中でもっとも傾きの大きかったΔtを抽出した。結果は図表8-6のとおりである[2]。

上位企業10社中5社が，Δt＝＋1の際に，最も大きな正の値の傾きとt値を示していたのに対し，下位企業10社は，1社を除き，すべて位相のズレがない場合（Δt＝0）に，最も大きな正の値の傾きとt値を示していた。

つまり，下位企業も含め，141社における分析では基本的にΔt＝0が最も高い相関を示していたが，利益率を向上させた上位企業の多くは，利益率増減の位相が売上高の変動に対して一年程早くなっている可能性を発見することができた。

これは，仮説3を支持する結果であったと言える。上位企業は収益性を

---

[2] 花王は，Δt＝−3〜＋3のいずれの場合でも，売上高と売上高営業利益率の変動が逆相関であった。

図表 8-6　上位企業・下位企業の売上高と売上高営業利益率の変動の同期性

上位企業 10 社

企業名	最も大きい傾き*の値を示したΔ	傾き*	t 値
武田薬品工業	+1	0.218	3.19
花王	n.a.	n.a.	n.a.
ブリヂストン	+1	0.105	2.57
JSR	+1	0.122	3.46
アサヒビール	0	0.024	1.76
クラレ	+1	0.120	3.77
日立化成工業	0	0.100	3.21
三菱レイヨン	+1	0.089	1.66
キヤノン	0	0.139	2.84
セントラル硝子	0	0.224	4.38

下位企業 10 社

企業名	最も大きい傾き*の値を示したΔ	傾き*	t 値
パイオニア	0	0.122	2.56
ソニー	0	0.121	3.32
日立製作所	0	0.066	1.51
三菱製紙	0	0.190	2.35
東芝	0	0.176	2.95
旭硝子	0	0.053	1.31
富士通	0	0.047	1.17
日本ビクター	0	0.104	3.17
東洋製罐	−3	0.073	1.05
日立電線	0	0.085	2.13

注：*傾きとは，横軸に売上高の変動幅，縦軸に売上高営業利益率の増減率をとり，各企業における年度間の増減の散布図を描き，その相関分析をおこなった際の回帰直線の傾きのことを指す。つまり，傾きが大きいということは，売上高の増減率に対して，売上高利益率の増減幅が，敏感に反応しているということを意味する。
出所：筆者作成

重視し，その低下シグナルに対し，少なくとも翌年までには素早く売上成長速度のコントロールをおこない，競争優位の回復・再構築に着手している可能性が想定できる。そして，競争優位の回復に伴い，利益率が1年程早く回復し，その後の売上高の拡大へとつながっている様子を窺うことができる[3]。

---

[3] この位相のズレ，つまり，売上高が増大し利益率が低下，逆に利益率が向上し売上高が低下す

第3節　売上高営業利益率の増減における企業間差異の要因分析

　それでは，下位企業は，いつ，どのように利益率を低下させたのであろうか。それを理解するためにまず，30年間にわたる，売上高，売上高営業利益率の動きを眺めてみたい。

1．目視確認からの直感的気付き

　図表8-7，図表8-8が，上位企業10社と下位企業10社の実際の30年間の売上高（実質），売上高営業利益率の推移のグラフである。多少冗長ではあるものの，20社の生のデータを視覚的に確認してみることの意義は大きい。各社のグラフには，売上高と売上高営業利益率の変動の同期性を考慮し，売上高の低下時期（あるいは低迷している期間）と，売上高営業利益率が低下している期間がおおよそ重なっている部分に影（シェード）をつけている[4]。ここからは貴重な直感的気付きを得ることができる。たとえば，以下のような四つの点である。

① 各年度において売上高と売上高営業利益率が同期している状況（Δt＝0で高い相関）に加えて，売上高と売上高営業利益率の周期的変動の大きなうねりそのものが連動している[5]。ほとんどの企業において，売上高が縮小（成長）する期間において，売上高営業利益率が低下（向上）しているのである。

　　る状況は，固定費モデルでは説明が困難となる。
4) 厳密な定義に基づくものではなく，ジグザグな変動を目で捉えたうえで，影（シェード）をつけている。おおまかな状況・トレンドを把握するためには，さほど大きな問題になるとは考えられない。
5) これらの企業の変動状況を見ると，必ずしも企業ごとの変動のタイミングが一致しているわけではなく，大きなマクロ景気変動の影響が企業の周期性の主たるドライバーにはなってはいないことが伺える。また，企業の経営成果の変動に影響を与える要因として，業界ごとの景気変動要因も考えられるが，電気機器や化学業界に属する幾つかの企業の変動の様子もそれぞれに異なることから，業界変動による影響が主たるドライバーとなっている可能性も低そうである。

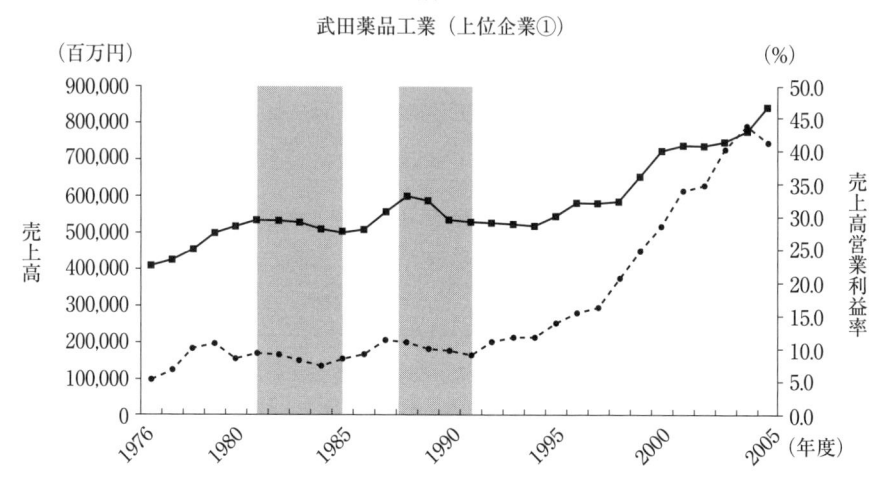

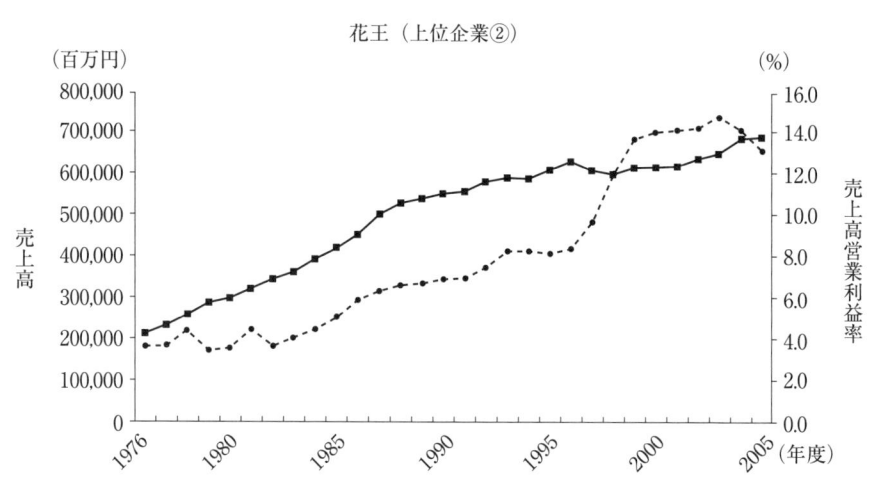

図表 8-7　上位企業 10 社の売上高，売上高営業利益率の推移

─■─：売上高（2005 年を 100 とする実質ベース）
─●─：売上高営業利益率
（他のグラフも同様）

武田薬品工業（上位企業①）

花王（上位企業②）

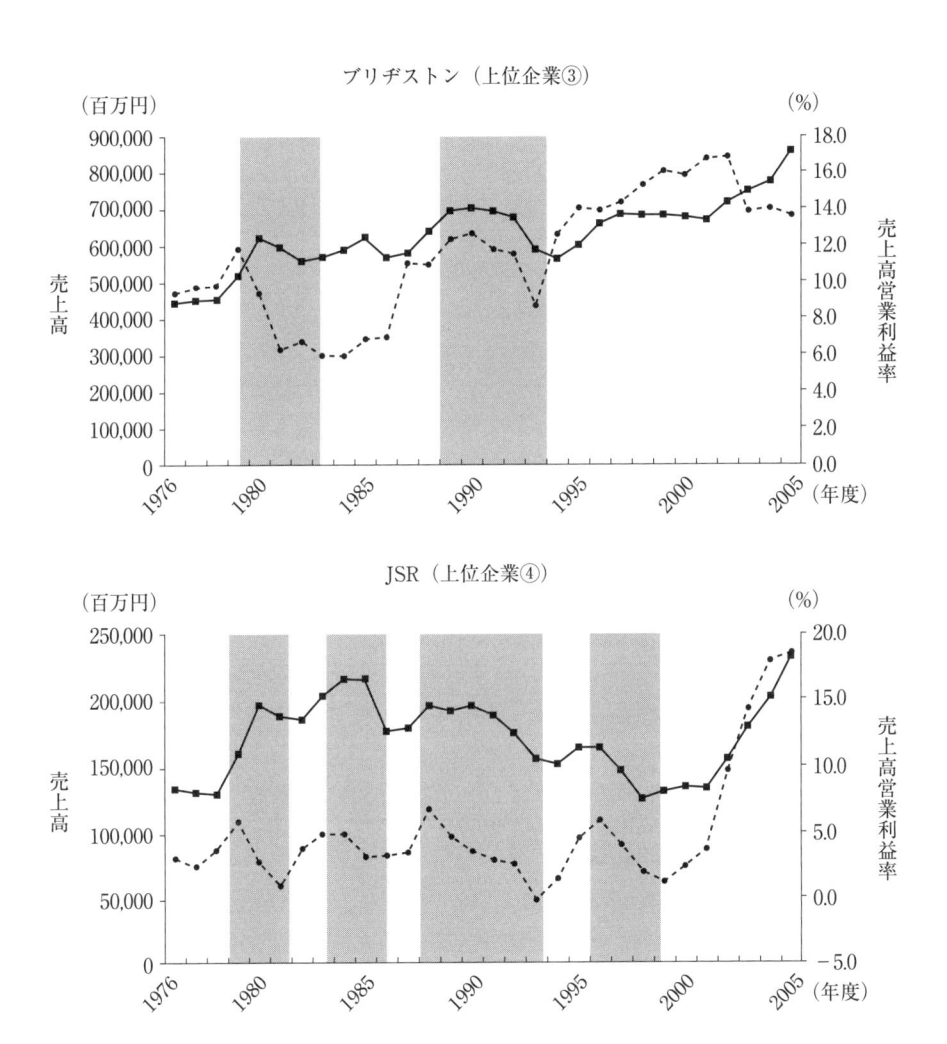

第 8 章　企業成長の周期と利益率格差の要因

ブリヂストン（上位企業③）

JSR（上位企業④）

アサヒビール（上位企業⑤）

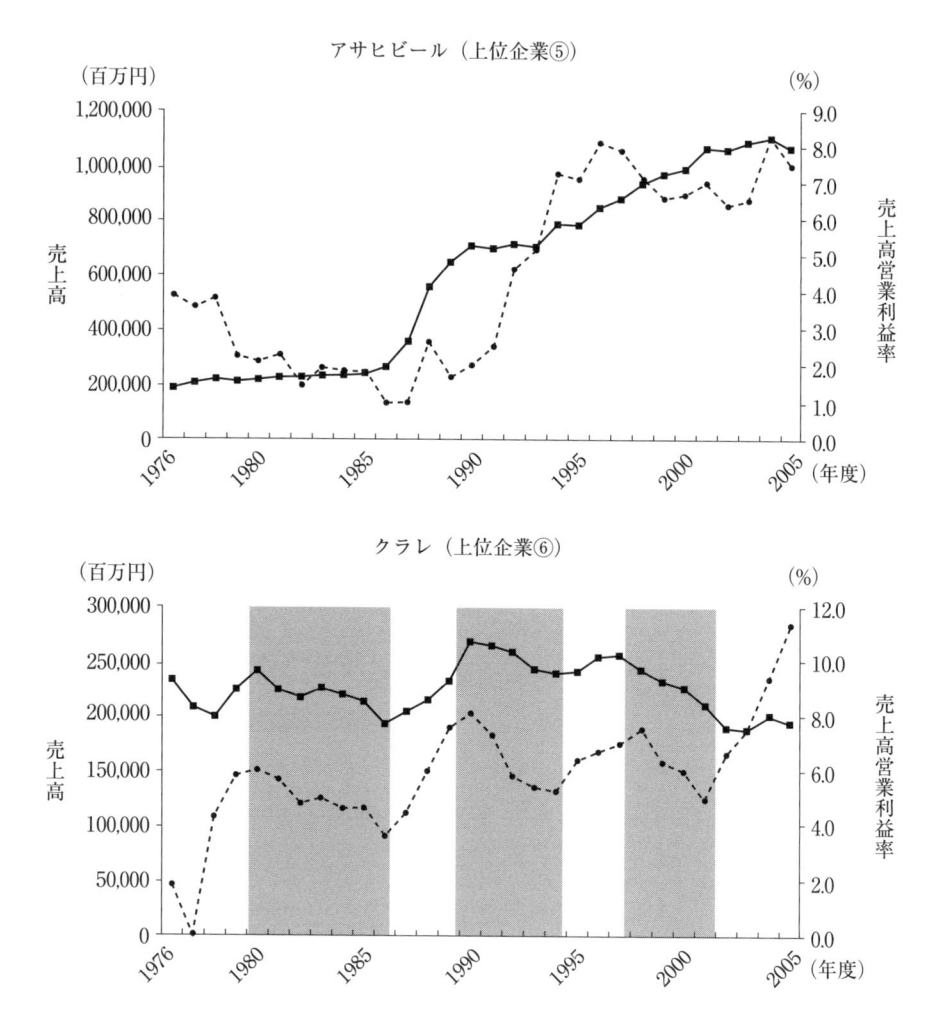

クラレ（上位企業⑥）

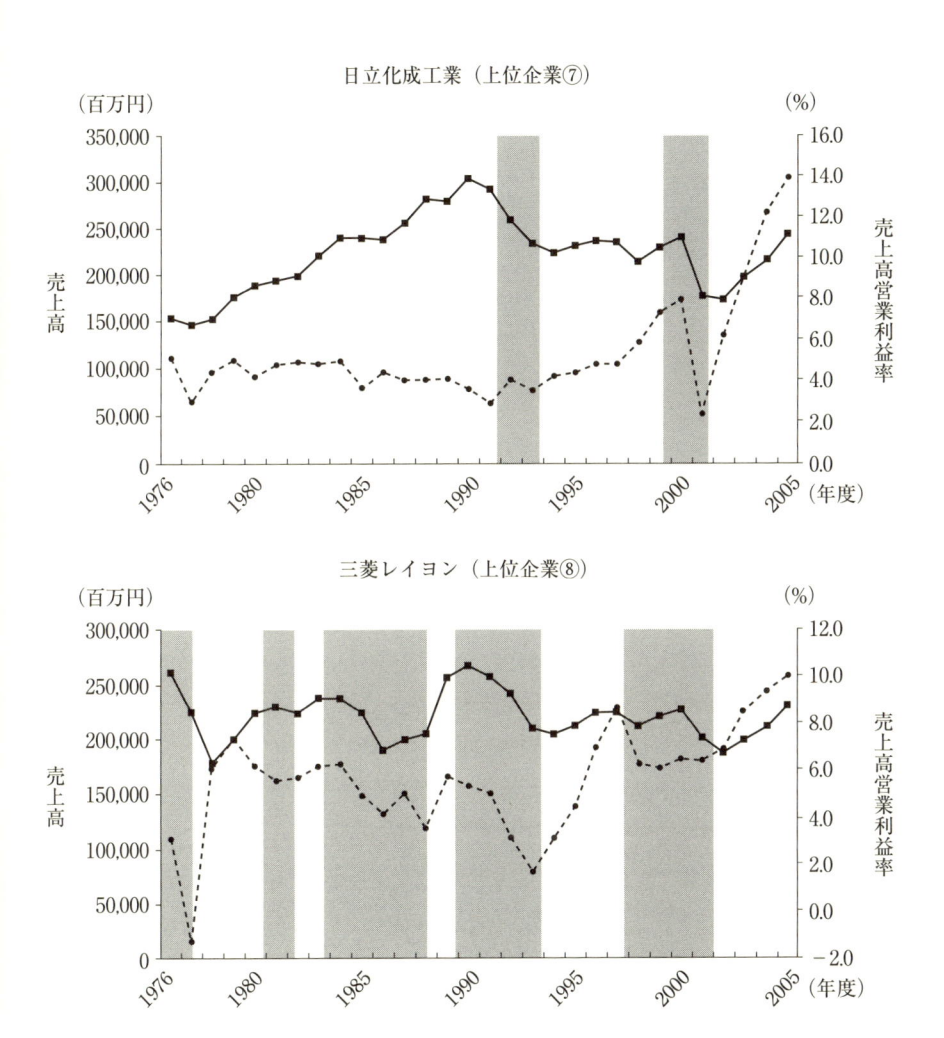

第 8 章　企業成長の周期と利益率格差の要因

日立化成工業（上位企業⑦）

三菱レイヨン（上位企業⑧）

キヤノン（上位企業⑨）

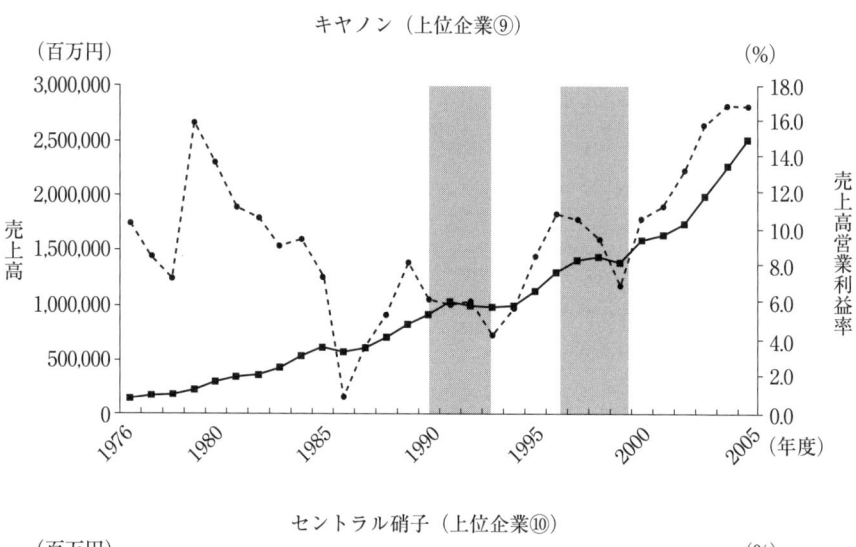

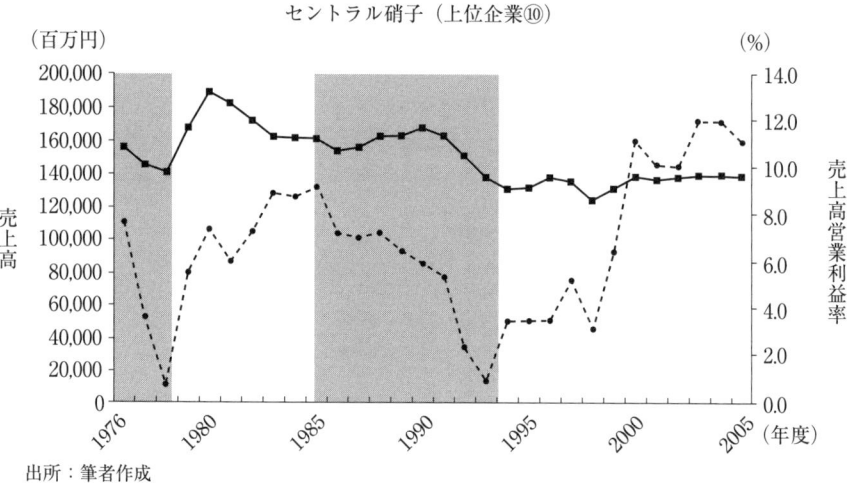

セントラル硝子（上位企業⑩）

出所：筆者作成

第8章 企業成長の周期と利益率格差の要因

図表 8-8 下位企業 10 社の売上高，売上高営業利益率の推移

- ■―：売上高（2005 年を 100 とする実質ベース）
- ●--：売上高営業利益率

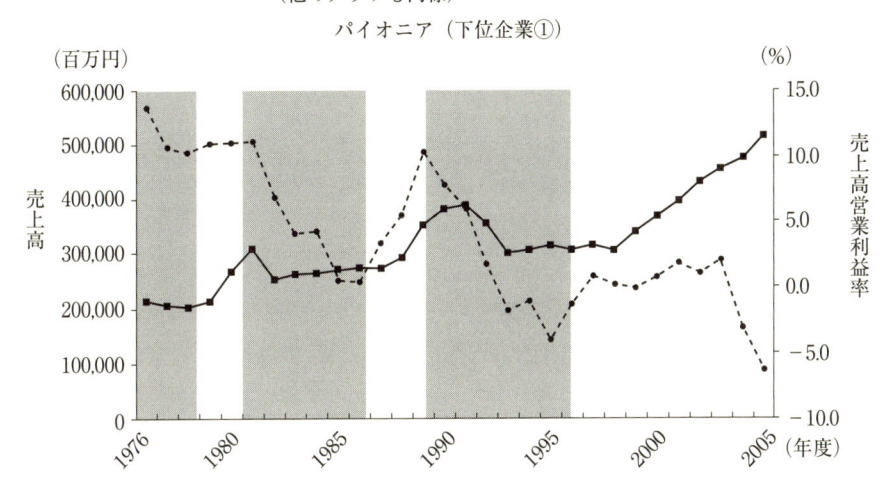

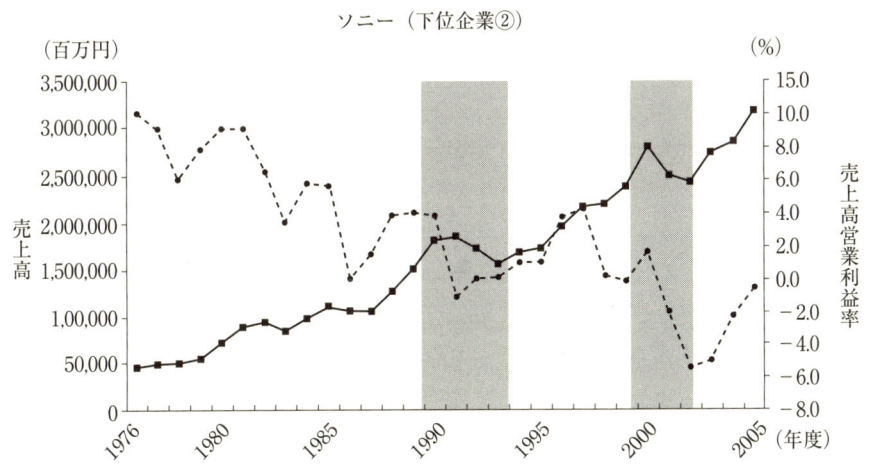

（他のグラフも同様）

パイオニア（下位企業①）

ソニー（下位企業②）

163

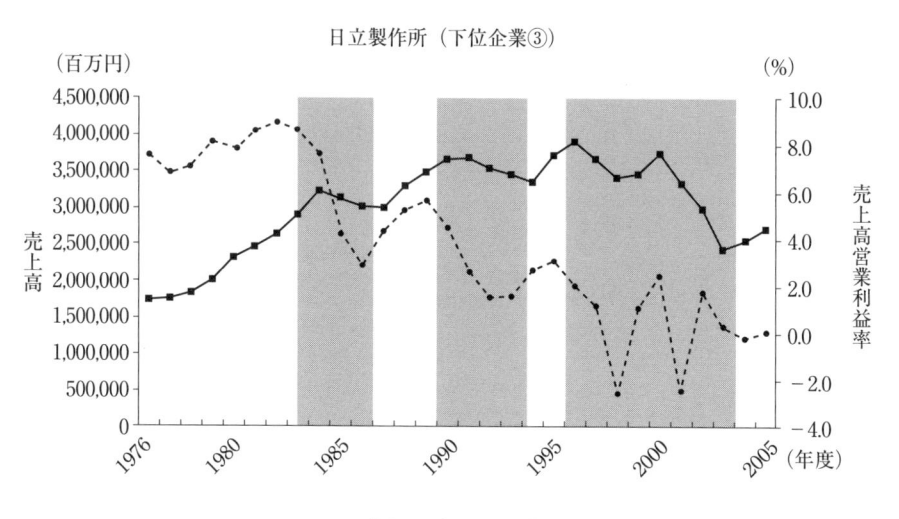

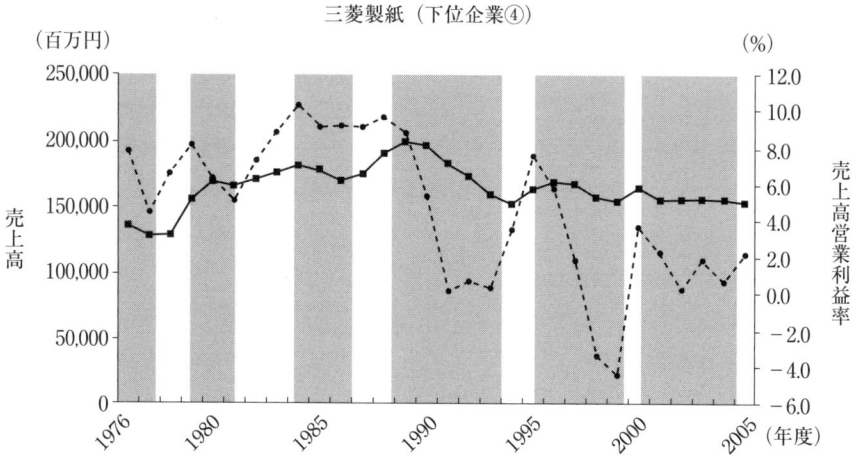

日立製作所（下位企業③）

三菱製紙（下位企業④）

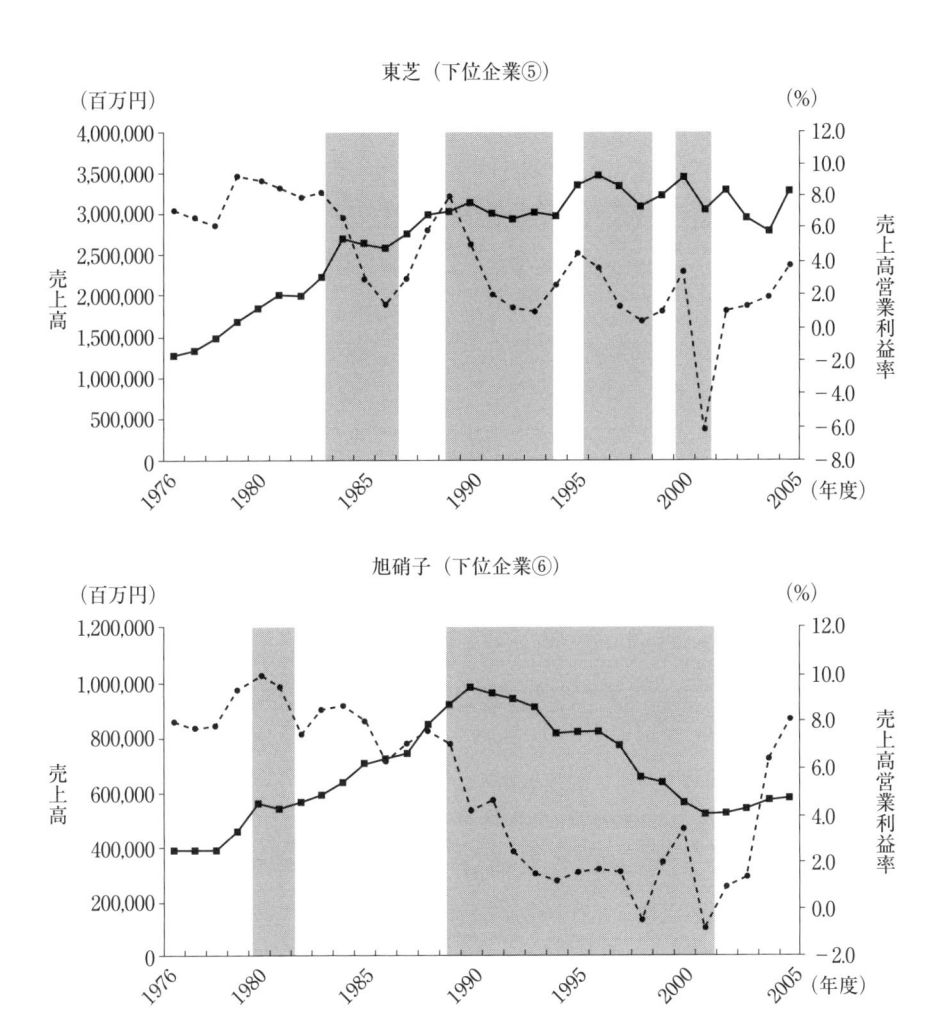

第 8 章　企業成長の周期と利益率格差の要因

東芝（下位企業⑤）

旭硝子（下位企業⑥）

富士通（下位企業⑦）

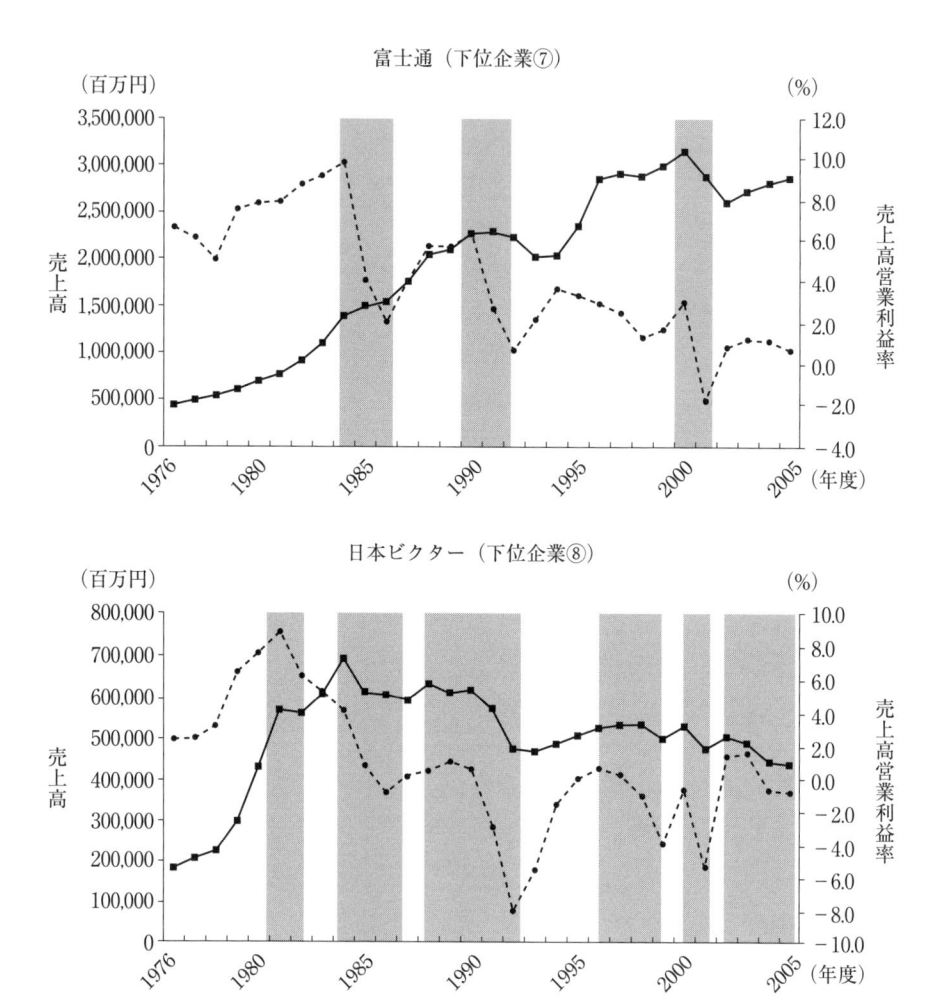

日本ビクター（下位企業⑧）

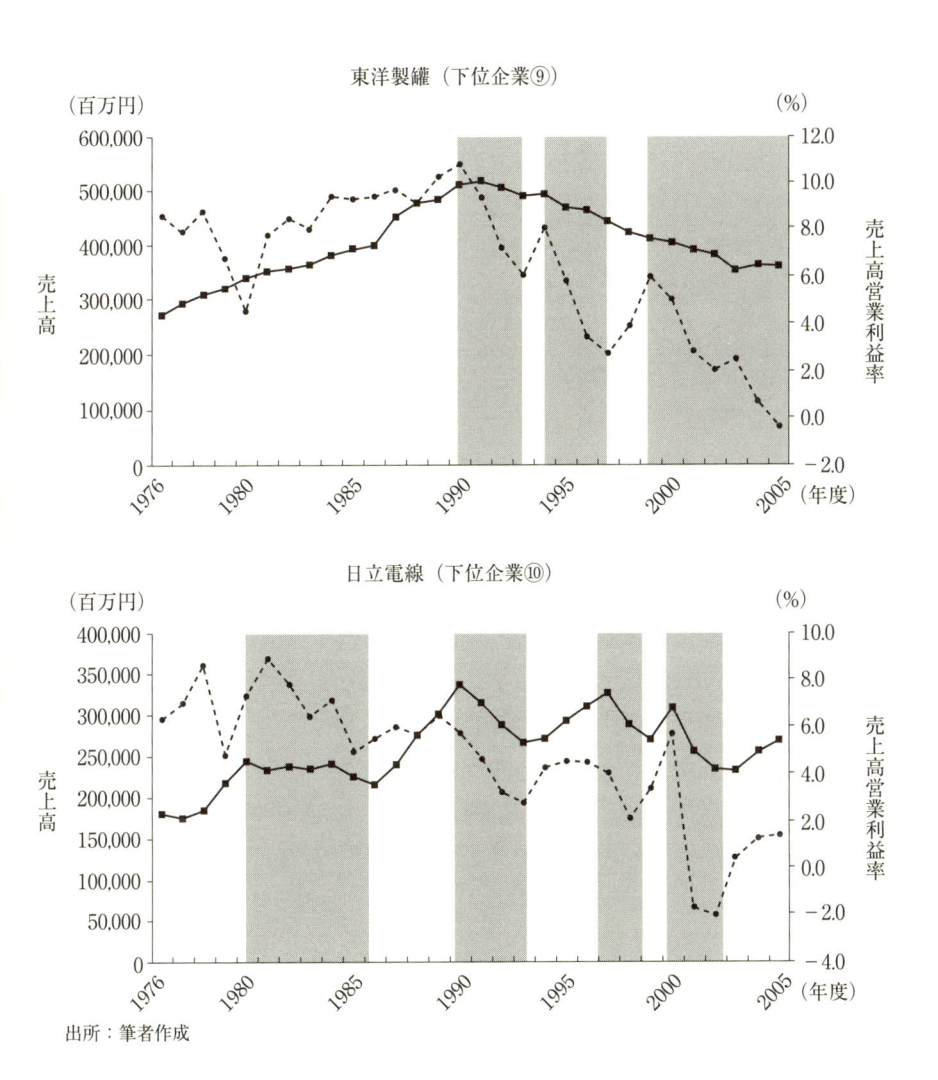

第8章 企業成長の周期と利益率格差の要因

東洋製罐（下位企業⑨）

日立電線（下位企業⑩）

出所：筆者作成

② 上記①の傾向は，上位企業10社ならびに下位企業10社の両方の，ほとんどすべての企業において見られる。
③ 下位企業は，売上高・売上高営業利益率の低下の際に特に大きく利益率を低下させているようである（たとえば顕著な例としては，パイオニア，日立製作所，東芝，三菱製紙，富士通，日本ビクターなど）。
④ 上位企業においては，売上高営業利益率の低下が売上高の減少に先行して発生している（たとえば，武田薬品工業（1988年），ブリヂストン（1980年），JSR（1980年，1989～90年），三菱レイヨン（1990年）など，**仮説3**と関連）。

2. 利益率格差の発生原因

売上高営業利益率の増減の差異が発生するケースには，次の二つの場合を考えることができる。一つめは売上高営業利益率を向上できる際に十分上げきることができなかった場合，二つめは売上高営業利益率の低下を十分に食い止めることができなかった場合である。上位企業と下位企業の図表を見る限りにおいては，結論はどうやら後者のほうのようである。

図表8-9は，その検証をおこなったものである。そこには，上位企業10社と下位企業10社，それぞれの売上高営業利益率の増加分と減少分，ならびに，そのネットの30年間の利益率の変化分（合計）を示している。ここからは，上位企業・下位企業の利益率の差異のほとんどが，利益率低下時に生じていることが一目瞭然である。売上高営業利益率の増減における企業間の差異は，競争優位が毀損し，売上高営業利益率が低下する際に，競争優位の回復に向けて一早く行動を起こし，それを食い止められる否かに大きく左右されると考えられるのではないだろうか。

では，利益率の低下期間と低下の大きさ，どちらの影響が大きいのだろうか。まず，上位企業・下位企業における一年あたりの利益率の増減を見てみると，結果は次のとおりであった。上位企業10社と下位企業10社それぞれの単年度ごとの利益率の向上幅は，その差がほとんどなく，上位企業で1.43％／年，下位企業で1.45％／年であったのに対し，利益率の低下幅は，上位企業が－1.15％／年，下位企業は－1.87％／年と，大きな差異が存在し

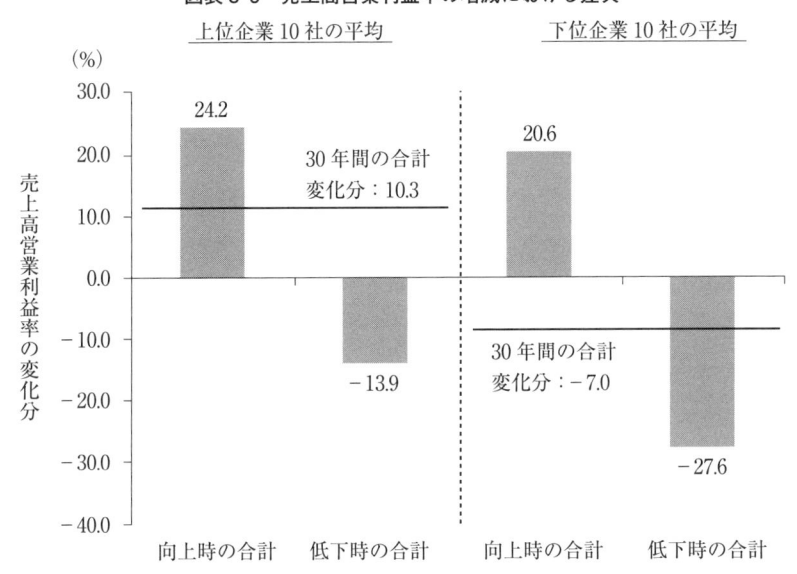

第 8 章　企業成長の周期と利益率格差の要因

図表 8-9　売上高営業利益率の増減における差異

上位企業 10 社の平均　　　　　下位企業 10 社の平均

- 上位企業：向上時の合計 24.2、低下時の合計 −13.9、30 年間の合計変化分：10.3
- 下位企業：向上時の合計 20.6、低下時の合計 −27.6、30 年間の合計変化分：−7.0

出所：筆者作成

図表 8-10　上位・下位企業における各年度単年度での売上高営業利益率の向上・低下幅

（％／年）	上位企業 10 社	下位企業 10 社	差異	t 値
利益率向上幅	1.43	1.45	−0.02	−0.122
利益率低下幅	−1.15	−1.87	0.72＊＊＊	4.53

注：＊＊＊1％両側検定で有意
出所：筆者作成

ていた（統計的に有意）（図表 8-10）[6]。

　ちなみに，上位企業が利益率を低下させた回数は約 12 回であったのに対し，下位企業が利益率を低下させた回数は約 15 回であった。これらを踏まえると，利益率を一気に低下させてしまったことのほうに課題があるようである。

　また，図表 8-7，図表 8-8 で見たように，企業は大きなうねりの中で，利益率を増減させていた。そこで，売上高営業利益率が連続して低下してい

---

[6] 141 社平均での各年度単年度ごとの売上高営業利益率の向上幅は 1.32％／年，低下幅は −1.29％／年。

図表 8-11　上位・下位企業における連続した期間での売上高営業利益率の向上・低下幅

(％)	上位企業 10 社	下位企業 10 社	差異	t 値
利益率向上幅	3.29	2.82	0.47	0.09
利益率低下幅	-2.06	-4.13	2.07***	2.89

(年)	上位企業 10 社	下位企業 10 社	差異	t 値
利益率向上期間	2.45	1.98	0.47	1.34
利益率低下期間	1.89	2.17	-0.28	-1.41

注：***1％両側検定で有意
出所：筆者作成

る期間（複数年度）と，連続して向上している期間（複数年度）を一つのかたまりとして捉え，その間の利益率の向上幅，ならびに低下幅，そして向上期間，低下期間の分析も実施した。その結果は，図表8-11のとおりであった[7]。

　利益率の低下幅は，上位企業が-2.06％，下位企業が-4.13％と，下位企業の方が約2倍大きかったのに対し，低下期間は，上位企業が1.89年，下位企業が2.17年とあまり大きく変わらなかった[8]。

---

7) 141社平均の連続した期間での利益率向上幅は2.54％，利益率低下幅は-2.78％。また，141社平均の連続した利益率向上期間は1.99年，利益率低下期間は2.13年であった。

8) 近年，経済物理学という学問分野が脚光を浴びつつある。そこでは，カオスや自己組織化臨界などの考え方が経済学に適用されようとしている（高安，2004）。本書の流れからは若干それるが，この利益率の増減動向の中に，利益率の増減幅と頻度における自己組織化臨界状態，つまり増減幅と頻度がべき乗法則に従う様子が観測できたので，ここに記載しておく。
　自己組織化臨界状態は，多数の要素の間に相互作用がある系における特性であり，系が自動的・内在的に臨界状態（二つの異なる平衡状態の境目の状態）になることを指している。たとえば，地震の規模と頻度においても自己組織化臨界状態を観測することができる。一般に，グーテンベルグ・リヒター則と呼ばれるものであり，小さな規模の地震は頻繁に発生し，大きな規模の地震はたまにしか発生しないという関係をあらわすものである。地震の規模（マグニチュード）を横軸にとり，縦軸に発生頻度（対数）をとると，マイナスの相関になり，その関係がべき乗法則に従っているのである（井庭・福原，1998）。
　本研究書の対象である企業も，様々な要素が複雑に絡み合う系である。結果として，観測される利益率の増減幅の大きさと頻度に，自己組織化臨界状態が見られたことは非常に興味深い事実と言えるだろう。つまり，大きな利益率の低下や向上の頻度は少なく，逆に，小さな利益率の低下や向上の頻度は多く，その規模（低下幅や向上幅の大きさ）と頻度の間にべき乗法則が成り立っていたのである。
　以下の四つの図表はそれぞれ，上位企業20社と下位企業20社における，利益率の低下時，向上時，それぞれにおける変動幅の大きさと頻度の状況を示したものである。
　図の作成の方法としては，まず，複数年度にまたがり利益率が低下・向上する期間を一つのまとまりとして捉え，その間の変動幅の大きさを計測した。そして，それぞれの変動を利益率の低下幅・向上幅の大きさを基準にして，低下幅・向上幅の大きさで分類した（1％刻みでヒストグラム化）。横軸は，ある低下幅・向上幅を持つ変動の大きさの，平均値の自然対数をと

これらのことから，下位企業が売上高営業利益率を大きく低下させていったのは，利益率の向上時に利益率を向上させることができなかったのではなく，利益率の低下時に，その低下幅を最小限に抑えられず，大きく一気に低下させたことにあったことがわかる[9]。

　これは，第5章で導いた**仮説4**「売上高営業利益率の維持・向上の観点において，優良でない企業は競争優位を大きく毀損させてしまうため，利益率の低下期間が長く，また，利益率の低下幅が大きい」を部分的に裏付けるものであった。優良な企業とそうではない企業の間の差異は，低下期間ではな

ったものである。また，縦軸は，ある低下幅・向上幅を持つ変動の頻度の自然対数をとったものである。
　図表を見ると明らかなように，利益率の低下時においては，下位企業のほうが傾きは緩やかであり，より大きな低下幅の変動に数多く直面している状況を読み取ることができる。
　詳細は，今後の研究に委ねられるべきではあるが，もし企業の系の中に，このような自己組織化臨界状態を生み出す仕組みが内在しており，本質的に避けられないものであるとしたならば，経営者としてできることは，小さな低下幅の際にしっかりと学習し，大きな低下幅を伴う利益率変動の頻度を可能な限り少なく，小さくすることを目指していくことなどが重要となるのかもしれない。

上位企業20社（利益率低下幅と頻度）　　下位企業20社（利益率低下幅と頻度）

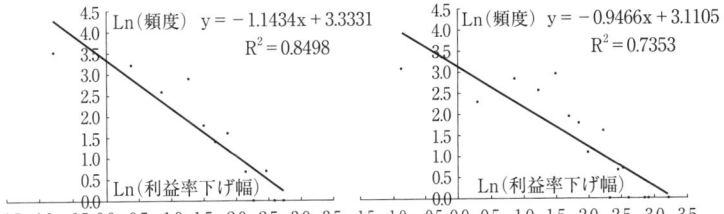

Ln(頻度)　$y = -1.1434x + 3.3331$　　　Ln(頻度)　$y = -0.9466x + 3.1105$
　　　　　　　$R^2 = 0.8498$　　　　　　　　　　　　　$R^2 = 0.7353$

上位企業20社（利益率向上幅と頻度）　　下位企業20社（利益率向上幅と頻度）

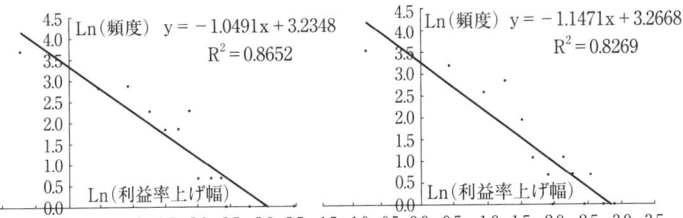

Ln(頻度)　$y = -1.0491x + 3.2348$　　　Ln(頻度)　$y = -1.1471x + 3.2668$
　　　　　　　$R^2 = 0.8652$　　　　　　　　　　　　　$R^2 = 0.8269$

出所：筆者作成

---

9) 上位企業20社と下位企業20社について，売上成長と縮小のそれぞれの期間についても検証をおこなった（上位10社ではサンプル数も少なく，統計的に有意な結果ができなかったため）。下位企業の売上成長期間は，上位企業のその値に比べても，また，下位企業の売上縮小期間に比べても大きな値（平均2.9年）であった。これは，本文中の利益率の低下状況も併せて考えると，過度な売上成長により利益率を低下させた日本企業の状況を説明する結果となっていた。

く,低下幅の大きさにあったのである(同程度の期間で低下幅がほぼ倍であることを考えると,利益率の低下の「速さ」の問題と表現することもできるだろう)。

本章のまとめ

　本章では,個々の企業の30年間にわたる経営成果の変動の様子に注目して分析を進めてきた。そして141社の中から,売上高営業利益率を維持・向上させた企業(上位企業)と,低下させた企業(下位企業)を抽出し,その利益率の増減における差異がどのように発生しているのかについて検討をおこなった。

　まず,経営成果の周期性に関しては,売上高と売上高営業利益率の変動周期がおおよそ5年程度であり,その位相は揃っていることが判明した。この5年は,資源論的視座における重要な見えざる資産の構築期間や,戦略論的視座における競争優位の重要な要素(相対品質)の構築期間に近い数字であった。ただし,売上高の周期と,売上高営業利益率の周期の間には若干の差異があり(統計的に有意),その解明は今後の課題となっている。

　また,上位企業と下位企業の周期の差異は存在しなかったものの,上位企業は,売上高営業利益率の位相が売上高に比べ一年程早かった。これは,上位企業が利益率の低下シグナルを敏感に捉えている可能性を示唆していた。

　また,上位企業と下位企業の間の売上高営業利益率の差異については,利益率の低下を十分に食い止めることができなかったことにあることがわかった。その利益率の差異は,利益率が低下している期間の長さではなく,低下幅の大きさそのものによるものであった。

　売上高営業利益率の向上に向けては,競争優位が毀損し,売上高営業利益率が低下し始める際,あるいはその前に,競争優位の回復に向けて一早く行動を起こ

(年)	売上成長期間	売上下降期間	差異	t値
上位企業20社	2.77	2.33	0.43*	1.87
下位企業20社	2.91	2.01	0.89***	2.62

注:***1%両側検定で有意,*10%両側検定で有意
　　収益性に対する市場・産業要素の影響:主な関係の概観
出所:筆者作成

し，それを食い止め，新たな持続的競争優位の構築に向けて，資源・能力の活用の道を模索することが大事になると言えるのではないだろうか。

第9章 本書の成果と今後の方向性

第1節　本書の貢献について

　日本企業は，これまで過去数十年にわたって大きく規模の拡大を果たしてきた。その中で長期的な収益性の低下を余儀なくされ，「収益不全」に苦しむという由々しき事態を招いている。

　高度成長期からバブル経済のころまで，全世界から脚光を浴びてきた日本型経営が，実は，収益性の犠牲の上に成り立つ「成長志向のマネジメントスタイル」にあり，多くの日本企業が，過度な規模拡大と利益無き繁忙に陥っていたのである。そして，日本企業にとっての一つの大きな課題は，その規模拡大に偏った「成長志向のマネジメントスタイル」が，失われた20年を経た今でも，根強く残っているところにある。

　本書では，このような問題意識に基づき，規模拡大と収益性低下の関係に焦点を当て，動態的な視点を持って実証研究をおこなってきた。容易に観測できる売上高や売上高営業利益率を分析対象として取り上げ，中間変数を飛ばし，「売上成長パターン→売上高営業利益率の増減」に着目したうえで，長期間にわたる経営成果の大きな因果関係をつかむことに力点を置いたのである。

　実証研究における貢献という点では，収益性向上を達成するための必要条件となる最適な売上成長速度（若干平均より高めの成長速度）を発見したこ

とが大きな成果と言えるだろう。また，この最適な成長速度の発見は，売上成長・売上高営業利益率という側面からではあるものの，オーバー・エクステンション戦略の有効性の傍証にもなった。

これまでの戦略論の研究では，業界構造の特徴の整理・理解，企業の経営資源の分類・構造化などに力点が置かれ，議論が細部に入り込み，複雑さが増してしまった感がある。結果的に，動態的な視点がおろそかになり，本来見続けるべき価値のある「速度」という重要な指標から，経営者を遠ざけることになってしまったと言えるかもしれない。近年の動態的戦略論の必要性に対する認識の高まりは，上記の見解に呼応するものであろう。日々走りながら注視すべき「速度」という動態的な指標の重要性，成長をコントロールするという視点を掘り起こしたことも本書の貢献としてあげることができるだろう。

他方，理論的な貢献としては，企業成長の動態的モデルの構築をおこなった点があげられるであろう。これまでのポジショニング・スクール（戦略論的視座）とリソース・ベースド・ビュー（資源論的視座）の接合を試みた先行研究が，「戦略ポジション⇔資源・能力」という枠組みの中でおこなわれていたのに対し，本モデルは「経営成果⇔戦略ポジション⇔資源・能力」へと枠組みを拡張し，企業の不均衡発展のダイナミズムを外から測定することに成功した。また，そこから経営実務に対する新たな示唆を導けたことは，これまでの理論を一歩先に進めることになったと評価できるのではないだろうか。

以下，これまでの検討を総括する形で，まずは定量分析に基づく発見について述べ，次にそこから導ける経営実務に対する示唆について議論する。

第2節　定量分析からの発見

第7章から第8章にかけて，日本の大規模な製造業全体での分析，業界視点での分析，個別企業レベルでの時間軸に沿った分析を実施してきた。企業成長の動態的モデルから導かれる仮説の検証結果を簡潔にまとめると，以下

のようになる。

仮説1 売上高と売上高営業利益率は5〜10年程度の周期を持つ。
→検証された。ただし，周期は最も短い5年程度。また，今回のモデルからは説明できない，売上高と営業利益率の周期の間の差異が確認された。

仮説2 売上高と売上高営業利益率の周期の位相は揃っている。
→検証された。

仮説3 利益率を維持・向上させてきた企業は，利益率の位相が売上高の位相より，若干早い。
→概ね検証された。

仮説4 利益率を低下させてきた企業は，利益率の低下期間が長く，低下幅が大きい。
→部分的に検証された。低下幅のみ有意な差が存在した。

仮説5 利益率を維持・向上させた企業は，若干高めの成長速度を持つ。
→検証された（必要条件）。「最適な成長速度」は業界平均に対して，約40％増しの成長速度であった。

仮説6 利益率を維持・向上させた企業は，若干小さめの売上変動幅を持つ。
→検証された（必要条件）。ただし，明確に「小さめ」とは言えない程度の差異であった。

仮説検証以外にも，定量分析を通じて，業界の拡大期に資源論的視座の影響度が増すなど幾つかの興味深い発見があった。それらは大きく次の七つに整理（上述の仮説検証の結果も含め）できるので，順次，それらについて述べていきたい。

1. 過度でも過小でもない業界平均を若干上回る売上成長速度（＋40％）が，売上高営業利益率の維持・向上のための必要条件であった（最適な売上成長速度の存在）

1976年度において名目売上高が1000億円以上の上場している製造業141社を分析対象企業群として用い，各企業を一つの観測点（質点）として，横

軸に売上成長速度，縦軸に売上高営業利益率の増減をとり散布図を描いたところ，横軸の中程にピークを持つ，凸な効率的フロンティアを描くことができた。効率的フロンティアのピークを形成する武田薬品工業，花王，ブリヂストンの売上成長速度は，それぞれ1.8％，3.7％，1.5％であり，これらの数値は141社の売上成長速度の単純平均1.2％，加重平均1.8％より若干高めであった。このことは，「最適な売上成長速度」の存在を示唆していた。

そして，凸の効率的フロンティアの存在は，高い売上成長速度と利益率の向上を長期間にわたって両立させていくことや，逆に，低過ぎる売上成長速度と利益率の向上を長期間にわたって両立させていくこと，そのいずれもが困難であることを意味している。また，効率的フロンティアの下には多くの観測点（企業）が存在しており，最適な売上成長速度は必要条件であって，十分条件ではなかった。

さらに業界要因を加味した分析をおこなうことによって，「最適な売上成長速度」の定量化をおこなった。そこでは，自らが所属する業界の平均成長速度に比べ40％程度高い売上成長速度が望ましい，ということがわかった。これは，たとえば業界が5％の規模拡大をしている場合，7％程度（＋40％）の成長を目指すことが望ましいと言い換えることができる。

2. 過度で安定的な売上成長が，最も売上高営業利益率の増減にマイナスの影響を及ぼしていた

売上高営業利益率を最も維持・向上させた企業群は，比較的緩やかな売上変動幅を伴う中程度の売上成長速度を持っていたが（前項（1）の結果と整合），売上高営業利益率を最も低下させていたのは，安定的に（小さな売上変動幅），高い売上成長を果たした企業群であった。

これらの企業群の利益率の低下状況は，分析対象企業群全体の平均に対して3倍程度であった（141社平均：－0.057％／年，対象企業群：－0.161％／年）。これは，安定的・継続的に過度な成長を続けることが，企業を「収益不全」に陥れてしまうことを示している。

第 9 章　本書の成果と今後の方向性

3. 業界の拡大期に資源論的視座の影響度が増し，企業は売上高営業利益率の増減における差別化を実現しやすかった

　業界のライフサイクル上のステージの違いによって，売上高営業利益率の増減における企業間差異が生まれる余地は異なっていた。

　定量分析だけからの推定の域は超えないものの，業界の成熟期，あるいは成長（生成）期においては，業界要因（戦略論的視座）の経営成果に対する影響度が大きく，個別企業が利益率の差異を生み出す力は相対的に弱かった。つまり，成熟期・成長（生成）期においては，どの企業も儲けられたり，どの企業も儲けられなかったりする状況にあると言うことができる。

　一方，ビジネスモデルが改良・発展していく，比較的，安定的な業界の拡大期においては，個別企業が他社に対して，売上高営業利益率の差をつけることが可能であった。これは，業界要因よりも，個別企業要因により利益率の増減が左右されることを意味し，資源論的視座が優勢になると解釈できた。

4. 企業のジグザグ成長の変動周期がおおよそ 5 年程度であった

　141 社の 30 年間にわたる経営成果（売上高，売上高営業利益率）の変動の様子を分析した結果，売上高と売上高営業利益率の変動周期は，おおよそ 5 年（売上高：4.71 年，売上高営業利益率：4.12 年）であることが分った。

　また，売上高営業利益率を維持・向上した企業と，大きく低下させた企業について，それらの周期における差異が存在するか否かについて検証をおこなったが，大きな差異は見られなかった（上位企業売上高：5.26 年，上位企業利益率：4.35 年，下位企業売上高：4.60 年，下位企業利益率：4.16 年，統計的に有意な差はなし）。

　この 5 年程度の期間は，ちょうど競争優位の構築に重要な役割を果たすと考えられる情報的資源の構築に要する期間に近いものであった（たとえば製品の評判は 6.0 年，従業員のノウハウは 4.6 年 [Hall, 1992]）。ここでは，企業の不均衡発展のダイナミズムを，売上の周期という観点から捉えることができたと言えるだろう。

　ただ，売上高と売上高営業利益率の周期の間には，統計的な差異が存在し

ていた。この差異がなぜ生じるかについては，今回のモデルでは十分な説明ができず，今後の課題となる。

5．売上成長における変動と売上高営業利益率の変動が同期していた

　売上高，ならびに売上高営業利益率の周期が，基本的には同期していたことが明らかとなった。つまり，企業は売上を伸ばしている時に利益率を向上させ，逆に，売上が低下している時に利益率を低下させていたのである。

　この傾向は，単年度での売上高の伸び（低下）と，売上高営業利益率の向上（低下）の相関を見ることによって確認することができた。また，各企業の30年間にわたる二つの経営成果の比較・観察によると，複数年にまたがる大きな動きにおいても，その連動を明らかに見てとることができた。また，その連動は，売上高営業利益率を維持・向上した企業にも，大きく低下させた企業にも共通するものであった。

6．売上高営業利益率を維持・向上させた企業は，売上高営業利益率の変化（低下・向上）が先に起こっていた

　基本的に，売上成長期（低下期）に利益率が向上（低下），つまり，売上高と売上高営業利益率は同期していたが，売上高営業利益率を維持・向上させた企業では，利益率の低下が売上高の低下に対して1年程度先行している傾向が読みとれた。

　これは，上位企業が利益率の低下シグナルに敏感に反応し，少なくとも翌年までには素早く売上成長速度のコントロールをおこない，競争優位の回復・再構築に着手している姿や，競争優位の回復に伴い利益率が1年程早く回復し，その後，売上高の拡大が伴っている姿を捉えたものであると解釈できる。

7．企業間の売上高営業利益率の差異は，利益率の低下幅の大きさが主たる要因であった

　売上高営業利益率を維持・向上させた企業と，大きく低下させた企業の差異が，どのような状況で生じたのかに関する分析をおこなったところ，その

差異のほとんどは，売上高営業利益率が向上する時ではなく，低下する時に生じていることが明らかとなった。

またその差異は，利益率が低下している期間の長さではなく，主に低下幅の大きさそのものに起因していた。ちなみに，約2年の連続した利益率低下期間の中で，上位企業10社の利益率の低下幅が−2.06％であるのに対し，下位企業10社は−4.13％と，約2倍の大きさであった。

第3節　経営実務に対する示唆

これらの定量分析を通じた発見は，第5章において構築した企業成長の動態的モデルに基づくものである。もちろん，別の解釈が成り立つ可能性もあるだろう。しかしながら，企業成長の動態的モデルから導かれる仮説と，定量分析の結果の間にはしっかりとした整合性があり，本モデルの妥当性は高いと考えられる。

また，これまでのモデルに関する議論，定量分析からの発見，それに基づく考察からは，経営実務にとって意味ある示唆を導くことができる。個別具体的な戦略の内容には触れないため，それらの示唆は，動態的視点に基づく経営目標策定，経営管理に関連するものになるが，大きく五つあげられる。

1. 過度な成長でもなく，過小な成長でもなく，「速度」を意識し，売上成長をコントロールする。そして，自己の資源・能力を少しだけ超えるオーバー・エクステンションを目指していく

売上高営業利益率の維持・向上の観点において，業界平均を若干上回る最適な売上成長速度が存在していた。この事実は，成長の速度が企業の競争優位に影響を及ぼし，経営成果に影響を与えることを意味している。

たとえば競争優位を有するからといって，事業の急拡大を続けてしまうと，組織能力が追いつかず，やがて事業基盤が脆弱となり，競争優位を失ってしまうことにもなりかねない。あるいは，事業環境が厳しくなった際に，

事業基盤の弱さが一気に露呈し，経営成果を著しく低下させることになるかもしれない。

　逆に，現在のような成熟した国内市場の状況に対して，多少無理してでも成長する努力をせず，低成長に甘んじた場合は，長い目で見て学習を促す創造的緊張（伊丹，2003）が組織に生まれなかったり，規模の面でも他社に劣り，競争優位を失うことにもなりかねない。

　このように考えると，競争優位を構築し，それを持続的に維持（回復・再構築も含め）していくためには，企業経営において，売上成長を「コントロールする」という姿勢を持つことも重要になると考えられる。「何としても速く成長する」とか「業界No.1を目指す」ではなく，最適な売上成長速度，つまり，「業界平均より40％程度高い成長速度」を意識し，オーバー・エクステンションを長期間にわたって実現していこうとする姿勢が大きく意味をもってくるであろう。「業界No.1」や，高い利益率を伴う適度な成長は，結果としてついてくるものなのである。

　ただし，企業が自らが属する業界をどのように定義するか，という難しさは残ることになる。衰退する業界だけを見て競争に終始すると，縮小均衡の戦略になってしまう。あるいは，閉ざされた業界の中で，各社が同時に業界平均の40％を大きく超える売上成長を目指してしまうと，際限のない過度な競争パターンに陥ってしまうことにもなりかねない（もちろん，それは長続きすることではない）。また，長い時間軸，あるいは業界が流動的に動いている場合には，業界の定義も変化してしまう。

　このような場合は，目先の競争に捕われることなく，自社の資源・能力や目指す姿，業界の捉え方を再考すべきである。そして，あまりに過度でも過小でもない，適度なオーバー・エクステンションの実現へと舵を切る必要がある。

2. 成長性に偏重した経営目標を，より収益性にも重点を置いたものにする

　長期間にわたって根強く維持されてきた日本企業の「成長志向のマネジメントスタイル」は，その修正がもはや待ったなしのところにきている。

第9章　本書の成果と今後の方向性

　この指摘は実はかなりの昔からなされていた。伊丹（1982）は，成長に大きく偏り過ぎた日本企業に対して，安定成長期（1975～80年）のころに，既に成長志向の弊害について警鐘を鳴らしていた。失われた10～20年を経た現在でも，同質的行動が過度な成長志向につながっている事実（淺羽，2002），多角化と規模拡大を主眼とした経営目標の存在（野口，2005），見えにくい利益よりも売上の方に未だ焦点が当てられていること（三品，2008）など，成長志向の弊害が，多くの研究者によって指摘され続けている。成熟した経済において，かつてのような単純な成長神話に日本企業が今なお引きずられているとするならば，さらに収益性低下のリスクが増大することにもなりかねない。

　ポーター・竹内（2000）は，このような日本企業の競争に対するアプローチは，競争業者間の違いをなくし，産業全体の収益性を阻害することにもつながると指摘している。競争は価格競争と化し，交渉力は売り手にわたる。そして，競争業者の同質化は，日本企業のみならず日本を模倣するアジア企業に対しても参入障壁を下げ，結果として収益性はますます悪化してしまう。

　これを避けるために，ポーター・竹内は七つの打ち手を提言している。それらは，①長期的視野に基づいた独自性のある戦略の立案，②オペレーション効率の対象範囲を拡大，③戦略における産業構造の役割の理解，④経営目標を成長性から収益性へ転換，⑤関連性のない分野への多角化の中止，⑥日本型組織モデルの更新，⑦国の経済発展における民間部門の新しい役割の構築の七つであった。その中でも，「成長性から収益性への転換」が重要なポイントであると主張されていた。

　井手（2005）は，製造業736社のうち，2003年度の経済付加価値の大きかった上位30社と下位30社を比較し，勝ち組，負け組みとも，その傾向が長期にわたって持続してしまう（過去10年間）ことを指摘している。また，本書における30年間にわたる分析においても，長期間にわたって収益性を低下させてきた企業とそうでない企業が存在していた。これらの結果は，企業の基本的な経営姿勢そのものが経営成果に反映されるのだということを示唆している。つまり，収益性向上を目指すためには，企業の基本的経営姿勢

そのものを変革しなければならないということになる。

　経営者は規模拡大のインセンティブの呪縛から離れ，売上成長と利益率の双方を重視するというバランスのとれた経営姿勢へと，マネジメントスタイルそのものを早急に変えていくべきだということを，今一度，認識すべきであろう[1]。

3. 売上高営業利益率の低下を，競争優位低下の先行指標（シグナル）として捉え，成長の軌道修正を図り，先手・自発的に競争優位の再構築に着手する

　売上高営業利益率を最も維持・向上した企業（上位企業）の多くにおいて，売上変動と売上高営業利益率の周期の間にはタイムラグが存在し，利益率の方が先に低下傾向を見せていた。言い換えれば，利益率の周期の位相が早かったのである。ここからは，上位企業は利益率の変化に敏感であり，その変化に対して早め早めの売上成長の軌道修正を図っている様子を窺うことができる。

　裏を返せば，利益率を低下させてきた企業は，それが後手にまわっていたと言うことができるだろう。たとえば「成長志向のマネジメントスタイル」が強く根付いた企業は，自社の製品やサービスが本質的な競争力を失いかけているにも拘わらず，ぎりぎりまで規模の拡大を目指してしまうかもしれない。そして，最終的に規模拡大の継続が困難になった時には，その企業の持つ競争優位は大きく毀損しており，売上高と利益率が大きく低下し始めてしまうと，もう手が付けられなくなるのだろう。つまり，成長戦略の軌道修正を図った時には時すでに遅しであり，結果的に利益率が大きく低下してしまうのである。

　企業の変革は外在的に引き起こされることが多く，内在的に変革を引き起こすことの難しさは，組織論においても指摘されている（Tushman, Newman, and Romanelli, 1986）。そして，内在的な変革を引き起こすためには，目標とする指標の実績の変化率（一次導関数）に着目すべきであるとも主張され

---

[1] 経営者は売上も利益も見えておらず，コストしか見ていないという主張も存在する（Treacy, and Smith, 2004）。

ている（March and Simon, 1958）。事業環境の変化による競争優位の低下など，外在的な理由に対して事後で対処していくのでは遅きに失する。その変化の兆しを捉え，自主的に先手をうっていくことが何にも増して重要なのではないだろうか。

利益率の維持・向上においては，その利益率そのものの変化（一次導関数）にこそ敏感となり，その根本にある競争優位の回復のためにいちはやく行動を起こし，資源・能力の再活用の道を模索できるか否かが，本質的に重要になると考えられる[2]。

ジグザグ型の不均衡発展では，戦略と組織構造，業務手順が調整され環境に適合していく収斂期（convergence）と，新たな環境変化に対応していくことを迫られる変革期（upheaval）が必ず生じることになる（Tushman *et al.*, 1986）。Tushman *et al.* は，財務上の危機が多くの企業の変革のきっかけとなるのに対し，優れた企業では，経営者が大きな変革の必要性を事前に見通し，先手先手に変革を仕掛け，変革期（約数カ月から2年程度）を比較的短く，その後に続く比較的長い収斂期の中からメリットを享受していると主張している。

ジグザグ型の不均衡発展においては，経営者が，いつどのようなタイミングで，どのような戦略的オリエンテーションを生み出していくかが大きく問われることになるのだろう。

4. 売上高営業利益率の向上に注力するよりも，低下を可能な限り素早くくいとめることのほうがインパクトが大きい

このポイントは，定量分析の結果から直接的に導ける示唆である。文字どおり，売上高営業利益率の低下期に着目し，その低下幅をいかに最小限に留められるかの重要性を指摘するものである。

利益率の増減の鍵を握るのはその低下期であった。利益率が向上する時

---

[2] ただし，利益率の変化のみに着目し，短期的な利益率の変動に一喜一憂すべしと言っているわけではない。あくまで利益率の変化を，競争優位の低下のアラームとしてしっかりと認識すべきであると主張しているのである。
　また，競争優位の回復・再構築に向けては，売上・利益の双方を追い求めるのではなく，多少なりとも売上成長を犠牲にしても致し方なしとの認識を持つべきなのであろう。

は，どの企業も比較的順当に利益率を伸ばすことができた。一方，企業間の利益率格差は，その低下幅によって生じていたからである。

ただし，資源論的視座のところで議論したように，新たな競争優位の構築のためにはスラック資源，そして見えざる資産が必要となってくる。利益率の回復に向けて，選択と集中，ならびに固定費の削減を実施する場合，その後の成長の源泉となる見えざる資産（情報的資産）を毀損しないように注意が必要となる。

5. 5～10年程度の時間的な視野の中で，資源・能力の蓄積・活用，競争優位を有する戦略ポジションの構築を捉え，長短のバランスを考慮した経営を目指す

五つ目の経営実務に対する示唆は，より長期的な時間軸の中で戦略を考えるべきであるといった点である。企業の中期経営計画の期間は多くの場合，3年程度である[3]。一方，企業のジグザグ成長の周期はおおよそ5年であった。競争優位の構築・活用・再構築のサイクルを考えると3年ではいささか短いと言えるだろう。

戦略論的視座では，事業立地の変更（転地）には最低でも10年を超える時間が必要となることや（三品, 2007），戦略ポジションの構築には10年を超える時間が必要であり，数年程度の一度の計画サイクルでは短すぎるといった指摘がなされている（Porter, 1996）。

また，資源論的視座でも，競争優位にとって重要となる情報的資源の構築には10年程度の時間が必要（企業の名声：10.8年，製品の評判：6.0年，従業員のノウハウ：4.6年など）であるという結果もある（Hall, 1992）。

このような長期的な視野での戦略構築が求められる一方で，前項（4）で述べたような，短期的な収益性低下に対する打ち手も必要である。長期的な

---

3) デロイト トーマツ FAS株式会社のコーポレートファイナンシャルアドバイザリーサービスの宮田真詩・酒井利治による調査では，2010年現在の日経225企業のうち，自社HPで中期経営計画を発表している202社中，115社は，その対象期間が3カ年であり，最も高い割合を占めていた。また，1～2年が18社，4年が18社，5年が24社，6年が6社，期間なしが21社となっていた。
(http://www.tohmatsu.com/view/ja_JP/jp/knowledge/fas/ma/020179bd17c69210VgnVCM100000ba42f00aRCRD.htm　2011年8月23日閲覧）

視野にたって資源・能力開発に投資をすれば，企業は大きなスラック資源を抱え込み，短期的な収益性を圧迫することにもなりかねない。また逆に，目先の収益だけを追い求め，戦略を決めてしまっても，企業の将来性を犠牲にすることになりかねない。企業は，短期的対応と長期的対応を巧く連動し，バランスさせることを求められている。

ただ，日本企業の中には，ホッケースティック型の野心的な3カ年計画を立て，それが実現しないまま，また新たにホッケースティック型の3カ年計画を再度立てている企業が散見される。これでは長期的な利益率の維持・向上は望めない。まずは企業の目指すべき姿を軸に，戦略論的視座と資源論的視座の双方の観点から，5〜10年程度の時間軸を見通す戦略，すなわち戦略ポジションと資源・能力の進化のダイナミズムをしっかりと検討すべきである。そして，過度な成長ではなく，少し背伸びした成長を目指し，それを着実に実現，あるいは「最適な売上成長速度」を意識して軌道修正していく中にこそ，競争優位の維持・発揮の道が見えてくるのではなかろうか。

昨今の事業環境は，変化のスピードが非常に早い。逆説的ではあるが，このような時にこそ，短中期の計画のみならず，「10カ年計画」といった比較的長期の戦略プランも重要になるのであろう。

第4節　今後の研究の方向性

これまで企業成長の動態的な側面に着目し，利益率の維持・向上に資する幾つかの発見や，経営実務における示唆の導出をおこなってきた。しかし当然のことながら，本書も多くの限界や課題を抱えていることは言うまでもない。今後さらに，ダイナミックな競争戦略のあり方について理解を深め，収益性向上に向けた検討を深めるために，本書の限界ならびに今後の研究の方向性について述べ，本書を締めくくることとしたい。

限界としては当初から想定していたことではあったが，定量分析にすべての検討を依存させたため，得られた経営実務における示唆が，大まかなガイドラインに留まっているという点をあげることができる。本書では，大量サ

ンプルに基づく定量分析を実施することによって，特殊解ではない可能な限りの一般的示唆を求めることを目指してきてた。それゆえ，なぜ〈Why〉とか，どのように〈How〉については，十分な検討ができなかった。

他にも，データ入手における制約から日本の大規模な製造業の単体データを用いた分析しかできなかったこと，構築した企業成長の動態的モデルは未だ粗いものであるということ（売上高と売上高営業利益率の間をつなぐ中間変数を捨象し，ブラックボックスのまま取り扱っている）などが挙げられる。

これらの課題を踏まえると，今後の研究の方向性は大きく三つあげることができるだろう。

まず第一には，本モデルをさらに進化させていく方向である。たとえば，Teece *et al.*（1997）に示されたような，ダイナミック・ケイパビリティの議論をより詳細に援用し，企業内の資源・能力のダイナミズムの理解を深めていくといった資源論的視座に基づくモデル進化のアプローチである。そうすることによって，企業内部のブラックボックスの中身に迫れるかもしれない。

あるいは，Porter（1991）の言うように，競争優位が確立される前の企業を巡る初期条件や，経営者の当時の意思決定の理解が重要であるとの認識のもと，競争優位が最初に確立される際の状況を記述できるようなモデルを検討し，本モデルとの接続をおこなっていく方向も考えられる。それによって本モデルを，中小企業やベンチャー企業にも適用できる，より拡張されたモデルへと進化させることができるかもしれない。

第二の方向としては，分析対象範囲をさらに広げていくことである。分析対象企業群である日本の大規模な製造業について言えたことが，非製造業でも言えるのか，あるいは他国の企業においても言えるのかを検証すれば，定量分析の信頼度を検証するに留まらず，企業成長の動態的モデルの堅牢性を確認することにもつながるであろう。

第三の方向としては，事例研究を蓄積していくことである[4]。定量分析を

---

4) 事例研究と言えるほど厳密なものではないが，上位企業・下位企業の中から数社とりあげ，文献情報に基づく個別企業の概況・主たるトピックを，補論に記載している。

補完する形で，上位企業と下位企業の事例研究を詳細におこなうことが考えられる。事例研究によって，本書で構築した企業成長の動態的モデルがより具体的なものとなり，なぜ〈Why〉や，どのように〈How〉に，より迫ることができると考えられる。また，導出された経営実務上の示唆も，より現場感のある具体的なものへと昇華させることができるだろう。

参考文献

Amit, R. and P. J. H. Schoemaker (1993) "Strategic Assets and Organizational Rent," *Strategic Management Journal*, Vol. 14, No. 1, pp. 33-46.

Ansoff, H. I. (1965) *Corporate Strategy: An Analytical Approach to Business Policy for Growth and Expansion*, New York: McGraw-Hill（広田寿亮訳（1969）『企業戦略論』産業能率大学出版部）.

浅羽茂（1990）「企業の長期的成長のメカニズム―経営資源の蓄積に焦点を当てて―」『組織科学』第23巻第3号，pp. 65-78。

淺羽茂（2002）『日本企業の競争原理：同質行動の実証分析』東洋経済新報社。

淺羽茂（2004）『経営戦略の経済学』日本評論社。

Bain, J. S. (1968) *Industrial Organization* (2nd ed.), New York: John Wiley & Sons（宮澤健一監訳（1970）『産業組織論』（上・下）丸善）.

Barney, J. B. (1986) "Strategic Factor Markets: Expectations, Luck, and Business Strategy," *Management Science*, Vol. 32, No. 10, pp. 1231-1241.

Barney, J. B. (1989) "Asset Stock Accumulation and Sustainability of Competitive Advantage: A Comment," *Management Science*, Vol. 35, No. 12, pp. 1511-1513.

Barney, J. B. (1991) "Firm Resources and Sustained Competitive Advantage," *Journal of Management*, Vol. 17, No. 1, pp. 99-120.

Barney, J. B. (2002) *Gaining and Sustaining Competitive Advantage* (2nd ed.), New Jersey: Pearson Education（岡田正大訳（2003）『企業戦略論　上 基本編・中 事業戦略編・下 全社戦略編』ダイヤモンド社）.

Black, A. J. and K. B. Boal (1994) "Traits, Configurations and Paths to Sustainable Competitive Advantage," *Strategic Management Journal*, Vol. 15, Special Issue: Strategy: Search for New Paradigms (Summer, 1994), pp. 131-148.

Buzzell, D. R. and T. B. Gale (1987) *The PIMS Principles: Linking Strategy to Performance*, New York: The Free Press（和田充夫・八七戦略研究会訳（1988）『新PIMSの戦略原則―業績に結びつく戦略要素の解明―』ダイヤモンド社）.

Castanias, R. and C. Helfat (1991) "Managerial Resources and Rents," *Journal of*

Management, Vol. 17, No. 1, pp. 155-171.

Caves, R. E. and M. Porter (1977) "From Entry Barriers to Mobility Barriers: Conjectural Decisions and Contrived Deterrence to New Competition," *Quarterly Journal of Economics*, Vol. 91, No. 2, pp. 241-262.

Chandler, A. D. Jr. (1962) *Strategy and Structure: Chapters in the History of the Industrial Enterprise*, Cambridge, MA: MIT Press（有賀裕子訳（2004）『組織は戦略に従う』ダイヤモンド社）.

Chatterjee, S. and B. Wernerfelt (1991) "The Link between Resources and Type of Diversification: Theory and Evidence," *Strategic Management Journal*, Vol. 12, No. 1, pp. 33-48.

Connor, K. (1991) "A Historical Comparison of Resource-based Theory and Five Schools of Thought within Industrial Organization Economics: Do We Have a New Theory of the Firm?,"*Journal of Management*, Vol. 17, No. 1, pp. 121-154.

Cyert, M. R. and J. G. March (1963) *A Behavioral Theory of the Firm*, New Jersey: Prentice-Hall（松田武彦・井上恒夫訳（1967）『企業の行動理論』ダイヤモンド社）.

Daft, L. R. (2001) *Essentials of Organization Theory and Design* (2nd ed), London: Thomson Learning（髙木晴夫訳（2002）『組織の経営学』ダイヤモンド社）.

Demsetz, H. (1973) "Industry Structure, Markets Rivalry, and Public Policy," *Journal of Law and Economics*, Vol. 16, pp. 1-9.

Dierickx, I. and K. Cool (1989a) "Asset Stock Accumulation and Sustainability of Competitive Advantage," *Management Science*, Vol. 35, No. 12, pp. 1504-1511.

Dierickx, I. and K. Cool (1989b) "Asset Stock Accumulation and Sustainability of Competitive Advantage: Reply," *Management Science*, Vol. 35, No. 12, p. 1514.

Friend, I. and M. Puckett (1964) "Dividends and Stock Price," *The American Economic Review*, Vol. 54, Vol. 5, (Sep. 1964), pp. 656-682.

藤田誠（2007）『企業評価の組織論的研究―経営資源と組織能力の測定―』中央経済社。

Ghemawat, P. (1986) "Sustainable Advantage," *Harvard Business Review*, Sep.-Oct., pp. 53-58.

Grant, R. M. (1991) "The Resource-based Theory of Competitive Advantage: Implication for Strategy Formulation," *California Management Review*, Spring, pp. 115-132.

Hall, R. (1992) "The Strategic Analysis of Intangible Resources," *Strategic*

Management Journal, Vol. 13, No. 2, pp. 135-144.

Hall, R. (1993) "A Framework Linking Intangible Resources and Capabilities to Sustainable Competitive Advantage," *Strategic Management Journal*, Vol. 14, No. 8, pp. 607-618.

Hamel, G. and C. K. Prahalad (1994) *Competing for the Future*, Boston, MA: Harvard Business School Press（一條和生訳（1995）『コア・コンピタンス経営』日本経済新聞社）.

Hampden-Turner, C. M. and A. Trompenaars (1993) *The Seven Cultures of Capitalism: Value Systems for Creating Wealth in the United States, Japan, Germany, France, Britain, Sweden, and the Netherlands*, New York: Currency/Doubleday（上原一男・若田部昌澄訳（1997）『七つの資本主義―現代企業の比較経営論―』日本経済新聞社）.

Hansen, G. and B. Wernerfelt (1989) "Determinants of Firm Performance: The Relative Importance of Economic and Organizational Factors," *Strategic Management Journal*, Vol. 10, No. 5, pp. 399-411.

Helfat, C. E. and M. A. Peteraf (2003) "The Dynamic Resource-based View: Capability Lifecycles," *Strategic Management Journal*, Vol. 24, No. 10, Special Issue: Why Is There a Resource Based View? Toward a Theory of Competitive Heterogeneity (Oct. 2003), pp. 997-1010.

Helfat, C. E., S. Finkelstein, W. Mitchell, M. A. Peteraf, H. Singh, D. J. Teece, and S. G. Winter (2007) *Dynamic Capabilities: Understanding Strategic Change in Organizations*, Malden, MA: Blackwell Publishing.

平井孝志（2008）「大企業の長期的成長モデルに関する考察―売上成長と利益率向上に焦点を当てて―」『経営戦略研究』第6号, pp. 33-48。

井庭崇・福原義久（1998）『複雑系入門』NTT出版。

井手正介（2005）『不均衡発展の60年：低収益経営システムの盛衰と新時代の幕開け』東洋経済新報社。

井上達彦編著（2006）『収益エンジンの論理：技術を収益化する仕組みづくり』白桃書房。

伊丹敬之（1980）『経営戦略の論理』日本経済新聞社。

伊丹敬之（1982）『日本的経営論を超えて―企業経営力の日米比較―』東洋経済新報社。

伊丹敬之（1984）『新・経営戦略の論理』日本経済新聞社。

伊丹敬之（2003）『経営戦略の論理（第3版）』日本経済新聞社。

伊丹敬之編著（2006）『日米企業の利益率格差』有斐閣。
伊丹敬之・軽部大（2004）『見えざる資産の戦略と論理』日本経済新聞社。
加護野忠男・野中郁次郎・榊原清則・奥村昭博（1983）『日米企業の経営比較―戦略的環境適応の理論―』日本経済新聞社。
軽部大（2001）「日本HPC産業における2つの性能進化―企業の資源蓄積と競争環境との相互依存関係が性能進化に与える影響―」『組織科学』第35巻第2号，pp. 95-113。
軽部大（2003）「見過ごされた分析視覚―E. T. Penroseから「資源・能力アプローチ」へ―」『一橋論叢』第129巻第5号，pp. 66-89。
加藤俊彦・軽部大（2009）「日本企業における事業戦略の現状と課題：質問票調査に基づくデータ分析から」『組織科学』第42巻第3号，pp. 4-15。
河合忠彦（2004）『ダイナミック戦略論―ポジショニング論と資源論を超えて―』有斐閣。
小林喜一郎（1999）『経営戦略の理論と応用』白桃書房。
Kogut, B. and U. Zander (1992) "Knowledge of The Firm, Combinative Capabilities, and The Replication of Technology," *Organization Science*, Vol. 3, No. 3, pp. 383-397.
Levinthal, D. and J. Myatt (1994) "Co-Evolution of Capabilities and Industry: The Evolution of Mutual Fund Processing," *Strategic Management Journal*, Vol. 15, Special Issue: Competitive Organizational Behavior (Winter, 1994), pp. 45-62.
Mahoney, J. and J. R. Pandian (1992) "The Resource-based View within the Conversation of Strategic Management," *Strategic Management Journal*, Vol. 13, No. 5, pp. 363-380.
March, J. G. and H. A. Simon (1958) *Organizations*, New York: John Wiley & Sons（土屋守章訳（1977）『オーガニゼーションズ』ダイヤモンド社）.
McGahan, A. M. and M. E. Porter (1997) "How Much Does Industry Matter, Really?," *Strategic Management Journal*, Vol. 18, Summer Special Issue, pp. 15-30.
Mintzberg, H., B. Ahlstrand, and J. Lampel (1998) *Strategy Safari: A Guided tour through the Wilds of Strategic Management*, New York: The Free Press（齋藤嘉則監訳，木村充訳・奥澤朋美・山口あけも訳（1999）『戦略サファリ：戦略マネジメント・ガイドブック』東洋経済新報社）.
三品和広（1997）「『蓄積』対『組み合わせ』―日米経営比較の仮説―」『ビジネス

レビュー』第45巻第2号，pp. 75-83。

三品和広（2002a）「日本型企業モデルにおける戦略不全の構図」『組織科学』第35巻第4号，pp. 8-19。

三品和広（2002b）「企業戦略の不全症」『一橋ビジネスレビュー』第50巻第1号，pp. 6-23。

三品和広（2004）『戦略不全の論理―慢性的な低収益の病からどう抜け出すか―』東洋経済新報社。

三品和広（2007）『戦略不全の因果― 1013社の明暗はどこで分かれたのか―』東洋経済新報社。

三品和広（2008）「見えざる利益―ビジネスモデル論の新たな視角―」『一橋ビジネスレビュー』第56巻第1号，pp. 6-17。

森本博行（2004）「『多角化の不経済』からの脱却：高業績メーカーの収益モデル」『DIAMONDハーバード・ビジネス・レビュー』9月号，pp. 46-58。

Mueller, D. C. (1972) "A Life Cycle Theory of the Firm," *The Journal of Industrial Economics*, Vol. 20, No. 3, pp. 199-219.

Mueller, D. C. (1986) *Profits in the Long Run*, Cambridge, MA: Cambrige University Press.

中村洋・岡田正大・澤田直宏（2006）「経営資源・ケイパビリティー理論とSCP理論の動学的補完関係に関する一考察―内部経営資源の蓄積・活用と業界構造変化の相互作用の観点から―」『組織科学』第40巻第1号，pp. 60-73。

中野誠（2008）「利益格差構造の国際比較研究」『一橋ビジネスレビュー』第55巻第4号，pp. 78-92。

野口悠紀雄（2005）『日本経済改造論―いかにして未来を切り開くか―』東洋経済新報社。

沼上幹（2009）「日本企業の実証研究からみたリソース・ベースト・ビュー」『2009年度組織学会年次大会報告要旨集』pp. 138-146。

沼上幹・浅羽茂・新宅純二郎・網倉久永（1992）「対話としての競争：電卓産業における競争行動の再解釈」『組織科学』第26巻第2号，pp. 64-79。

岡田正大（2001）「RBVの可能性：ポーターvs. バーニー論争の構図」『DIAMONDハーバード・ビジネス・レビュー』5月号，pp. 88-92。

Penrose, E. T. (1959) *The Theory of the Growth of the Firm*, Oxford: Basil Blackwell（末松玄六訳（1962）『会社成長の理論』ダイヤモンド社）．

Porter, M. E. (1980) *Competitive Strategy: Techniques for Analyzing Industries and Competitors*, New York: The Free Press（土岐坤・中辻萬治・服部照夫訳

(1982)『競争の戦略』ダイヤモンド社).

Porter, M. E. (1985) *Competitive Advantage: Creating and Sustaining Superior Performance*, New York: The Free Press (土岐坤・中辻萬治・小野寺武夫訳 (1985)『競争優位の戦略―いかに高業績を持続させるか―』ダイヤモンド社).

Porter, M. E. (1990) *The Competitive Advantage of Nations*, New York: The Free Press (土岐坤・中辻萬治・小野寺武夫・戸成富美子訳 (1992)『国の競争優位』ダイヤモンド社).

Porter, M. E. (1991) "Towards a Dynamic Theory of Strategy," *Strategic Management Journal*, Vol. 12, Special Issue: Fundamental Research Issues in Strategy and Economics (Winter, 1991), pp. 95-117.

Porter, M. E. (1996) "What is Strategy," *Harvard Business Review*, Nov.-Dec., pp. 61-78 (中辻萬治訳 (1997)「戦略の本質」『DIAMOND ハーバード・ビジネス・レビュー』Feb.-Mar., pp. 6-31).

Porter, M. E. (2001) "Strategy and the Internet," *Harvard Business Review*, Apr., pp. 62-78 (藤川佳則監訳・沢崎冬日訳 (2001)「戦略の本質は変わらない:インターネットでいかに優位性を実現するか」『DIAMOND ハーバード・ビジネス・レビュー』5月号, pp. 52-77).

ポーター・E・マイケル・竹内弘高 (2000)『日本の競争戦略』ダイヤモンド社。

Rumelt, R. P. (1974) *Strategy, Structure, and Economic Performance*, Boston, MA: Division of Research, Harvard Business School (鳥羽欽一郎・山田正喜子・川辺信雄・熊沢孝訳 (1977)『多角化戦略と経済成果』東洋経済新報社).

Rumelt, R. P. (1984) "Toward a Strategic Theory of the Firm," in R. Lamb (ed.) *Competitive Strategic Management*, Englewood Cliffs, NJ: Prentice Hall, pp. 556-570.

Rumelt, R. P. (1987) "Theory, Strategy, and Entrepreneurship," in D. Teece (ed.) *The Competitive Challenge*, Cambridge, MA: Ballinger, pp. 137-158.

Rumelt, R. P. (1991) "How Much Does Industry Matter?," *Strategic Management Journal*, Vol. 12, No. 3, pp. 167-185.

榊原清則・香山晋 (2006)『イノベーションと競争優位―コモディティ化するデジタル機器―』NTT 出版。

坂野友昭 (1989)「企業の組織スラック創出と戦略効果」『早稲田商学』第334号, pp. 95-130。

Saloner, G., A. Shepard, and J. Podolny (2001) *Strategic Management*, New York: John Wiley & Sons (石倉洋子訳 (2002)『戦略経営論』東洋経済新報社).

Schmalensee, R. (1985) "Do markets differ much?," *The American Economic Review*, Vol. 75, No. 3, pp. 341-350.

嶋口充輝（1986）『統合マーケティング―豊饒時代の市場志向経営―』日本経済新聞社。

新宅純二郎（1994）『日本企業の競争戦略―成熟産業の技術転換と企業行動―』有斐閣。

新宅純二郎・淺羽茂（2001）『競争戦略のダイナミズム』日本経済新聞社。

高安秀樹（2004）『経済物理学の発見』光文社新書。

Teece, D. J., G. Pisano, and A. Shuen (1997) "Dynamic Capabilities and Strategic Management," *Strategic Management Journal*, Vol. 18, No. 7, pp. 509-533.

Teece, D. J., G. Pisano, and A. Shuen (2000) "Dynamic Capabilities and Strategic Management," in G. Dosi, R. R. Nelson, and S. G. Winter (eds.) *The Nature and Dynamics of Organizational Capabilities*, New York: Oxford University Press, pp. 334-362.

Treacy, M. and J. Smith (2004) "Take Command of Your Growth," *Harvard Business Review*, Apr., pp. 127-133（マクドナルド京子訳（2004）「SRS で収益源を監視する：成長はマネジメントできる」『DIAMOND ハーバード・ビジネス・レビュー』9 月号，pp. 60-69).

辻正雄（1994）「日米製造業における業種別収益性の比較分析」『産業経理』第 53 巻第 4 号，pp. 2-12。

Tushman, M. L., W. H. Newman, and E. Romanelli (1986) "Convergence and Upheaval: Managing Unsteady Pace of Organizational Evolution," *California Management Review*, Vol. 26, No. 1, pp. 29-44.

上野恭裕（1997）『多角化企業の競争優位の研究：大阪府立大学経済学研究叢書第 86 冊』大阪府立大学経済学部。

内田和成（2009）『異業種競争戦略』日本経済新聞出版社。

和田充夫・青井倫一・矢作恒雄・嶋口充輝（1989）オールウェイズ研究会編『リーダー企業の興亡：運命か，戦略の失敗か』ダイヤモンド社。

Wernerfelt, B. (1984) "A Resource-based View of the Firm," *Strategic Management Journal*, Vol. 5, No. 2, pp. 171-180.

Wernerfelt, B. and C. A. Montgomery (1986) "What is an Attractive Industry?," *Management Science*, Vol. 32, No. 10, pp. 1223-1230.

吉原英樹（1967）「組織スラックと企業の適応的行動―立石電機のケースを中心にして―」『経済経営研究』第 18 号（I），pp. 121-152。

吉原英樹・佐久間昭光・伊丹敬之・加護野忠男（1981）『日本企業の多角化戦略―経営資源アプローチ―』日本経済新聞社。

付　録

1. 分析対象企業群の基本データ

No.	企業名 1976年度における売上高規模順	業種 (2007年5月時点)	売上高実質値 (百万円) (2005年=100)		売上高営業利益率 (%)		年平均成長率 g (%) (売上成長速度)	残差の比率の標準偏差 s (売上変動幅)	回帰直線の傾き b (%) (売上高営業利益率の増減)
			1976年度	2005年度	1976年度	2005年度			
1	新日本製鐵	鉄鋼	3,345,056	2,591,388	7.26	16.75	-2.3460	0.9322	0.0736
2	日産自動車	輸送用機器	2,702,381	3,895,553	5.95	6.52	-0.0487	0.8354	0.0447
3	トヨタ自動車	輸送用機器	2,663,831	10,191,838	7.44	8.32	3.6865	1.1462	0.0485
4	松下電器産業	電気機器	1,749,369	4,472,579	4.25	2.75	2.7494	1.1445	-0.1312
5	日立製作所	電気機器	1,728,338	2,713,331	7.60	0.04	1.5587	1.3041	-0.3367
6	三菱重工業	機械	1,625,601	2,206,778	3.42	1.73	1.1680	0.7106	-0.0260
7	住友金属工業	鉄鋼	1,413,238	954,913	7.15	23.28	-2.3553	0.8012	0.0293
8	東芝	電気機器	1,287,088	3,257,451	7.23	3.84	2.7279	1.0852	-0.2862
9	神戸製鋼所	鉄鋼	1,196,929	1,034,773	9.02	13.76	-1.6264	0.9044	-0.0117
10	三菱電機	電気機器	929,375	2,217,059	6.21	3.50	2.5705	1.2749	-0.2100
11	石川島播磨重工業	機械	929,219	612,795	7.58	2.24	-1.1209	0.7085	-0.0633
12	本田技研工業	輸送用機器	892,521	3,757,087	5.68	6.39	3.5151	1.2209	0.0511
13	三菱化学	化学	800,008	1,003,599	5.99	3.62	0.1123	1.0780	-0.1118
14	キリンビール	食料品	799,965	935,621	5.19	6.22	-0.0732	1.0281	0.0048
15	マツダ	輸送用機器	785,112	2,032,115	0.79	3.30	1.4885	1.7126	-0.0501
16	鹿島建設	建設業	748,696	1,341,282	5.74	4.29	2.1962	1.4559	-0.0680
17	住友化学	化学	742,285	755,037	3.88	4.08	-0.5380	1.0212	-0.0575
18	大成建設	建設業	730,431	1,400,988	4.38	3.14	1.9204	1.2873	0.0020
19	川崎重工業	輸送用機器	720,653	845,957	7.98	3.56	0.8985	0.7462	-0.0655
20	NEC	電気機器	648,582	2,370,709	5.48	0.36	4.9787	2.0887	-0.2156
21	清水建設	建設業	634,566	1,269,413	5.20	3.54	2.2717	1.7634	-0.0436
22	三洋電機	電気機器	624,116	1,353,445	3.02	-2.96	1.9568	0.8033	-0.1084
23	クボタ	機械	614,748	693,503	9.68	10.78	0.4833	0.3653	-0.0195
24	大林組	建設業	569,455	1,274,205	5.03	3.21	2.7094	1.2006	-0.0799
25	いすゞ自動車	輸送用機器	567,078	917,896	3.15	5.83	0.6780	1.3399	0.0000
26	東レ	繊維製品	559,239	499,339	3.19	7.52	-1.0335	0.6875	-0.0414
27	昭和電工	化学	505,721	568,086	1.88	6.34	-0.1411	1.1505	-0.0238
28	雪印乳業	食料品	495,095	132,837	3.46	4.65	-2.9529	2.5091	-0.1675
29	ソニー	電気機器	464,439	3,179,579	10.12	-0.49	6.5099	0.9714	-0.4012
30	松下電工	電気機器	447,270	975,274	8.36	3.36	2.4823	0.9537	-0.2208
31	日立造船	機械	443,704	196,596	5.24	-2.13	-1.7950	1.8585	-0.0095
32	富士通	電気機器	437,759	2,850,235	6.70	0.66	6.6510	1.7589	-0.2754
33	ブリヂストン	ゴム製品	436,626	855,023	9.11	13.54	1.5195	0.6545	0.2982
34	コマツ	機械	420,938	627,319	11.07	9.06	-1.0251	1.3216	-0.1943
35	熊谷組	建設業	418,227	265,569	7.91	3.67	-0.8518	3.0426	-0.1481
36	大日本印刷	その他製品	413,288	1,183,732	8.80	4.41	3.2968	0.9117	-0.1514
37	味の素	食料品	411,456	698,652	3.18	3.67	1.6135	0.3086	-0.0660
38	武田薬品工業	医薬品	405,202	840,230	5.57	41.18	1.7935	0.6284	1.0924
39	日産車体	輸送用機器	404,605	624,466	3.59	3.85	0.4212	1.1274	-0.0109
40	宇部興産	化学	404,333	275,822	4.90	7.76	-2.5086	1.2188	-0.0510
41	日新製鋼	鉄鋼	399,790	415,547	9.29	15.59	-0.8853	0.8813	-0.1466

No.	企業名	業種	売上高実質値 (百万円) (2005年=100)		売上高営業利益率 (%)		年平均成長率 g (%)	残差の比率の標準偏差 s	回帰直線の傾きb (%)
	1976年度における売上高規模順	(2007年5月時点)	1976年度	2005年度	1976年度	2005年度	(売上成長速度)	(売上変動幅)	(売上高営業利益率の増減)
42	三井造船	輸送用機器	394,434	293,987	6.02	0.18	-0.5930	1.5037	0.0173
43	旭硝子	ガラス・土石製品	389,828	576,229	8.06	8.08	0.9070	1.9308	-0.2775
44	シャープ	電気機器	380,467	2,283,109	3.50	5.80	4.9479	1.1877	0.0335
45	デンソー	輸送用機器	370,312	2,057,045	10.08	7.51	4.6506	1.1820	-0.1471
46	古河電気工業	非鉄金属	353,358	382,468	3.14	2.98	-0.0389	1.1861	-0.0861
47	日本水産	水産・農林業	345,124	331,771	4.18	1.00	-1.9638	0.9445	-0.0899
48	日野自動車	輸送用機器	340,258	919,945	1.69	3.80	1.9370	1.2905	-0.0459
49	富士重工業	輸送用機器	339,048	976,143	3.80	5.34	2.5608	1.0257	0.0650
50	ヤマハ	その他製品	338,633	321,252	5.73	2.49	-0.5242	0.6253	-0.0368
51	住友電気工業	非鉄金属	337,036	912,012	4.64	1.51	2.5968	0.7983	-0.1768
52	凸版印刷	その他製品	334,351	947,142	7.03	4.02	3.2305	0.9259	-0.0912
53	住友重機械工業	機械	334,022	265,773	8.76	6.37	-0.3874	0.9274	0.1046
54	ユニチカ	繊維製品	327,535	94,763	0.08	7.95	-3.9468	2.1426	0.1106
55	明治乳業	食料品	322,080	484,285	2.41	3.15	1.2994	0.3095	0.0227
56	東洋紡績	繊維製品	317,723	246,941	0.08	8.98	-1.3052	0.9105	0.0678
57	積水ハウス	建設業	317,407	1,145,541	8.18	5.23	4.6736	1.3473	-0.0873
58	資生堂	化学	305,045	252,663	7.99	2.80	-1.2867	1.2533	-0.0037
59	大日本インキ化学工業	化学	303,669	358,737	4.73	2.90	0.0644	0.9821	-0.0508
60	富士フイルムホールディングス	化学	302,609	748,255	9.83	8.30	2.6323	1.4006	-0.1137
61	日本製紙	パルプ・紙	302,403	625,262	6.50	5.14	2.7427	1.0128	-0.0655
62	ヤマハ発動機	輸送用機器	294,293	755,941	3.34	2.55	1.7487	1.1015	-0.0185
63	戸田建設	建設業	293,069	463,526	5.50	1.71	2.1472	1.5998	-0.0132
64	三菱マテリアル	非鉄金属	290,311	601,362	6.24	3.56	2.0582	1.9075	-0.1322
65	スズキ	輸送用機器	288,254	1,690,169	4.90	2.81	5.0470	1.0906	-0.0016
66	森永乳業	食料品	287,688	428,627	1.38	1.11	1.4790	0.3057	0.0245
67	日本軽金属	非鉄金属	274,301	202,763	1.10	4.17	-1.5478	0.7075	-0.0750
68	三井金属鉱業	非鉄金属	272,855	317,074	6.03	5.03	-0.4902	1.2383	0.0565
69	王子製紙	パルプ・紙	272,699	554,993	8.29	3.96	3.2597	1.1957	-0.1488
70	東洋製罐	金属製品	270,199	358,593	8.54	-0.47	0.8489	1.2266	-0.2526
71	三井化学	化学	262,364	852,955	9.40	3.00	3.5966	1.9850	-0.0877
72	大和ハウス工業	建設業	261,755	1,138,462	7.25	4.78	6.5533	1.5145	-0.0795
73	三菱レイヨン	繊維製品	260,247	227,916	3.12	9.98	-0.1998	0.8029	0.1310
74	積水化学工業	化学	258,247	371,524	2.27	5.23	1.6142	2.0043	-0.0406
75	三井住友建設	建設業	257,783	471,661	4.10	2.51	1.7385	1.2821	-0.0225
76	住友金属鉱山	非鉄金属	248,185	482,558	6.42	12.97	0.0181	1.2687	0.0468
77	千代田化工建設	建設業	242,281	341,600	2.26	5.43	-1.0564	3.5966	-0.1998
78	日本農産工業	食料品	239,334	97,808	1.25	2.67	-3.8198	1.7248	0.0066
79	クラレ	繊維製品	234,015	193,596	1.98	11.31	-0.1216	0.8204	0.1632
80	伊藤ハム	食料品	228,528	423,306	5.20	-1.34	1.7730	0.7831	-0.1675
81	五洋建設	建設業	225,840	318,959	6.30	3.95	1.7779	1.6312	-0.0841
82	日立金属	鉄鋼	220,969	268,986	5.78	3.93	-0.0506	0.8804	-0.2261
83	日産ディーゼル工業	輸送用機器	220,439	366,427	3.20	6.91	0.3361	1.3251	0.0369
84	日本ハム	食料品	219,676	621,547	5.56	-0.15	3.7094	0.8138	-0.1306
85	明治製菓	食料品	218,109	289,125	6.71	3.97	0.7952	0.5054	-0.0967
86	花王	化学	214,971	688,589	3.63	13.15	3.6892	1.0025	0.4239
87	パイオニア	電気機器	214,808	515,792	13.66	-6.25	2.4795	0.9140	-0.4763
88	ダイハツ工業	輸送用機器	206,141	1,021,181	1.53	2.83	3.8479	1.2896	0.0333
89	太平洋セメント	ガラス・土石製品	197,533	309,016	4.52	5.77	1.0916	1.2661	-0.1416
90	東ソー	化学	196,878	444,024	9.23	5.90	1.7384	0.9733	-0.0838
91	奥村組	建設業	195,400	266,836	6.17	1.48	0.4163	1.1901	-0.0695
92	飛島建設	建設業	194,853	163,864	4.46	4.30	-0.8144	2.1860	0.0180
93	アサヒビール	食料品	191,935	1,054,161	3.90	7.45	7.4686	1.5200	0.2237

付　録

No.	企業名	業種	売上高実質値 (百万円) (2005年=100)		売上高営業利益率 (%)		年平均成長率 g (%)	残差の比率の標準偏差 s	回帰直線の傾き b (%)
	1976年度における売上高規模順	(2007年5月時点)	1976年度	2005年度	1976年度	2005年度	(売上成長速度)	(売上変動幅)	(売上高営業利益率の増減)
94	前田建設工業	建設業	191,698	423,249	6.93	1.55	2.2674	1.4163	-0.1785
95	西松建設	建設業	188,740	446,047	5.47	1.53	3.0417	1.6944	-0.0697
96	アイシン精機	輸送用機器	188,681	720,542	6.82	4.89	3.6342	1.0121	-0.1134
97	横浜ゴム	ゴム製品	188,021	288,144	3.11	4.45	0.4004	0.8880	0.0980
98	ニチロ	水産・農林業	187,788	167,137	5.92	0.97	-1.3929	0.8463	-0.0346
99	豊田自動織機	輸送用機器	187,592	950,746	7.34	3.46	4.5308	1.1979	-0.0774
100	リコー	電気機器	187,385	934,354	8.12	7.46	4.6520	1.3032	-0.0032
101	大同特殊鋼	鉄鋼	186,739	297,406	5.29	6.62	-0.8363	1.1933	-0.1789
102	電気化学工業	化学	186,615	229,354	9.09	8.84	-0.6637	0.9878	-0.0483
103	協和発酵	医薬品	185,876	185,361	6.30	8.81	1.0528	1.0536	-0.0117
104	日本ビクター	電気機器	182,828	433,121	2.42	-0.78	1.4158	2.3508	-0.2633
105	日立電線	非鉄金属	181,675	268,811	6.32	1.44	1.1323	1.0860	-0.2521
106	関東自動車工業	輸送用機器	180,792	661,133	2.19	1.99	3.0910	1.3611	0.0059
107	関電工	建設業	179,453	426,381	3.82	2.22	2.9036	1.3893	-0.1161
108	クラボウ	繊維製品	179,345	101,078	4.64	3.03	-2.4191	0.7773	-0.0637
109	プリマハム	食料品	174,638	228,716	1.60	0.68	0.5728	0.7052	-0.0906
110	昭和産業	食料品	172,439	114,663	4.74	4.10	-1.9020	0.8533	0.0073
111	三菱瓦斯化学	化学	170,840	326,523	6.68	6.80	0.5163	1.3545	-0.1667
112	トヨタ車体	輸送用機器	168,041	1,258,004	2.52	1.69	5.4061	1.3841	-0.0081
113	日本精工	機械	167,615	425,373	4.19	3.22	2.5054	0.9891	-0.1661
114	沖電気工業	電気機器	167,313	409,100	3.19	0.92	3.0773	2.1659	-0.2515
115	レンゴー	パルプ・紙	164,398	261,821	1.03	5.59	0.9776	0.6139	0.0162
116	カネカ	化学	164,277	293,846	6.72	12.59	1.3246	0.6920	0.0982
117	日本製鋼所	機械	162,523	145,555	10.89	7.36	-1.2653	1.3848	-0.1215
118	DOWAホールディングス	非鉄金属	159,003	271,028	4.79	10.15	1.6137	1.2168	0.0667
119	住友林業	建設業	158,417	595,993	2.75	1.93	5.0444	1.5272	-0.0059
120	銭高組	建設業	156,227	174,791	3.55	1.96	0.6082	1.7142	0.0277
121	セントラル硝子	化学	155,424	137,040	7.75	11.10	-0.8675	0.6553	0.1202
122	森永製菓	食料品	154,314	151,759	2.82	5.22	0.4599	0.7259	0.0944
123	日立化成工業	化学	152,834	242,797	5.13	13.93	0.7051	1.4781	0.1631
124	きんでん	建設業	152,820	437,721	8.83	3.33	3.6413	1.5732	-0.2055
125	極洋	水産・農林業	152,306	142,995	3.85	1.61	-1.9663	0.9617	-0.0311
126	日清紡績	繊維製品	148,581	137,981	5.84	3.54	-1.0666	1.0624	-0.1126
127	井関農機	機械	143,562	93,759	9.94	3.34	-1.5803	0.5994	-0.0371
128	塩野義製薬	医薬品	143,031	183,388	10.38	14.05	0.6103	0.9404	-0.0776
129	トクヤマ	化学	142,156	171,189	6.71	9.97	-0.2770	0.8142	0.0562
130	住友軽金属工業	非鉄金属	141,933	195,878	0.64	6.29	-0.1628	1.0551	0.0464
131	東洋鋼鈑	鉄鋼	140,112	116,035	3.20	-1.34	-1.2756	0.7954	-0.0152
132	愛知機械工業	輸送用機器	139,040	120,088	5.49	4.50	-1.0627	2.5306	-0.0491
133	山崎製パン	食料品	138,865	565,026	7.12	1.88	5.3235	1.3820	-0.1864
134	キッコーマン	食料品	138,440	128,391	3.73	3.16	-0.6380	0.2573	-0.0108
135	ジェイテクト	機械	137,964	427,254	3.78	6.00	3.4478	0.8110	0.0573
136	グンゼ	繊維製品	137,316	138,832	7.04	4.05	-0.6928	0.6813	-0.1842
137	三菱製紙	パルプ・紙	136,283	151,935	7.88	2.23	0.0760	0.8859	-0.2981
138	キヤノン	電気機器	136,111	2,481,685	10.35	16.79	9.4645	1.4062	0.1251
139	NIPPOコーポレーション	建設業	134,820	311,154	5.02	1.82	2.1977	0.9611	-0.1717
140	JSR	化学	134,265	232,315	3.13	18.54	-0.1012	1.4833	0.2559
141	ダイセル化学工業	化学	133,548	187,260	6.30	8.89	0.2272	0.8979	-0.0384

2. 補　　論

　　今後の研究の方向性で述べたように，今回得られた経営実務上の示唆を深めていくためには，事例研究をおこなうことは間違いなく重要なネクスト・ステップとなる。

　　今ここで，包括的で詳細な事例研究をおこなうことは，時間的にも，労力的にも難しい。ただその一方で，個別企業の状況を多少なりとも確認してみることには意味があるだろう。今後の事例研究の最初の一歩として，また，実務家の方々にとって参考になることも期待して，上位企業・下位企業の中から，武田薬品工業，花王，ブリヂストン，パイオニア，日立製作所を取り上げ，それら企業の変遷の一部を文献情報をもとに整理した[1]。

1．利益率を大きく向上させた上位企業群

①　武田薬品工業

　　製薬業界は，薬の開発から収益化までの期間が10年以上で，息の長い業界である。それも手伝ってか，武田薬品工業には長期的な視点に立った経営が根付いていたと思われる。1981年に社長に就任した倉林氏は，「武田の株主になって頂いた方には，短期的にはもうからないかもしれないが，3年，5年，10年という長い期間持って頂いたらそれなりの果実を生んでいる，そういう経営を当社はしているつもりだ」[2]と述べていた。

　　その倉林社長も，バブル経済の中1980年代後半から売上成長に大きく舵を切ることになる。倉林社長は，「薬価引き下げの逆風の中にあっても，年平均7％強の成長をすれば10年後には売上が2倍になる。ここ数年間は確かに困難な環境が続くが，峠を越せば，一挙に弾みがつき，二桁成長も可

---

1) 補論で活用した文献情報とは，週刊東洋経済，週刊ダイヤモンド，日経ビジネスなどの主要ビジネス誌と，日本経済新聞，日本産業新聞などの主要な経済新聞を指している。また，ここでの記述は，包括的な検討に基づくものというより，記者・編集者・アナリストの評価なども踏まえつつ，幾つかの主要なトピックを取り上げて構成したものであり，厳密な学術的アプローチとは言い難い。あくまで本書の主張に関連する事実を中心に取り上げており，視点が偏っている可能性があることはあらかじめ断っておく。
2) 日本産業新聞，1983年8月19日の記事。

能だ」[3]と述べ，売上成長への強い意欲を見せていた。そして，1980年代前半に低迷を続けていた売上高（単体）は85年を境に反転し，大きな伸びを示すことになった。しかし売上高は88年度にはピークを打ち，その後6年間低下の一途を辿ることになった。利益率もその前年度（1987年度）にピークに達し，その後数年間低下した（図表8-7）。

ただ倉林社長は，その売上高・売上高営業利益率のピークのタイミングで，売上偏重を反省し，長期的視点に立った経営に戻ろうとするかのように，1987年度からそれまでの3カ年計画をやめ，5カ年計画の策定・実行に移行している[4]。そして90年代以降，武田薬品工業は，着実な売上成長と利益率の向上を実現していった（図表8-7）。

1990年代以降の躍進の背後には，利益率の変動に敏感で，その維持・向上に向けた打ち手も迅速だった武田薬品工業の姿が見え隠れする。

たとえば，1993年に就任した武田國男社長の改革のタイミングは早かった。経常利益がはじめて1000億円を突破し，株価も上場来最高値に迫る中（97年度）にあったにもかかわらず，将来の競争環境の激化を見越して，2005年までに社員を3500人減らし7500人にする削減計画や，目標達成度に応じて管理職の年収に格差をつける能力給の導入を発表した。そして，大衆薬や農薬・動物薬・化学品など5部門にカンパニー（社内分社）制度を導入し，不採算部門の合理化をおこなった。

2000年以降，投資金額拡大が続く医療用医薬品業界へ集中するため，これまでの打ち手では不十分だと判断した武田社長は，低迷を続ける非医薬品事業からの撤退をおこなう「選択と集中」をさらに進めていった。そこには武田薬品工業の長期的視野，利益率重視の経営スタイルが窺える。

② 花王

1993年度，花王は13期連続の経常最高益を更新していた。図表8-7を見れば一目瞭然だが，1980～90年代を通して，花王はコンスタントに売上高を拡大し，売上高営業利益率も着実に向上させていた。そして，コスト削減策を徹底的に進めながら，商品開発重視で売上を伸ばすその経営は市場からも高く評価されていた。

常盤社長は当時，「現状に改善の余地はないかと，生産・物流・販売の全分野にわたって抜本的に見直し続けるという経営姿勢は変わらない」[5]と述

---

3) 日本産業新聞，1986年2月24日の記事。
4) 2012年時点では，2011～13年の3カ年計画に戻っている。

べており，95年末を目標に打ち出された生産合理化計画「TPI（トータル・プロダクション・イノベーション）」では，国内9工場の夜間無人運転操業の拡充，エネルギー総使用量の約65％削減（1991年比），フレキシブル生産システムの導入を柱に，経常利益の一割増を目指していた。これは，毎年100億円程度のコスト削減を生み出してきたTCR（トータル・コスト・リダクション）の利益率改善を重要視する取り組み（86年から開始）の一環でもあった。

1997年度，花王の単体の売上高は6738億円（名目）にまで順調に拡大していた。しかし，そのような順調な成長の中にあって，後藤社長（97年6月就任）は，利益率重視の大きな決断をおこなった。採算が取れそうな事業も一部には存在する中で，大幅に赤字が拡大したフロッピーディスクやCD-Rといった情報関連事業からの全面撤退を決めたのである。

経営陣は以下のようにコメントしていた。「コンピュータなどのハードウェア事業を持っているわけでもなく，かといってソフトの開発力もないことから，市場をいち早くつかむことができず，変化への対応が後手に回ってしまった」[6]（後藤社長），「私の決断というより，私が言い出したら，みな賛成し，あっという間に撤退しました。それは収益性重視という発想が根付いていて，合理的判断ができる風土だからです」[7]（後藤社長），「今後は，競争力のあるコアビジネス（自社の強みを発揮できる事業）に集中し，利益の向上を何よりも重視する」[8]（渡辺副社長）。

結果的に，1998年度には連結経常利益は過去最高を記録する。もちろん売上高営業利益率（単体）も，90年代前半の約8％から，2000年代には約14％へと，一段高いレベルへと大きく上昇することになった（図表8-7）。当時，情報関連事業の売上高は800億円（連結），総売上高の9％程度を占めていた。売上高を大きく損なうこのような意思決定を，他の事業が順調な時におこなえたことは，利益重視の姿勢を象徴的に示す事例といえるのではないだろうか。

③　ブリヂストン

ブリヂストンは，昔から「石橋をたたいても渡らない」という堅実な経営ぶりが評価されてきた企業である。1993年3月に社長に就任した海崎社

---

5) 日本経済新聞，1994年1月11日の記事。
6) 『日経ビジネス』（1999年1月11日号），pp.46-49。
7) 『週刊ダイヤモンド』（2002年2月16日号），pp.94-97。
8) 『日経ビジネス』（1999年1月11日号），pp.46-49。

長は，就任1年目，徹底したコストダウンによる利益重視の姿勢を打ち出した。93年5月の春闘では，創業以来はじめてボーナスの減額を決め，94年1月には課制を廃止，部の数も25％減らした。売上はともかく，利益を1円でも増やすと宣言したとおり，94年6月中間期では，横浜ゴム，住友ゴム工業が減益となる中で，唯一増益を果たした。そして94年度は，売上高（単体）が前年度から低下する中，売上高営業利益率を約8％から約13％へと回復させた（図表8-7）。

利益率改善が軌道にのると，次は思いきった低価格戦略でシェアの巻き返しに打って出る。結果，1994年度に回復した利益率に続いて，95年度以降，売上高も再び上昇基調に戻ることになった（図表8-7）

その後もブリヂストンの利益に対する意識は引き続き高かった。2006年3月に就任した荒川社長は，「売上だけを見れば世界最大だが，増益体質でなければ真の世界一とはいえない」[9]と危機感をあらわにし，「今後の経営の方向性について，生産量そのものを増やすというより，高付加価値の商品に置き換えていく」[10]と，売上高よりも利益率を重視する姿勢を明確に打ち出した。

その荒川社長は，中計策定の方法の見直しもおこなった。荒川社長は次のように述べていた。「中計と言うと，一般的には3年とか5年といった期間を区切って，そこまでの目標を掲げるパターンが多いようだが，このやり方は目標が願望になってしまいがちです。数年間がんばったはいいが，反動で息切れする懸念もあります。お題目ではなく，実力値を踏まえた現実的な目標について社内で議論を重ねながら毎年更新していく。それによって，より多くの社員がついてくる経営計画になると考えました。通常の中計は目標が未達に終わったときに，『5年の間に環境が変わった』と言い訳できますが，このやり方では，経営陣としても弁明の余地がありません。その意味で，非常に透明なシステムでもあります」[11]。ブリヂストンの経営では，少なくとも常に5年先が見据えられていると言えるだろう。

---

9)『日経ビジネス』（2006年12月18日号），pp.68-70。
10)『日経ビジネス』（2006年12月18日号），pp.64-66。
11) 日刊自動車新聞，2012年2月18日の記事。

2. 利益率を大きく低下させた下位企業群

① パイオニア

　1991年，レーザーディスク（LD）で躍進を続けてきたパイオニアの業績にかげりが出始めた。91年度の経常利益は約19％減の310億円と，7期ぶりの減益になる見通しであった。これに対し松本社長は次のように述べていた。

　「成熟した音響マーケットの不振を補うため，映像マーケットづくりには一生懸命取り組んできた。LDの普及率は国内で8％，米国では1％と低い。LDは自信を持ってまだ伸びるといえる。『ランボー』などの製作で知られる米国のキャロルコ・ピクチャーズにも出資し，映画ソフトの提供の強化をおこなっている。また，教育用ソフト，育児ソフト作りなども進めている。子会社が売上を毎年10％ずつ伸ばせば，連結売上高は1兆円になる。これを当社では『連邦経営』と呼んでいる」[12]。このインタビューコメントを見る限りにおいては，利益率改善より，売上拡大による業績回復を目指していた様子が窺える。

　しかし，1990年代の収益状況は優れなかった。競合他社に比べアジア生産シフトは遅れ，国内工場の統廃合は遅れた。2000年代に入ってもなお，本業の伸び悩みの原因は「ブランド力の低さ」にあると伊藤社長（当時）は考えており，02年3月期には，広告宣伝費を5割増やし，10年ぶりの大型販促でブランド力の再構築と，それによる売上回復を目指していた。

　このように売上成長による危機打開を目指したパイオニアではあったが，図表8-8を見ると分かるように，7期ぶりの減益になる2年前（1989年度）には，売上高営業利益率（単体）が既にピークを打っていた。本書の主張に基づくならば，パイオニアは，その時点で利益率改善に向けて大きく動き出すべきだったのではなかろうか。ただ実際の利益率は，89年度の約10％から，95年度のマイナス5％程度へと大きく毀損してしまった。

　その後，世界初の製品が多く，他社がやらないことを早くやることに定評のあるパイオニアは，社運を賭けたプラズマディスプレイ（PDP）で大きな成長を遂げることができた。しかし，必ずしも確固たる収益体質が構築できていたわけではなかったようである。サプライチェーンマネジメント（SCM）は同業他社に比べで遅れており，在庫回転率は他社に比べ高か

---

[12] 日本経済新聞，1991年6月25日の記事。

った。在庫回転率を3割減らし，40日に短縮する計画を立てたものの，既に30日を切ることを目指していたソニーやキヤノンとの差は埋らない状況にあった。

　さらには松下電器産業（現パナソニック）が規模にものをいわせた攻勢を仕掛けてきた。その攻勢は想定以上に早く，大きかった。ここでもパイオニアの対応は後手にまわることになる。5年，7年たっても追いつかれないと信じ切っていた技術優位は崩れ，世界中でテレビを大量に売りさばく力を持つ松下に対抗するすべはなかった。ゆっくりと先行者利益を得る戦略は，脆くも崩れ去ってしまったのである。量を追えないパイオニアは，資本提携や事業売却，あるいは買収など，大胆な再編を仕掛けていくことが必要だと外部から指摘され続けたものの，そのような大胆な打ち手が講じられることはなかった。

　2005年末，社長交代の記者会見の席上，退任する伊藤社長は，「経営の方向性は間違っていなかった。しかし，市場環境の変化の速さに対応できる社内体制を作れず，責任の重さを痛感している」[13]と述べていた。

　そして2008年3月，4期連続の最終赤字に陥る中，ついにプラズマディスプレイの自社生産撤退を決定した。須藤社長は，「腹をくくるのが遅すぎた」，「スピード感を持った経営をする覚悟が足りなかった」[14]と述べ，経営破綻や不祥事でもないのに，自らの甘さを率直に認める会見をおこなうこととなった。

　しかし，2008年度の業績悪化はとまらない。業績見通しを営業赤字転落に修正し，純損失は780億円にまで膨らむことになった。そして，須藤社長も引責辞任する。「プラズマはあまりにも大きな事業になりすぎた。これを一気にやめると，何千人の雇用に影響が出る。そう考えて，経営判断のスピードが遅れたのかもしれない」[15]と，須藤社長は述懐している。ようやく，08年11月に就任した小谷社長が，09年2月にプラズマディスプレイ事業からの完全撤退を決定し，約1万1000人の従業員をリストラした。

　テレビは電機メーカーの「顔」であり，電機各社はなかなか撤退まで踏み込めない。今では，テレビ事業からの撤退がパイオニアの業績回復のベースになっていると外部からは評されている（2011年時点）。

---

13)『日経ビジネス』（2006年1月16日号），pp.42-44。
14)『日経ビジネス』（2008年3月17日号），p.18。
15)『週刊東洋経済』（2008年1月22日号），pp.32-33。

② 日立製作所

　1998年度，日立製作所は，単独で900億円，連結で200億円と，創業以来はじめて連単で営業赤字に転落する見通しを発表した。82年度には，約9％あった売上高営業利益率（単体）が，16年の間に12％低下し，マイナス3％程度まで落ち込んでしまったのである（図表8-8）。さらに98年度には，半導体リストラ費用900億円，特別退職金300億円など，計1700億円もの特損が発生した。結果，最終赤字は単独で2600億円，連結で2500億円にもなった。

　この発表にあわせ，1999年4月から，社内グループ制を強化していくことも合わせて発表した。笠羽取締役家電事業本部長は，「製造部門の分社化は，各事業を自分たちの会社として再建すると言う決意の表れ。事業グループの強化を進めてはきたが，不十分だった」[16]と反省していた。

　しかし外部の目からは，日立の発表している改革は，家電生産部門の分社化などあくまでグループ内のリストラであり，過去のコストダウンの延長だと映っていた。そして，競争相手の東芝の方がより米国的なリストラであり，社長みずからがリーダシップを取り，内部解体を進めていると評価されていた。

　そして，2005年度にも550億円の損失を計上することになる。証券アナリストやファンドマネジャーの間の会話は，「日立は変わりそうか？」に対し，「いや……」というのが常であった。そこには日立の甘い課題認識があるとアナリスト達は指摘する。庄山会長は，「今期の業績は残念だが，グループとして大きく良い方向にむかっている。総合じゃなきゃいかんということではないが，総合のよさは出しうる」[17]と，コングロマリットプレミアムに未だ自信を示す発言をおこなっていた。また，財務を担当する三好副社長も，「効果が十分出ていないことは承知しているが，あらゆる可能性を模索して，事業再編も進めてきた」[18]と強調していた。これではなかなか企業変革はおぼつかない。

　その後，2008年度に，製造業としては過去最大の赤字，7873億円の損失を計上することになる。10年の創業100周年を目前に，4期連続で最終赤字に陥る中，09年4月に突如，古川社長から川村社長へと社長の交代劇があった。そして，その1年後には中村社長へとバトンがわたされた。10年

---

16)『週刊東洋経済』（1998年10月17日号），pp.29-33。
17)『週刊ダイヤモンド』（2006年12月23日号），pp.134-139。
18)『週刊ダイヤモンド』（2006年12月23日号），pp.134-139。

の株主総会の冒頭で，中村社長は，これまで事業の選択と集中が中途半端であったことを株主に謝罪した。

3. 最後に

　これらの記述は，企業の経営実務の一つの側面を捉えたものに過ぎない。また，利益率の向上・低下という観点から眺めており，バイアスのかかった見方である可能性も否定できないだろう。もちろん，個々の企業が属する業界特性，業界のライフサイクルなど，様々な事情もその背後には存在している。

　ただその一方で，利益率を向上させた企業と，低下させた企業の過去数十年にわたる記事を概観してみただけでも，そこに，利益率に対する考え方，打ち手のスピード感，徹底度など，経営姿勢の根本的な部分において大きな差異がありそうなことは非常に興味深い。また，それが本書の主張を裏付けているように筆者には思えてならない。

索　引

欧文索引

B・C・D

Barney, J. B. ············· 37, 58
Cool, K. ····················· 37
Dierickx, I. ················· 37

G・H・M

Ghemawat, P. ············· 19, 78
Hall, R. ············· 43, 84, 152, 179
Hamel, G. ····················· 45
HPC産業 ······················ 66
Mintzberg, H. ··············· 11, 33
Mueller, D. C. ··············· 21

P・R・S

Penrose, E. T. ················ 35
Penrose効果 ··················· 77
PIMS ················ 20, 82, 152
Porter, M. E. ········· 8, 17, 22, 55
Prahalad, C. K. ················ 45
P-VAR ······················· 65
Rumelt, R. P. ··············· 29-30, 77
SCP ························· 17

T・W

Teece, D. J. ·················· 59
Wernerfelt, B. ··············· 36, 45

邦文索引

あ行

アクティビティー ··············· 57
淺羽茂 ····················· 9, 47, 61
位相 ······················· 85, 155
伊丹敬之 ········· 40, 49, 63, 104, 152, 182
井手正行 ··············· 10, 104, 183
移動困難性 ···················· 39
移動障壁 ······················ 61
インセンティブ仮説 ············· 21
ウォルマート ················ 38, 56
売上成長速度 g ················ 115
売上成長（速度の）コントロール ··· 180
売上高営業利益率の増減 b ······· 118
売上変動幅 s ·················· 117
オーバー・エクステンション ··· 49, 93, 95, 181

か行

花王 ······················ 126, 128
隔離メカニズム ··············· 39, 61
軽部大 ················ 27, 40, 63, 66
企業家精神 ···················· 30, 36
規模弾力性 β ················· 25
キヤノン ················ 46, 106, 144
業界の定義 ···················· 141
業界のライフサイクル ··· 26, 103, 143, 179
競争優位 ············· 9, 19, 38-39, 77, 186
金メッキ時代 ···················· 2
ゲーム理論 ····················· 55
コア・コンピタンス ·············· 45
高度成長期 ·················· 2, 175
効率的フロンティア ····· 93, 95, 125, 137, 178

索　引

さ　行

最適な（売上）成長速度…… 89, 93, 127, 135
産業組織論……………………………………… 17
参入障壁……………………………………… 61
資源と能力…………………………………… 43
資源プロダクトマトリックス……………… 36
資源ポジション……………………………… 59
資源ポジション障壁………………………… 36
資源論的視座………………………………… 14
持続的競争優位………………………… 19, 39
しのびよる非効率………………… 47, 77, 92
シャープ……………………………… 43, 109
収益不足…………………………… 5, 133, 178
周期…………………………… 84, 149, 179, 184
情報的資源………………………………… 40, 84
初期値依存性……………………………… 123
新日鉄………………………………………… 47
スラック資源……………………… 47, 77, 79
生産性フロンティア………………………… 8
成長シェアマトリックス………………… 36
成長志向のマネジメントスタイル
　　　　　　　　　　　…… 6, 10, 76, 184
戦略グループ……………………………… 32
戦略資産…………………………………… 44
戦略市場要因……………………………… 44
戦略ポジション……………………… 18, 75
戦略要素市場……………………………… 37
戦略論的視座……………………………… 14
相互補完性…………………………… 61, 145
相対品質……………………………… 20, 152
組織スラック……………………………… 47
組織プロセス……………………………… 59
ソニー………………………………… 38, 109

た　行

代替可能性………………………………… 39

ダイナミック・ケイパビリティ…… 38, 59
ダイヤモンド・フレーム………………… 56
武田薬品工業……………… 126, 128, 168
同期………………………………… 85, 153, 180
同質的行動………………… 9, 90, 112, 142
ドミナント・デザイン……………………… 9
ドライバー………………………………… 58

な・は行

能力ライフサイクル……………………… 45
野口悠紀雄………………………… 2-4, 10, 104
パイオニア………………………… 119, 168
ファイブ・フォーシーズ・モデル……… 18
不確実性下でのコミットメント・モデル
　　　　　　　　　　　　　　　　…… 55
不均衡発展………………… 48, 75, 80, 84, 152, 179
ブリヂストン…………… 119, 126, 128, 168
ポジショニング・スクール…… 17, 55, 145

ま・や行

見えざる資産……………………… 40, 46, 152
三品和広…………………… 4, 7, 8, 27, 186
道筋………………………………………… 59
模倣可能性………………………………… 39
用役………………………………… 44, 77, 92
吉原英樹……………… 23, 40, 42, 48, 92

ら・わ行

利益水準─利益分散フレームワーク
　　　　　　　　　　　　　　…… 68, 145
リソース・ベースド・ビュー…… 35, 58, 145
和田充夫…………………………………… 63

■著者紹介

平井 孝志（ひらい　たかし）
- 1965年　生まれ
- 1987年　東京大学教養学部基礎科学科第一卒業
- 1989年　東京大学大学院理学系研究科相関理化学修士課程修了
同年，ベイン・アンド・カンパニー・ジャパン入社，その後，デル株式会社，株式会社クレイフィッシュ，スターバックス コーヒー ジャパン株式会社を経て，2003年株式会社ローランド・ベルガー入社
- 1995年　マサチューセッツ工科大学スローン経営大学院経営学修士（MBA）
- 2012年　早稲田大学大学院アジア太平洋研究科博士後期課程修了。博士（学術）
- 現　在　株式会社ローランド・ベルガー，取締役シニアパートナー
青山学院大学非常勤講師

主要著書

『組織力を高める』（共著，東洋経済新報社，2005年）
『顧客力を高める』（東洋経済新報社，2007年）
『戦略力を高める』（東洋経済新報社，2010年）
『売れる「じぶん」を作る』（日本経済新聞出版社，2010年）
『350兆円市場を制するグリーンビジネス戦略』（共著，東洋経済新報社，2012年），他

■日本企業の収益不全
――収益性向上のための最適成長速度

■ 発行日――2012年11月16日　初版発行　　　　〈検印省略〉

■ 著　者――平井 孝志

■ 発行者――大矢栄一郎

■ 発行所――株式会社 白桃書房

〒101-0021　東京都千代田区外神田5-1-15
☎ 03-3836-4781　📠 03-3836-9370　振替 00100-4-20192
http://www.hakutou.co.jp/

■ 印刷・製本――シナノパブリッシングプレス

© Takashi Hirai 2012 Printed in Japan　　ISBN 978-4-561-26596-2　C3034

本書のコピー，スキャン，デジタル化等の無断複製は著作権法上での例外を除き禁じられています。本書を代行業者等の第三者に依頼してスキャンやデジタル化することは，たとえ個人や家庭内の利用であっても著作権法上認められておりません。

JCOPY　〈(社)出版者著作権管理機構　委託出版物〉

本書の無断複写は著作権法上での例外を除き禁じられています。複写される場合は，そのつど事前に，(社)出版者著作権管理機構（電話 03-3513-6969，FAX 03-3513-6979，e-mail : info@jcopy.or.jp）の許諾を得てください。

落丁本・乱丁本はおとりかえいたします。

好評書

山田英夫著
デファクト・スタンダードの競争戦略［第2版］　　本体価格 3800 円

西山　茂著
M＆Aを成功に導くBSC活用モデル　　本体価格 4000 円

上野恭裕著
戦略本社のマネジメント　　本体価格 3600 円
―多角化戦略と組織構造の再検討―

橋元理恵著
先端流通企業の成長プロセス　　本体価格 2800 円

小川紘一著
国際標準化と事業戦略　　本体価格 3800 円
―日本型イノベーションとしての標準化ビジネスモデル―

石井正道著
非連続イノベーションの戦略的マネジメント　　本体価格 2800 円

――――――― 東京　白桃書房　神田 ―――――――

本広告の価格は本体価格です。別途消費税が加算されます。